浙江省哲学社会科学规划课题"特殊需要儿童心理评估与干预策略"(11FCO2YB)研究成果

浙江省高校访问学者教师专业发展项目"评估与干预：基于义务教育均衡发展背景下的特殊需要儿童实证研究"(FX2012094)研究成果

特殊需要儿童全纳教育研究

余小红　著

浙江大学出版社
ZHEJIANG UNIVERSITY PRESS

图书在版编目（CIP）数据

特殊需要儿童全纳教育研究 / 余小红著. —杭州：
浙江大学出版社，2016.6
ISBN 978-7-308-15750-6

Ⅰ.①特… Ⅱ.①余… Ⅲ.①儿童教育－特殊教育－
研究 Ⅳ.①G76

中国版本图书馆 CIP 数据核字（2016）第 079647 号

特殊需要儿童全纳教育研究

余小红　著

责任编辑	李玲如	
责任校对	杨利军　高士吟	
封面设计	雷建军	
出版发行	浙江大学出版社	
	（杭州市天目山路 148 号　邮政编码 310007）	
	（网址：http://www.zjupress.com）	
排　　版	杭州中大图文设计有限公司	
印　　刷	杭州日报报业集团盛元印务有限公司	
开　　本	710mm×1000mm　1/16	
印　　张	18.25	
字　　数	327 千	
版 印 次	2016 年 6 月第 1 版　2016 年 6 月第 1 次印刷	
书　　号	ISBN 978-7-308-15750-6	
定　　价	55.00 元	

前　言

　　为满足时代与社会发展需要,从 2008 年起笔者开始关注特殊教育;起先主要就 Z 省 Q 地区的实际情况,结合所在学校、院系的特点以及自身的学科背景,展开有关特殊教育师资培养的研究;2010 年后扩大研究对象,把目标锁定在就读于义务教育小学阶段的特殊需要儿童,并借助绘人智能测验对 Q 市 K 县近 50 所小学的 1000 余名特殊需要儿童进行调查研究。在研究的过程中进一步认识到,只有深入揭示特殊需要儿童身心发展的现状,才能为其健康成长提供更有针对性的教育措施。基于前期对特殊需要儿童发展现状的总体考察与了解,围绕特殊需要儿童的个体发展状况,又展开深入而全面的访谈和个案研究,力求更好地揭示其发展的现实性、复杂性和多样性,并试图为特殊需要儿童的成因找到相对合理的解释,且由此入手,探索和设计有的放矢的教育对策。同时,重新反思近年来的研究成果,通过回溯研究,尝试从理论与实践两个层面入手,展开特殊需要儿童的全纳教育研究。

一、以"特殊需要儿童"作为研究对象

　　随着义务教育的深入发展,特殊需要儿童越来越受关注。我们应该承认每一个儿童都是特殊的,因为每个儿童都有自己的个性与需要。在观察一群儿童时不难发现,即使年龄相同,个体之间的差异仍然十分明显。那么,哪些儿童属于普通儿童? 哪些儿童是特殊需要儿童? 所谓特殊需要儿童,通常有广义和狭义的理解。狭义的特殊需要儿童专指生理或心理发展有缺陷的残疾儿童;而广义的特殊需要儿童,涉及那些有特别的学习或行为问题的儿童、有明显的身体残疾或感觉损伤的儿童,以及高智商和有特殊才能的儿童。本研究主要是基于广义上的理解,即这些儿童通常在生理和心理发展的某一方面或多个方面明显地偏离普通儿童的发展水平,主要包括身体、智力或感觉器官有障碍的儿童,有暂时、短期或长期学习困难的儿童,有严重学习障碍的儿童,有情感和行为问题的儿童,有言语或语言障碍的儿童,还有天才儿童。此外,还包括来自不同文化背景的儿童,以及由于地理环境被隔离,或因为其他原因

学习普通课程不能发挥其潜能的儿童。

特殊需要儿童的学校教育缘于18世纪末,世界上有了专门针对残疾儿童的教育机构,这些机构多半由宗教团体设立,深受宗教思想的影响,起先仅限于聋童和盲童的教育;在19世纪至20世纪中期获得发展,进一步扩大成为对各类残疾儿童的教育。这些招收残疾儿童进行教育的学校统称为特殊学校,与普通学校之间相互隔离,互不往来。直到20世纪60年代,这种二元制的教育体系才被打破,将残疾儿童称为"特殊儿童",进入普通学校接受教育,即所谓的随班就读。20世纪90年代以后出现了特殊需要儿童的全纳教育,主要是通过全纳学校对所有的特殊需要儿童实施教育。但总体而言,特殊需要儿童的学校教育还存在入学与质量等一系列问题,在入学方面主要涉及特殊需要儿童入学权利的保障、入学需要的满足和入学机会的均等问题;教育质量方面既包括特殊需要儿童在特殊学校或特殊班级里的教育,还有特殊需要儿童随班就读中所面临的问题。

为了深入了解我国特殊需要儿童的学校教育现状,本研究紧扣基础教育均衡发展与特殊需要儿童教育不断深化的发展趋势,结合时代与社会发展需要,锁定 Z 省 K 县、对近50所小学中的特殊需要儿童进行测验诊断与调查访问,并进一步分析这些特殊需要儿童发展的现状与存在的问题。存在的问题主要表现在:第一,特殊需要儿童的城乡发展不均衡,包括发生率不同、智力分布不一致,以及严重程度有所差异;第二,特殊需要儿童的校际发展不均衡,主要是学校间特殊需要儿童的数量差异悬殊、质量差异明显和具体表现形式不一;第三,特殊需要儿童的个体发展不均衡,具体表现在性别差异显著、年级分布不均,以及家庭背景杂而不同。因此,需要全面了解特殊需要儿童产生的原因,以及解决其问题的可能路径,这就为全纳教育指明了方向。

二、以"全纳教育"作为研究视角

从世界范围来看,教育经历了一个从"精英主义"到"机会均等"的思想转变过程,而"全纳"(inclusive)所关注的正是所有儿童的学习与参与。作为一种最新的国际教育思潮,全纳教育兴起于20世纪90年代,由联合国教科文等国际组织在西班牙召开的世界特殊需要教育大会上首次提出。进入21世纪,全纳教育理念日益为世界各国所理解和接受,许多国家已进行了深入的探讨,并纷纷落实到行动之中。对照全纳教育五大原则,"每个人都有受教育的基本权利,具有独特的个性、兴趣、能力和学习需要,教育必须考虑这些特性和学习的广泛差异,学校要满足有特殊教育需要的儿童,接纳所有儿童、反对排斥或歧视"（黄志成，2004），在我国的许多地区，虽然实施了一些全纳教育措施，如开展"随班就读"，也取得一定的成果，却还远未达到全纳教育的高度，与全纳教育的目标仍有很大差距。在社会上和学校里，依然存在以传统的教育观来看待有特殊教育需要儿童，歧视和排斥弱势群体的现象时有发生。

全纳教育是西方教育发展的产物，其背景和价值基础来自西方社会的变化和发展。为更好地理解全纳教育，需要了解全纳教育这一术语的演变过程，由此把握全纳教育的确切含义，通过进一步探究全纳教育产生的社会背景，循着西方教育发展的轨迹，把握全纳教育思想的真谛。基于对全纳教育的概念、兴起与发展的分析，探索全纳教育的核心理念，即关注所有儿童的学习和参与，具体表现在以下四个方面：保障权利、关注平等、尊重差异和补偿缺陷。全纳教育强调人的平等的受教育权，注重所有人的教育需要的满足，可以说代表了一种新的价值取向，即关注人的主动发展、关注集体合作、关注社会民主。由此，以全纳体系为目标的学校教育所要进行的是一场基于整个教育系统的变革。在突破了普通教育与特殊教育相隔离的"二元制"之后，逐渐转向普通教育与特殊教育相融合的"一元制"，同时要求全面而彻底地分析现有教育体系存在的问题，从社会转型与推崇人文精神的时代背景出发，建立起五个层次、连续的全纳教育体系，呈现出差异性、多样性、理解性和不确定性，并依据国家、当地政府或教育部门、各级各类学校的具体要求，针对特殊需要儿童的实际情况考虑具体的教育形式。

全纳学校既是落实全纳教育理念、实施全纳教育体系的具体单位，又是人们长期追逐的学校教育的美好愿景，是教育的理想国度。我们应该善于认识、接纳、尊重和合理利用教师、学生的差异，努力将每一所学校构建成和谐、全纳的社会组织。首先，全纳学校成功与否取决于课程的全纳程度。为所有学生提供适合其发展的课程，这是全纳教育的基本要求。全纳学校的课程就是根据每个儿童的个体差异建构其经验体系，针对每个学生进行专门的和个性化的任务分析，建立个别化的课程方案。这种课程的范围十分宽泛，内容丰富多样，且具有一定的弹性，使所有的学生都能够学习并掌握。其次，科学、合理、有效的全纳教学是实现全纳教育的重要保障。全纳学校必须根据学生的不同特性，开展多样化的教学，才能满足学生的不同需求。教师面对教学对象自身的不同特点，掌握灵活的方式进行教学，而且能够根据学生个性化的需求做出适当的调整。再次，确保学生学业成功的核心力量是课堂教学。全纳课堂是一个独特、多元、复杂、充满差异、和而不同的课堂，它面向所有学生，包括普通学生和有特殊教育需要的学生，是普通课堂与特殊教育课堂的有机融合。教师除了进行统一的班级教学之外,还要采取相应的措施弥补其在个别教育方面的不足,即实施个性化教学,以充分照顾到每个特殊需要学生的学习需要和个性发展。最后,教育质量的提高很大程度上依赖于教师的素质。全纳教育对原有的教师队伍提出更高的要求和新的挑战,要求教师不断提高自身的专业素养与教育、教学能力。我们可以通过职前培养和在职培训的方式拥有更多的全纳教师,让其承担起对多样性学生的教育、教学任务。

本书的写作经过较长和艰难的历程。从 2012 年开始策划,后因笔者准备考博,自 2013 年又脱产攻读博士学位,写作的任务就被搁浅下来。直到 2015年上半年才得以忙中偷闲,一边准备着博士论文的开题,一边又整理着书稿。由于种种原因,笔者将带着博士论文选题进入另一个研究领域,所以必须把之前 8 年的研究暂告一个段落。在本书即将出版之际,笔者希望借此感谢所有支持与帮助过我的领导、同仁、朋友及家人,谢谢你们的理解与鼓励,才使得这本书能够付印。尤其要向浙江大学出版社致以深深的谢意,更要感谢责任编辑李玲如,是您的全力付出,即使在过年前后也不忘交代我书稿的相关事宜,才使得本书能够如期出版。在我们的多次交往中,她对教育问题的敏感、对学术的规范与严谨,给我留下深刻的印象,也从中学到了很多。

目　录

第一编　"入学与质量":特殊需要儿童教育现状

第二编　"全纳教育"：特殊需要儿童教育对策

第三编　"理论与实践"：特殊需要儿童研究实例

第一编

"入学与质量"：特殊需要儿童教育现状

第一章 导 论

第一节 选题缘由

为满足时代与社会的发展需要,从 2008 年起笔者开始关注特殊教育,起先主要就 Z 省 Q 地区的实际情况,结合所在学校、院系的特点以及自身的学科背景,展开有关特殊教育师资培养的研究。2010 年后扩大研究对象、把目标锁定在就读于义务教育小学阶段的特殊需要儿童,借助绘人智能测验对 Q市 K 县近 50 所小学的 1000 余名特殊需要儿童进行调查研究。在研究的过程中进一步认识到,只有深入揭示特殊需要儿童身心发展的现状,才能为其健康成长提供更有针对性的教育措施。基于前期对特殊需要儿童发展现状的总体考察与了解,围绕特殊需要儿童的个体发展状况,又展开深入而全面的访谈和个案研究,力求更好地揭示其发展的现实性、复杂性和多样性,并试图为特殊需要儿童的成因找到相对合理的解释。由此入手,探索和设计有的放矢的教育对策。同时,重新反思近年来的研究成果,通过回溯研究,尝试从理论与实践两个层面入手,开展特殊需要儿童的全纳教育研究。

一、时代与社会发展的诉求

在 2008 年 3 月 28 日下发的《中共中央国务院关于促进残疾人事业发展的意见》(中发〔2008〕7 号)中指出,促进残疾人事业发展,改善残疾人状况,已成为全面建设小康社会和构建社会主义和谐社会的一项重要而紧迫的任务。为此,全国上下掀起关爱残疾人的热潮,有关残疾人的教育问题被提上新的议事日程。为贯彻党的十七大精神,全面落实科学发展观,促进和谐社会建设,认真贯彻落实《中共中央国务院关于促进残疾人事业发展的意见》精神,为进一步加快我国特殊教育事业的发展,2009 年 5 月 7 日,国务院办公厅转发了由教育部、发展改革委、民政局、财政部、人力资源社会保障部、卫生部、中央编办、中国残联等部门联合发起的《关于进一步加快特殊教育事业发展的意见》。

该文件根据《中华人民共和国义务教育法》《中华人民共和国残疾人保障法》和《残疾人教育条例》,对当前和今后一个时期我国特殊教育事业的发展提出一些具体意见:①全面提高残疾儿童少年义务教育普及水平,不断完善残疾人教育体系;②完善特殊教育经费保障机制,提高特殊教育保障水平;③加强特殊教育的针对性,提高残疾学生的综合素质;④加强特殊教育师资队伍建设,提高教师专业化水平;⑤强化政府职能,全社会共同推进特殊教育事业发展。

为贯彻落实相关精神,Z省教育厅等五个部门联合颁布《关于进一步加快特殊教育改革与发展的意见》,并明确指出全省要大力加强特殊教育教师的培养工作。紧接着Q市人民政府也下达《关于加快特殊教育事业发展的意见》,并出台一系列相应的政策。通过实施特殊教育"三大工程"——特殊教育学校建设工程、特殊教育师资队伍建设工程和特殊教育经费保障工程,以加强特殊教育基础能力建设;通过创新特殊教育工作机制,深化特殊教育教学改革,以保障特殊教育发展总体目标的实现。所有这些充分地说明,各级政府及有关部门已充分认识到特殊教育的重要性,把切实尊重和保障广大残疾儿童少年的教育权益,加快发展特殊教育,作为全面建设小康社会、构建和谐社会和落实科学发展观的应有之义,作为推进教育统筹发展、实现教育公平的本质要求,作为高水平、高质量推进基础教育发展的根本需要。

二、实践经验的积累

Q学院作为一所地方院校,积极响应当地政府的号召,主动承担起特殊教育方面的研究,紧密结合Q市特殊教育的实际情况,开展一些具体的工作。这些工作主要由其下属的教育系来承担,笔者正好作为重要成员之一参与整个研究过程,由此积累了大量的实践经验。从2008年起,笔者开始涉猎特殊教育研究。首先,认真研读了在Q地区召开的特殊教育工作会议上,由各县(市、区)人民政府和特殊教育学校提供的交流材料,以及来自Q市各县区教育局人事科、Q市聋哑学校、Z省T学院等单位的实地调研报告。其次,被派往南京特殊教育职业技术学院,进行为期半个月的短期培训。在一对一量身定制的培训中,对特殊教育有了一个综合而全面的理解,基本了解有关特殊教育师资培养的目标与体系、课程设置与课堂教学情况。第三,前往Q市J培智学校蹲点学习,对培智学校的学生有了一个具体而清晰的把握,了解到特殊学校需要怎样的教师,特殊需要儿童教育有着怎样的特殊性。基于此,在Q市展开特殊教育师资培养情况的调查研究,申报并立项校级教改重点项目,以及Z省社会科学界联合会重点研究课题。在随后的两年时间里,既深入Q地区的 5 所特殊学校,广泛开展研究,获取大量的第一手资料;又在 Q 学院先后开设"特殊教育学"和"随班就读教育学"等课程。

在前期的特殊教育师资培养研究中,有机会接触到各种类型的特殊需要儿童,随着了解的不断深入,逐渐对这些有着特殊需要的儿童产生浓厚的兴趣。从 2010 年开始,通过与 K 县教育局基教科的长期合作,对其下属的 50 多所小学进行特殊需要儿童的诊断与评估,就其中的 1000 余名儿童做了测验诊断。又基于诊断结果,设计回访计划,通过观察、访谈对特殊需要儿童的认知发展进行深入研究,并分别申报立项 Z 省社科联重点研究课题和 Q 市哲学社会科学重点项目。在 2011 年上半年,对已有的研究资料做进一步的整理与分析,申报并立项 Z 省哲学社会科学规划一般课题,以及 Z 省教育科学规划课题。同时,还结合正在进行的研究,给师范生开设"特殊儿童心理健康教育"和"特殊需要儿童教学与实践"等课程,并组织这些未来的幼儿园、小学教师参观特殊学校,开启对特殊需要儿童的关注,也激发起研究这一弱势群体的热情。曾先后指导大学生完成一系列以特殊需要儿童为主题的毕业论文,在 Q 地区和 Q 学院掀起关爱特殊需要儿童的热潮,并用实际行动来确保这些儿童能够获得教育与发展的基本权利。

三、理论学习的跟进

理论学习主要分为两个阶段:

首先,攻读硕士学位为跨入研究者行列做好了准备。2005 年,笔者脱产来到华东师范大学教育学系攻读硕士学位,有幸结识硕士生导师吴亚萍老师,并跟随她多次参加"新基础教育"研究活动。在活动中,又结识基础教育改革与发展研究所的教授们,接触到大量的小学一线教师,尤其是与硕士生导师一起去了两次常州,多次跟随李家成老师观摩主题班队活动,从中深受启发。在与小学一线教师的互动中,学会深层思考基础教育问题,培养了与小学教师进行面对面沟通、交流的较强实践能力,为之后能够独当一面地从事一系列相关研究打下良好的基础。

其次,攻读博士学位进一步提升了自我的研究水平。随着研究工作的不断推进,自身在理论与实践方面的局限性逐渐暴露出来,也许通过攻读博士学位才有可能突破瓶颈、获得新的发展契机。从 2013 年起,为了使自己的研究水平得以更进一层,再次进入华东师范大学教育学系、攻读博士学位。在攻读博士学位期间,通过上课与听专家讲座,系统地学习教育基本理论,并结合研究兴趣,阅读以"儿童"为主题的部分书籍,对国内外有关儿童方面的研究有更多的了解;还多次参加国内外组织的各种讲座与会议,尤其是关于儿童发展方面的国际会议,既扩大视野又拓宽了研究思路。同时,跟随博导杨小微老师前往安徽合肥、江苏太仓等地的多所小学开展实地调查研究,现场观摩校外专家如何通过与校内领导、教师的互动,以帮助小学顶层设计学校发展规划。所有这些,既为前期的研究打开了思路,又为后续的研究拓宽了道路。

第二节　文献综述

由于本研究的对象是"特殊需要儿童",在后面将会具体分析特殊需要儿童的概念和类型;而研究的理论视角是"全纳教育",对全纳教育这一基本理念的概念、兴起与发展,以及核心思想也将做出全面系统地介绍。在这里,我们先不去理会特殊需要儿童这一概念是缘于残疾儿童,也不去考虑全纳教育是对特殊教育的发展。如果老是纠缠于过去,对一些过去的东西做太多无益的思考,必将影响我们对于新生事物、新问题的分析,不利于站在更高的位置把握未来的发展。所以,接下来将以"特殊需要儿童"这一术语,分别作为主题词、篇名、关键词等,进行文献搜索并加以具体分析。

一、文章的来源及其存在的问题

以"特殊需要儿童"为主题,截至 2015 年 6 月 8 日,搜索到中国期刊网上的相关文章 173 篇,如表 1-1 所示。从 1993 年的 1 篇到 2014 年高达 27 篇,总体发展趋势是特殊需要儿童日益受到社会各界和研究者们的关注,尤其是自21 世纪以来,无论是研究的数量还是质量都有了新的突破。

表 1-1　以"特殊需要儿童"为主题的文章

年份	2015	2014	2013	2012	2011	2010	2009	2008	2007	2006	合计
篇数	8	27	16	14	12	16	11	12	7	4	
年份	2005	2004	2003	2002	2001	2000	1999	1997	1995	1993	173
篇数	13	7	6	5	3	3	3	3	2	1	

1. 文章的来源

从文章的出处来看,主要可分为四大类别:

(1)从医学角度,以关注有残疾的特殊需要儿童为主,分别发表在《中国心理卫生协会残疾人心理卫生分会学术交流会论文集》(第三、四、十届)《残疾人体育研究——首届全国残疾人体育科学学术会议论文选编》《第三届全国儿童康复学术会第十届全国小儿脑瘫学术研讨会论文汇编》《第四届全国儿童康复、第十一届全国小儿脑瘫康复学术会议暨国际学术交流会议论文集》《中国康复理论与实践》《社会福利》《医疗保健器具》《中国残疾人》《中国听力语言康复科学杂志》《现代特殊教育》和《中国特殊教育》等6本会议论文集和7种杂志上的文章56篇;

(2)从科学的角度开展有关特殊需要儿童的多方面学术研究,发表在《课程·教材·教法》《上海教育科研》《特殊儿童与师资研究》《全球教育展望》《中国远程教育》《教育与教学研究》《教育导刊》《教育学术月刊》《现代中小学教育》《文教资料》《新课程》《学周刊》《中国教师》《教学月刊》《少年儿童研究》《人民音乐》《企业导报》《中国现代教育装备》《中国教育技术装备》《克拉玛依学刊》《科教导刊》《东方企业文化》《艺术科技》《网络安全技术与应用》《教育》《考试周刊》《现代教育管理》等28种期刊,以及17所各类大学或学院的学报和13所大学的16位学生的硕博论文共72篇;

(3)从学前教育角度,以关注幼儿发展为主的,发表在《幼儿教育》《早期教育》《学前教育》《学前教育研究》等上面的文章16篇;

(4)从宣传的角度,呼吁全社会都要对特殊需要儿童给予关注,发表在《国外医学情报》《中国教育报》《成才》《湖北招生考试》《互联网天地》《政府采购信息报》《深圳特区报》《厦门日报》《基础教育参考》《云南教育》《内蒙古教育》《上海教育》《教师》《成功》《联合时报》《社会与公益》《中小学心理健康教育》《人口与计划生育》《中国发展简报》《神州教育》《妇女生活》《民主》《读与写》《华人时刊》《学苑教育》《学校党建与思想教育》等26种期刊上的小文章29篇。

2.存在的问题

在文章来源方面,存在三大问题:

(1)在高质量的教育类期刊上发表以特殊需要儿童为主题的文章相对较少。除了《中国特殊教育》杂志上有14篇文章外,其他的教育类核心期刊上所发表的相关文章屈指可数,仅在《全球教育展望》《课程·教材·教法》《学前教育研究》《教育学术月刊》《现代中小学教育》《上海教育科研》等6种杂志上发表过8篇文章。另外,有收录在会议论文集上的文章7篇,从某种程度上说,从事相关研究的研究者主要还局限在少部分的专业人士,涉及面不是很广。

(2)在各类大学或学院学报上很少发表以特殊需要儿童为主题的学术文章,仅有北京师范大学、重庆师范大学、江苏师范大学、内蒙古师范大学等4所师范大学,牡丹江大学、宁波大学、苏州大学、太原大学教育学院等4所综合性大学,以及青海师专、吉林省教育学院、湖南儿童工程职业学院、山西煤炭管理干部学院、南京工业职业技术学院、雅安职业技术学院、淮北职业技术学院等9所院校的学报上各发表过1篇相关的学术论文；而绥化学院和南京特教学院对特殊需要儿童的关注度稍高，分别发表了3篇和5篇此类文章。相比之下，国内1000多所大学，对此所给予的关注的确是微乎其微。

（3）在硕士、博士论文的选题上围绕特殊需要儿童来开展研究的也是为数不多。目前有南京师范大学、华中师范大学、西北师范大学、东北师范大学、上海师范大学、首都师范大学、陕西师范大学、浙江师范大学、辽宁师范大学等10所国内较知名的师范大学，以及西南大学、郑州大学、山西医科大学等3所大学的共15位硕士生和江西师范大学的1位博士生以特殊需要儿童为主题进行毕业论文的撰写。可以这么说，特殊需要儿童作为一个弱势群体，所受到的关注度还是很低的。

二、研究的内容及其存在的问题

以"特殊需要儿童"为篇名的有38篇文章，如表1-2所示，其中，期刊29篇、报纸5篇、会议论文3篇、硕士论文1篇。

表 1-2　以"特殊需要儿童"为篇名的文章

年份	2015	2014	2013	2012	2011	2010	2009	合计
篇数	3	3	2	3	3	6	3	
年份	2008	2007	2006	2005	2002	2000	1995	38 篇
篇数	6	3	1	1	2	1	1	

1.研究的内容

从文章的内容来看，主要围绕以下几方面加以展开：

（1）倡导全社会都来关注特殊需要儿童。在报纸上发表的5篇由记者撰写的新闻稿，呼吁全社会都要关爱特殊需要儿童。我们要给特殊需要儿童更多的关怀，要与作为弱势群体的特殊需要儿童共同分享阳光和雨露。通过搭建特殊需要儿童援助中心，为他们提供帮助与支持。只要善加培养，特殊需要儿童照样能够成才。特殊需要儿童具有作为"人"的最基本的受教育权利，我们既要通过社会予以支持与满足，还要合理而有效地培养特殊需要儿童的自我维权意识和能力。

（2）介绍与引进国外有关特殊需要儿童的研究成果。众所周知，西方发达国家在特殊需要儿童方面的研究已经比较成熟，有很多方面值得我们借鉴与学习。研究者们既简述了英国特殊需要儿童教育的发展历程、介绍了英国特殊需要儿童教育与康复服务的特点、考察了英国特殊需要儿童的学校教育,以及对英国特殊需要儿童早期干预服务理念进行解析;又研究了美国学前教育机构中特殊需要儿童的教育、美国城市化背景下特殊需要儿童的管理及对我国的启示和美国联邦政府促进特殊需要儿童社会适应行为发展方面的教育对策;还比较了国内外特殊需要儿童的安置方式。所有这些,为我国的特殊需要儿童研究提供了丰富的、可借鉴的经验。

(3)针对我国的实际情况开展的一些具体研究。研究者们分析了我国特殊需要儿童教育诊断评估的研究现状与发展趋势,并就当前我国特殊需要儿童心理评估存在的问题展开对策研究,试图通过对特殊需要儿童的学业进行过程性评价,以及在特殊需要儿童中开展钢琴教学;同时还就特殊需要儿童的家庭问题,提出特殊需要儿童家庭与专业人员合作的几个核心问题,以及特殊需要儿童的家长在全纳教育中扮演的角色。另外,考虑到特殊需要儿童的教育越早越好,因此有关特殊需要儿童的早期干预就成为热门话题,比如特殊需要儿童的早期亲子关系干预、特殊需要儿童早期干预机构管理模式初探,以及具体到特殊需要儿童的认知、语言、听觉等方面的干预理论与实践研究,有的甚至于对近十五年来特殊需要儿童音乐治疗的研究文献进行计量分析,研究特殊需要儿童可视音乐干预的原理与方法。还有的研究者认为,关注学前特殊需要儿童,发展学前特殊教育事业尤其重要。由《窗边的小豆豆》引发对幼儿园的特殊需要儿童及其教育现状的思考。更有甚者,就特殊需要儿童进入普通幼儿园面临的困境提出有针对性的策略,"依均等之教育、书天下之公平"——提出在幼儿园区域活动中满足特殊需要儿童的五大策略。

(4)在特殊需要儿童方面已经积累的经验。如上海市卢湾区的生态式早期干预模式,文章详细介绍为什么要提出特殊需要儿童的"生态式早期干预方案"以及如何加以具体实施;而江苏省组织召开的首届学前特殊需要儿童资源教师研训活动,为的是让教育更适合每个儿童的需要。特殊需要儿童的社会支持也初显成效,有的是通过"教育协作理事会"的形式来建立良好的社会支持系统;而郑州市奇色花福利幼儿园则以"社会工作介入"的方式进行了特殊需要儿童学前融合教育的探索。

2. 存在的问题

在文章内容方面存在的主要问题:

(1)从总体来看,我国的特殊需要儿童研究起步较晚,在已有研究中,倡导性和介绍性的文章超过一半以上。相比于国外较成熟的研究成果,如英国、美国已经系统地研究了特殊需要儿童的早期干预途径,以及教育、管理与康复的具体措施,还提出促进其社会适应行为发展的对策,并有着丰富而灵活的安置方式,等等;我国却还只是停留在以记者的新闻报道形式来倡导全社会共同关爱特殊需要儿童,以及局限于大量地介绍与引进国外已有的经验与做法。而且国内的研究性论文仅占到42.5%,且只有少部分稍有深度和学术性。

(2)从表面上看,我国有关特殊需要儿童的研究内容较广泛。所研究的内容涉及学校、家庭与社会等各个方面,似乎是面面俱到,但实际上却流于形式,点到为止,缺少系统而全面的深究。例如,有关特殊需要儿童的学校教育仅粗浅地探讨了学业过程性评价和钢琴教学,以及在幼儿园教育中如何对特殊需要儿童予以关注等问题;而针对特殊需要儿童的家庭与社会问题,提出的主要手段则是借助于一些外部支持。由此可见,大部分的研究均来自于一线教师的工作经验总结,仅有极少部分的高校教师从事有关特殊需要儿童的研究,并进行了比较有深度的学术研究。例如:北京师范大学的韦小满教授,就我国特殊需要儿童心理评估方面存在的问题展开对策研究[1];华东师范大学的黄昭鸣教授及其研究团队,开展一些有关特殊需要儿童的认知、语言、听觉等方面的干预理论与实践研究[2];还有特殊教育高级教师颜家睦,结合自身长期坚守的特殊需要儿童早期干预实践,在中国心理卫生协会残疾人心理卫生分会的第三、四届学术会议上交流了自己的经验。所以说,我国非常需要有着教育学或心理学背景的研究者,能够全身心地投入到特殊需要儿童的研究之中,教授们若能够多带些研究生一起开展相关研究,那必将形成关爱与研究特殊需要儿童的势头。

(3)从研究对象看,更多地关注学龄前的特殊需要儿童。比如,有不少的研究锁定在学龄前的特殊需要儿童,要么就他们的教育现状、面临的困境,提出在活动中满足他们的需要;要么提倡家长与专业人员合作进行早期亲子干预,或者通过社会工作介入和求助于教育协作理事会等措施,使其融入幼儿园教育。因此,有关特殊需要儿童的研究,在我国还只能作为一个新生事物,正在缓慢地向前发展,它有待于更多地研究者从各个领域与角度作进一步地推动与新的突破。

---

① 韦小满.当前我国特殊需要儿童心理评估存在的问题与对策[J].北京师范大学学报(社会科学版),2006(1).

② 黄昭鸣,李孝洁,张伟锋.特殊需要儿童语言干预的理论与实践[J].中国听力语言康复科学杂志,2008(7).

三、已有研究的切入点及存在的主要问题

以"特殊需要儿童"为关键词的文章有 25 篇。从 2003 年出现了第一篇把"特殊需要儿童"作为关键词的文章,一直持续到 2008 年才突破两篇。之后在 2010 年有 4 篇,2013 年有了 1 篇硕士论文,但研究的势头仅限于此,长期处于不温不火的状态。从已有研究的切入点来看,其所存在的问题也是非常明显的。

1. 我国的研究情况

我国在特殊需要儿童方面的研究起步较晚,在国际上确立了特殊需要儿童这一概念之后,才展开一些相关因素的研究。研究者们基于 1994 年在西班牙萨拉曼卡召开的"世界特殊需要教育大会"的精神,按照全纳教育的要求,根据教育法规和教育民主化精神,提出教育要满足所有儿童的需要,切实保障所有儿童的受教育权利,并依据每个儿童的个性特点提供符合其特点的教育。如兰继军等在《论全纳教育的教育原则》一文中提出,当前在推进全纳教育中还存在许多问题,因此必须形成关于全纳教育的系统理论,在全纳教育原则的指导下,推进全纳教育改革。全纳教育的基本原则包括主体性原则、教育正常化原则、早期干预原则、成功教育原则、平等教育原则、系统教育原则和个别化教育原则等。[1] 而他在另一篇《论全纳教育与教师素质》中指出,目前要彻底实现全纳教育还存在许多困难,其中最关键的制约因素就是教师素质问题,因此实施全纳教育应着重做好三个方面的工作:教师要形成全纳教育的态度、价值和期望,树立民主的教育观,以及具备教育特殊儿童的知识、技能和情感基础。[2]

2. 已有研究的切入点

已有研究的切入点比较散,主要是围绕如何才能教育好特殊需要儿童做了一些理论上的思考与实践上的探讨。研究者们围绕特殊需要儿童展开多角度的研究。如胡晓毅在《论特殊需要儿童家庭与专业人员合作的几个核心问题》一文中指出:特殊教育专业人员能否建立和保持与家庭整体积极的合作伙伴关系,将是特殊需要儿童发展社会适应能力、获得学业成功以及教师实施个别化教育计划的关键。因此,探讨了合作模式之下的家庭和专业人员各自的角色转变以及特殊教育者与家庭合作的具体策略。[3] 又如李玉莲认为,"每位儿童都是

---

① 兰继军.论全纳教育的教育原则[J].中国特殊教育,2003(6).
② 郝振君,兰继军.论全纳教育与教师素质[J].中国特殊教育,2004(7).
③ 胡晓毅.论特殊需要儿童家庭与专业人员合作的几个核心问题[J].中国特殊教育,2005(12).

一个与众不同的独特个体,都有自己的特殊需要,都应得到尊重和接纳",所以在幼儿园教育中,"应关注和接纳特殊需要儿童,努力满足不同儿童的教育需要,通过建立全纳教育支持系统,多方协作共同促进特殊需要儿童的发展"。[①]

3. 存在的问题

就特殊需要儿童这一教育对象本身进行深入的研究并不多,仅有少数从事特殊教育研究的高校教师在这方面进行过一些尝试。有关特殊需要儿童的研究,往往局限于特殊学校,而相对忽视普通学校中的特殊需要儿童。仅有 1 篇文章是从普通教育入手,研究特殊需要儿童的随班就读质量,主要论述了影响特殊需要儿童随班就读质量的因素,然后针对各个因素提出相关的对策。这里的特殊需要儿童,特指各类残疾儿童、情绪和行为障碍儿童、问题行为儿童和超常儿童。[②] 从事这方面研究的主体,主要是少数的高校教师和部分的特殊学校教师,而极大部分的普通学校教师都比较缺乏特殊需要儿童的心理与教育方面的知识。在研究内容和视角上,普遍侧重于特殊需要儿童的心理或教育的某一个方面,或是基于不同类型的残疾儿童提出一些教育主张或实施某种教育对策,而较少开展系统、综合地研究,仅有少数的高校教师在这一方面做出努力。如王辉通过对 1997—2006 年十年里国内关于特殊需要儿童教育诊断评估的研究成果进行分析、梳理、总结与概括,探讨我国特殊需要儿童教育诊断评估的研究现状及发展趋势。[③]

总之,有关特殊需要儿童的研究,国际上已经形成的共识是儿童的心理发展与教育、教学之间有着十分密切的关系。首先,儿童的心理发展水平制约着教育、教学的内容和方法。学习从属于主体的发展,知识的获得须通过个体主动的同化才有可能进行。所以,具体学科的教学应研究如何对不同儿童提出既不超出当时的发展水平,又能促使他们向更高阶段发展的富有启迪作用的适当内容。其次,教育的介入、专门的教学将促进儿童的心理发展,通过适当的教育干预来加快发展速度是可能的。只要教学内容与方法得当,系统的学校教育肯定可以起到加快发展的作用。第三,如果将儿童置于下一阶段学习的条件下加以训练,并借助于具体经验的支持,那么渐渐地儿童的发展水平就会有显著的提高。相比国外一些发达国家,我国在研究的广度与深度上,都有待于进一步提高。

---

① 李玉莲.幼儿园实施全纳教育的必要性与可能性及其开展途径[J].学前教育研究,2014(6).
② 翟海珍.特殊教育需要儿童随班就读质量影响因素和对策[J].山西煤炭管理干部学院学报,2010(4).
③ 王辉.我国特殊需要儿童教育诊断评估的研究现状与发展趋势[J].中国特殊教育,2001(10).

第三节 研究问题

总是有这样一些孩子,他们的学业能力、社交能力、语言能力以及处理能力都明显地、普遍地落后于他的同龄人。任何一个与他们相处的人都能够明显地觉察出,他们需要特殊教育,也需要一系列相关的服务。本研究所要关注的正是这样的具有特别的教育需要的一类儿童,即特殊需要儿童。

一、什么是特殊需要儿童

对于什么样的儿童可称为特殊需要儿童,学者们有不同的界定。朴永馨认为,特殊需要儿童是指在身心发展或学习、生活中与普通儿童有明显差异,因而需要给予特殊服务的儿童,包括超常儿童、学习困难儿童,有视觉、听觉等各种残疾的儿童,在某一方面、某个时期的发展或学习中需要短期或长期的各种特殊服务的非残疾儿童。[①] 韦小满等指出,特殊需要儿童是在正常教育情境下有特殊学习或适应的需要,而一般的教育环境不能充分发挥其潜能,需要特殊的教育计划、课程、教学方法和有关服务进行教育教学的儿童,如弱智、视力障碍、听力障碍、言语障碍、情绪和行为障碍、肢体残疾、自闭症儿童等。[②] 张福娟提出,特殊需要儿童是指那些在智力、感官、情绪、身体、行为或沟通能力上与正常儿童有明显差异的儿童。[③] 汤盛钦则指出,在儿童群体中,有一部分并不存在明显的缺陷和残疾,却表现出在一个领域或几个领域的发育迟缓。[④] 基于上述已有的特殊需要儿童概念,左瑞勇等认为,各种界定虽然表述不同,但除朴永馨的观点外,其他的都有一个引人注目的共同点,即都倾向于把特殊需要儿童界定为非正常儿童,体现了传统的特殊教育对特殊需要儿童的理解。[⑤]

正如专家所说的:在理论上,我们应该承认每一个儿童都是特殊的,因为每个儿童都有自己的个性与需要。在实践时为了专注于照顾少数儿童,就必须对特殊需要儿童有一个较狭义的定义,以便缩小范围。所以,特殊需要儿童

---

① 朴永馨.特殊教育辞典[M].北京:华夏出版社,1996:32.
② 韦小满,袁文得,刘全礼.北京、香港两地普小教师对有特殊教育需要学生随班就读态度的比较研究[J].北京师范大学学报(人文社会科学版),2001(1).
③ 张福娟,江琴娣.特殊儿童个案研究[M].上海:上海教育出版社,2005.
④ 汤盛钦.特殊教育概论[M].上海:上海教育出版社,1998.
⑤ 左瑞勇,汪春梅.关注"窗边的小豆豆"——对幼儿园中的"特殊需要儿童"及其教育现状的思考[J].教育导刊,2012(10).

第一编 『入学与质量』:特殊需要儿童教育现状

13

一般是指有特殊教育需要的儿童,国际上泛指一切需要特殊教育的儿童,在我国则指的是残疾儿童。[①] 在这里,阐述了为什么我们会对特殊需要儿童有着不同的理解。无论国内还是国外,都有着两种不同的教育观,即传统的小教育和现代的大教育。前者主要把特殊需要儿童理解为特殊教育的对象;后者则是在整个教育的背景下,关注每一个儿童的特殊需要,不仅仅是有残疾的儿童,也包括正常儿童的特殊教育需要或处于非常态时期的暂时性需要。

二、怎么判断有特殊需要儿童

20 世纪中期,为搞清楚谁是特殊需要儿童,研究重点集中在寻求适宜的措施来鉴定有特殊需要的儿童。这一阶段主要通过运用临床评估和标准化测验的方法对儿童进行分类,确定适于安置的儿童,目的是通过这些鉴定,为有特殊需要儿童确定接受某种具体的学校教育方法。

20 世纪六七十年代,开始关注特殊需要儿童如何取得进步。在这一阶段,研究的焦点集中在使用多种定量手段评估个体的成就。例如,使用最多的是行为分析的方法。教育工作者用直接、连续和准确的行为观察测量技术,包括间隔记录和时间取样等方法,用观察到的数据去监控、测量和记录儿童的成就,然后进行人为的、有评估的干预,试图鉴定儿童如何对不同干预课程做出反应。在这一时期,目的在于为特殊需要儿童提供学校学习的条件。教育部门有责任确认特殊需要儿童取得的进步,并且确定教师用何种方法教学最为成功。

因此,随着时代与社会的不断发展,对有特殊需要儿童的认定方式越来越趋于综合化,既有标准化的测验诊断,又有广泛而深入地调查与研究。就本研究而言,我们主要想通过以下途径来判断有特殊需要儿童。

1. 直觉判断

采用由班主任在自然状态下有目的、有计划、有组织地对特殊需要儿童,即那些"智力相对落后、学习成绩较差、行为习惯不良"的儿童做出直觉判断。因为我国义务教育的学校工作主要以班级为单位,班级是学校进行教育、教学工作的主阵地;班主任作为第一责任人,是班集体的组织者、教育者和领导者。从儿童进入学校到毕业,在不同阶段都有着相对固定的班级和班主任。因此,班主任对学生的了解最为全面深入、细致入微,基本上能够对儿童的现状做出较为准确地判断。

---

① 陈云英.特殊儿童父母综合指导手册[M].北京:中国国际广播出版社,1996:1.

2.测验诊断

进行特殊需要儿童的绘人智能测验,以判定其是否存在智力方面的问题。在特殊需要儿童的心理评估中,智力评估是人们关注最多,应用最广泛的领域之一,它作为教育教学中的重要环节,已被普遍应用于特殊需要儿童的鉴别、诊断,以及教学计划的制订和教育科学的研究中。在智力评估中,最常使用的方法是测验法。智力测验发展到今天,不仅数量巨大,而且名类繁多。考虑到特殊需要儿童的特点,以及本研究主要是针对一个区域所做的大规模智力筛查,我们选择了古迪纳夫—哈里斯绘人测验。绘人智能测验最初是由美国明尼苏达大学的古迪纳夫编制的,发表于 1926 年。1963 年美国人哈里斯在做了大量研究的基础上发表这个测验的修订本。后来日本的小林重雄和城户氏也做了大量的研究工作,提出 50 项评分法。1979 年上海第二医科大学将此测验引入我国。1985 年首都儿科研究所作为全国儿童智能研究协作组成员之一,发表该测验(命名为绘人智能测验)在北京地区的修订报告。本研究正是采用北京地区的修订本进行特殊需要儿童的绘人智能测验与分析。

3.综合评估

开展特殊需要儿童的综合评估,以全面而准确地掌握这些儿童的发展状况。测验调查的目的是了解特殊需要儿童的基本情况,但由测验所得结果还需做进一步地论证与分析,如借助于广泛而深入地访谈,以真实地掌握这些儿童的实际状况,揭示特殊需要儿童面临的主要问题。在这里,我们采用质的研究方法:先设计好回访计划,通过观察、问卷调查、访谈与成长记录等,对特殊需要儿童进行二次资料收集,对比分析两次资料的吻合度,相互佐证,从中剔除可变因子,把握稳定因素,从而对特殊需要儿童的心理特征、发展水平及存在问题做出准确判断和解释。在评估的过程中,研究者会给以适当地提示、反馈与引导,通过测定特殊需要儿童行为发生改变的情况,从而了解其学习的潜能。同时,将评估与教育、训练结合起来,把评估结果应用于对特殊需要儿童做适当的教育和训练安排上,以"评估—训练—再评估—再训练"的循环往复螺旋上升方式,进行反复地评估和训练。这样做的目的,既可以比较准确地把握特殊需要儿童的心理发展状况,又有助于特殊需要儿童的进一步发展。当然,借助于不断地反馈与矫正,就有可能提高教学质量,最终实现教育目标。最后,通过对特殊需要儿童现有发展水平的了解,既检测了上一阶段教育教学的质量,又为下一阶段教育教学工作的开展提供依据,由此提出一些有针对性的教育方案,并加以具体实施。

三、如何教育特殊需要儿童

关于特殊需要儿童的教育,国外无论在理论还是实践上都很值得我们学习与借鉴。下面是英国在教育法的颁布与实施过程中,对特殊需要儿童所给予的关注与优待,或许可以从中获得某些启示。

首先,在 1981 年,英国引入了对特殊教育需要的评估与鉴定。满足儿童特殊教育需要的一项重要措施就是实行"特殊教育需要诊断报告"制度,具有诊断报告的儿童拥有享受诊断报告中所建议的特殊教育服务的权利。这样,无论特殊需要儿童进入什么类型的学校,都可以受到适合他们特点的教育。

其次,在 1993 年,英国强调所有学校必须制定特殊教育政策,并建立一个鉴别与促进有特殊教育需要儿童的教育工作系统。这一政策还规定,教师必须参与有特殊教育需要的儿童的评估,并在不同阶段负有不同的责任:第一阶段,教师的职责是搜集有关儿童特殊教育需要的信息,为评估做准备;采用不同的方式帮助特殊学生顺利学习课程;激励和评估有特殊教育需要儿童的进步。第二阶段,教师要与学校特殊教育需要协调人一起制订个人教育计划,教师是这一计划的执行者和学生进步的评估者、检查者。第三阶段,教师的责任是根据学生的进步状况,修改和执行个人教育计划。由此教育法为特殊需要教育确立了工作系统,有助于对儿童接受的特殊教育服务进行评估,促进特殊需要教育的发展。

再次,英国于 1994 年颁发《特殊教育需要鉴定与评估实施章程》,表明对学校和地方教育当局成功实施全纳教育的期望;承认儿童需要水平的多样性、评估和满足需要的不同责任,从而提供多样化的教育服务形式,并不是坚持所有学校都要遵循这一特定的模式。特殊教育服务的五个阶段,如表 1-3 所示。[①]

表 1-3　特殊教育服务的五个阶段

阶段	内　容	组织者
一	教师或辅助人员确定儿童的特殊教育需要,收集信息,与特殊教育需要协调人协商,采取早期行动	学校
二	特殊教育需要协调人协调特殊教育需要,与教师一起拟订个人教育计划	学校
三	特殊教育需要协调人向特殊教育需要方面的专家征询意见与建议	学校

---

① 黄志成,等.全纳教育——关注所有学生的学习和参与[M].上海:上海教育出版社,2004:188.

阶段	内　容	组织者
四	地方教育当局考虑当前评估的需求,如果合适,即制定一个多学科评估制度	学校与地方教育当局
五	地方教育当局考虑"诊断报告"的需要,如果合适,即做出声明和安排,调控并提供特殊教育服务	学校与地方教育当局

　　特殊教育需要的鉴定与评估不仅要考虑儿童的特性,还要参考学校特殊教育服务的质量和性质,它促进特殊教育需要评估的社会模式的形成;还要求在教职工中任命一位特殊教育需要协调人,其职责是负责学校特殊教育需要政策的日常运转、联络教师,并向教师提出建议、为有特殊教育需要的学生提供各种服务、继续完善学生的《特殊教育需要诊断报告》,并核查所有记录、负责从业人员的在职培训,以及联络外部机构等。特殊教育需要协调人制度非常重要,保证了至少有一人专门统筹协调学校中有特殊教育需要学生的教育。

　　最后,英国还在 1997 年发表题为《所有儿童的成功:满足特殊教育需要》的绿皮书,重申政府的政策是提高所有学生的教育标准,包括有特殊教育需要的学生,同时呼吁对《特殊教育需要鉴定与评估实施章程》进行修订,将重点放在早期鉴定、干预和预防学习困难以及教师专业发展上,旨在减少有"诊断报告"的学生人数,并增强普通学校吸纳更多有特殊教育需要学生的能力。

第四节　研究方法

　　纯粹的定性研究或定量研究已不能满足当前的社会和人文科学研究,混合研究应运而生,即在某一研究中综合运用定量方法和定性方法来收集和分析资料。这种综合不同方法的理念大概源于 1959 年:坎贝尔和费克斯运用多种方法去研究心理特质的效度,鼓励其他人使用"多方法矩阵"来检验或佐证研究中所收集到的各种资料。资料来源三角法就此诞生,它通过定性与定量来寻求资料的综合。[①] 因为所有的研究方法都有一定的局限性,任何单一研究方法中存在的不足都可能会在其他方法中得到中和或消除,以及从一种方法中得出的结果,还有可能帮助改进或补充另一种方法。因此,我们采用了这种质性和量化相结合的方法。首先,我们借助于测验法对特殊需要儿童开展大规模的定量研究,运用绘人智能测验重点了解特殊需要儿童发展的总体情

---

　　① 　约翰·W.克雷斯威尔.研究设计与写作指导:定性、定量与混合研究的路径[M].崔延强,译.重庆:重庆大学出版社,2007:12.

况。其次,使用访谈法来收集文本信息,并以逐级登录、编码的方法对访谈材料进行分析。通过与研究对象的互动,力求对其行为及意义建构获得解释性理解。前后两种方法的使用,为的是能够对所研究问题进行全面而深入地分析。定性资料和定量资料的综合既可以相互阐述和说明各自所得到的研究结果,又有利于把信息共同整合到对整个研究结果的理解之中。

一、测验法

测验法就是采用标准化的测验量表或自编的测验题,以测量被试的心理品质或测定某种教育现象的实际情况,从而收集资料数据进行研究的一种方法。[①] 测验法用于教育研究,已有 100 多年的历史,早在 1865 年,英国菲舍发表《重要学科量表集》,后来美国的莱斯于 1897 年发表《拼字测验》,美国的桑代克于 1903 年和 1904 年发表《学习算术与各科能力的关系》和《心理与社会测量》,到 20 世纪二三十年代形成测验热潮,心理学家们几乎可以针对每一种心理现象编制出一种相应的心理测验作为测量工具。目前世界上已经形成一套内容庞杂、体系宏大的测验系统。

在教育研究中,测验法的应用通常表现为两种基本形式:一种是单纯使用测验作为收集资料的工具,另一种是与其他方法相结合使用。测验法的优点不容置疑:首先,通过测验进行量的分析,搜集信息数据,支持某一论点或得出新的结论,以提高教育科学研究的科学性;其次,通过测验帮助研究者建立假设,并同时用测验来检验这一假设;再次,测验往往用于探索性研究课题,通过提供人的行为描述,告诉研究者关于研究对象行为的某种量的程度,为科学评价提供可靠依据。

本研究把测验法用于特殊需要儿童研究,主要是为了对特殊需要儿童进行诊断与评估。有关特殊需要儿童诊断,最早采用的工具是标准测验,尤其是"全智力测验",并伴以"个性投射测验"。而测验的目的很简单,就是决定孩子是否需要转到特定类型的特殊学校,最终把特殊需要儿童的学习困难与教育上的介入策略有机地结合在一起。这种心理测量对特殊教育需求的鉴定是基于这样一种假设:特殊学校是仁慈的,真诚地关注被贴上"严重学习困难"标签儿童的利益。其本质上是把"特殊需要儿童"看成"有某种缺陷"的人,进而设想这些人需要特殊教育。因此,普通学校以特殊需要学生不能适合普通教育的学习为由,把他们排斥在普通班级之外,而赋予专业人员以责任,去教育失

---

① 裴娣娜.教育研究方法导论[M].合肥:安徽教育出版社,2004.

能的或难教的儿童。而其他群体则从这种责任中解脱出来。这种对缺陷的确定和描述主要集中在儿童的内部原因,而不是教学、情境等外部因素,给定儿童的学习任务实际上与儿童的成绩没有什么联系。由此可见,对特殊需要儿童的诊断常常是依据决断者的价值观、信仰和兴趣,而不是儿童的内在特性。

二、访谈法

很久以前就有各种各样的访谈形式,最早甚至可以追溯到古埃及的人口普查。在近代,访谈的传统主要由两种趋势演化而来:一是在临床诊断和咨询中,访谈被应用得相当普及和广泛,其所关注的是回答的质量;二是在第一次世界大战期间,访谈被大量地运用于心理测验之中,在这里关注的重点是测量技术。一般认为,运用访谈进行社会调查的第一人是布思。1886 年,布思从事一项关于伦敦居民经济和社会状况的全面调查,其成果以《伦敦居民的生活和劳动》为题出版。布思的研究中包含个别访谈的方法。他不仅实施调查研究,还通过非结构式的访谈和民族志的观察来检验结论。[①] 随后世界各地的许多调查都参照了布思的研究。

访谈是我们理解他人最普遍、最有效的方法之一。无论是定性研究者还是定量研究者都倾向于把访谈作为资料收集的基本方法,不管其目的是为获得被访者生活中某一事件丰富的、深入的经验资料,还是只为得到一些简单的信息。不仅是研究者,而且似乎每个人都将访谈作为信息的来源,都认定访谈的结果是被访者自身及其生活的真实写照。人们相信访谈的结果是可靠的、精确的,并且在访谈过程中,访谈者与被访者的关系也不会过分影响访谈结果。访谈有多种类型和用途,但最常见的访谈形式是个别的、面对面的言语交流。它可以是结构性的、半结构性的或非结构性的。作为一种资料收集方法,访谈已经成为一种"系统调查的普遍方式"。有关各种类型的问题,如私人的、敏感的、探索性的、苦恼的、责难的,都是访谈的目标,在访谈的情境中都是许可的。在今天,我们运用访谈获取信息的现象越来越普遍,以至于我们所生活的社会被称为"访谈社会"。

访谈涉及一些技巧,在不同的情况下,技巧会随之发生变化。而改变技巧又被称为使用策略。在进入正式访谈之前,研究者和被访者会进行一场非正式的谈话。因为研究者在牢记调查主题的同时,还必须保持一种友好的态度,

---

① 诺曼·K. 邓津,伊冯娜·S. 林肯. 定性研究:经验资料收集与分析的方法[M]. 风笑天,等译. 重庆:重庆大学出版社,2007:685.

与被访者之间建立起良好的关系,并使气氛活跃。在语言方面,刚开始时研究者需要借助于一般性的问题来"打破坚冰",然后逐渐转到更具体的问题上,同时,还要尽量不露痕迹地问一些问题,以检验被访者所谈内容的真实性。研究者应该避免陷入一场"真的"谈话,避免在谈话中回答被访者的提问或者就讨论的问题发表个人意见。研究者可以不加入自己的意见或者假装无知以避免"掉进陷阱"。当然,研究者也可以与被访者开始一场"真的"交谈,互相迁就、分享移情式的理解。研究者必须了解隐藏在被访者理性外表下的一面,通过吸引他们,研究者就能够到达被访者的情感深处,与他们一起分享感情和思想。访谈的技巧将提供获得信息的方法,并且存在一个研究者可以获取的"核心信息"。而非语言方面有四种基本的交流形式:①"人际距离"是通过人与人之间的距离来反映人们对交流的态度;②"时位"是在谈话中对讲话节奏及沉默时间长短的控制;③"身势"交流包括任何身体动作或姿势;④"附属语言"交流包括音量、音调和音色的所有变化。访谈也应该仔细观察和记录被访者对这些方式的运用,访谈资料不仅仅应该包括语言记录,还应该尽可能包括互动中的非语言特征。

访谈的最新趋势是越来越远离结构式访谈,我们已经达到了将访谈视为商谈式话题的程度。越来越多的人认识到,访谈者不是被调查研究虚构出来的中立工具,访谈者与被访者一起被看作是互动中主动的参与者,访谈被看成是由访谈者与被访者在具体情境中协商完成。除了要关注访谈的"内容"之外,更要将注意力放在访谈的"形式"上,比如,事情的来龙去脉、特殊的情景、微妙之处,以及人们参与的程度等访谈互动时所发生的一切。因此,有研究者把访谈比作是一出随着情节延伸的人际交往戏剧,这反映了一种更广阔的意义——现实是一个不断发展的相互理解的过程。① 访谈是现实的产物,访谈的意义是在访谈者与被访者的互动过程中实现的。如果用"我—你"关系来分析访谈者与被访者的关系,就不难发现,在这种关系中彼此互享视角,双方通过"你们"取向,创造一个"我们"的关系。因此,被访者不再是一个客体或一种类型,而是互动中的一个平等参与者。这也正是我们在特殊需要儿童研究中使用访谈法所努力想要达到的。

三、个案研究法

个案研究法是通过广泛搜集资料,彻底了解个案现状及发展历程,从整体

---

① 诺曼·K.邓津,伊冯娜·S.林肯.定性研究:经验资料收集与分析的方法[M].风笑天,等译.重庆:重庆大学出版社,2007:703.

上对单一的研究对象的典型特征进行深入而缜密的全面研究分析,以了解其详细状况及发展过程,由此确定问题症结,并进而提出矫正建议的一种研究方法。这一研究对象就称为个案,通常又被称为"案例",是指具有某种代表意义及特定范围的具体对象。"个案"一词源于医学。医学上的个案研究是指对个别病例做详尽的临床检查和病史考察,以判断其病理和诊断过程中的变化。具体到教育研究领域来说,这个对象既可以是一个人、一种课程、一个机构,也可以是一个事件或一个过程。个案研究有点像历史研究,它在判断时常需描述或引证个案的情况,因此个案研究法亦称"个案历史法";由于个案研究一般是对研究对象的一些典型特征做全面而深入的考察与分析,其过程与解剖麻雀相似,人们又称为"解剖麻雀法";个案研究往往需要较长的时间对研究对象进行连续不断地追踪调查,故还称之为"个案追踪法"。

个案研究通常以一个典型的事例或人物为具体研究对象,通过直接或间接的调查来了解发展变化的某些线索和特点,然后把这些条件、措施与结果之间的联系推到一般化的人或事的发展变化上去。个案研究法的主要特点是:①研究对象的个别性与典型性。研究的对象是个别的,但不是完全孤立的个别;而是整体中的个别,能够在一定程度上反映出某些特征和规律,具有与众不同的典型特征。个案研究的目的固然是了解把握个体的具体情况,但也要通过个案研究,揭示出一般的规律。由于个案研究取样较少,其研究结论的代表性相对较小,因此需要谨慎地思考和分析,不宜机械地推广到一般中去。②研究过程的深入性和全面性。个案研究既可以研究个案的现状,也可以研究个案的历史,还可以追踪个案的未来发展。个案研究可以做静态的分析诊断,也可以做动态的调查或跟踪。由于个案研究的对象不多,所以研究时就有较为充裕的时间,进行透彻深入、全面系统的分析与研究。③研究方法的多样性和综合性。个案研究有自己的研究方法,既可以独立使用,在现场收集数据进行实地调查,如采用观察、面谈、收集文件证据、描述统计、测验、问卷、图片、影片或录像资料等,也可以与观察法、调查法、测验法等综合使用。在学校教育教学、心理咨询、行为矫正等工作中,个案研究被普遍使用。

个案研究作为一种有效的研究方法,在很多学科领域都得到广泛应用。在社会学研究中,通过个案的调查来了解其所属个体的情况,常以社会单位为研究对象,如个人、家庭组织、社会群体、社区、村寨等,内容包括考察研究对象的历史、现状和发展过程,理解研究对象的行为及其动机和社会文化背景,以及分析社会单位与整个社会环境之间的复杂联系。从个案的详细描述与分析中,发现重要的变量,提供有用的概括和认识,以帮助形成假设。个案研究法具有不少优点,可以对研究对象做深入的质的研究,彻底把握对象的全貌,并且具有抽样方式无法做到的社会实在性,有利于深入了解一个社区或群体的形成、现状、发展及特殊的文化。对个案研究结果的推广和应用属于判断范畴,而非分析范畴,个案研究的任务就是为这种判断提供经过整理的经验报告,并为判断提供依据。当然,个案研究法也受到社会统计学家的批判,认为其研究结论不具有代表性,不能以此推论总体和预测社会。

第二章　特殊需要儿童概述

第一节　特殊需要儿童概念界定

理论上,我们应该承认每一个儿童都是特殊的,因为每个儿童都有自己的个性与需要。在实践时考虑到平等与差异,有一个相对狭窄的定义,以便与普通儿童区别开来。

一、特殊需要儿童概念的缘起

随着人们对全纳教育研究的不断深入,以及社会和谐与稳定发展的需求,全纳教育的对象发生着动态的变化,从单纯的残疾儿童扩展到特殊目标群体和社会边缘群体,最终延伸到有特殊教育需要的儿童。

1.缘于残疾儿童

残疾儿童是指生理功能、解剖结构、心理和精神状态异常或丧失,部分或全部丧失日常生活自理、学习和社会适应能力的 14 岁以下儿童。在西方古代社会,由于科学水平的限制,人们对残疾儿童的认识处于感性阶段,大多数残疾儿童处境很悲惨,不受保护且常常遭受忽视或被抛弃,甚至受到不人道的待遇。古希腊和古罗马最早开始尝试对残疾儿童进行分析和治疗,并制定一些政策限制杀害残疾婴儿。到中世纪,在上层人士中出现对残疾子女进行家庭教育。14 世纪开始的文艺复兴运动引起人们对人道主义的关注,同时激发起人们对残疾儿童教育的兴趣,进而产生真正意义上的特殊教育实践。[①]

2.扩大至特殊儿童

许多残疾儿童是特殊儿童,但并不是所有的特殊儿童都是残疾儿童。特殊儿童既包括我们日常所说的残疾儿童,也包括没有明显的身体或感官残疾,

---

[①]　贾珊珊.基于特殊儿童需要的特殊学校教师专业发展研究[D].兰州:西北师范大学,2013:25—26.

但在学习、生活、交往等方面存在身心障碍的儿童,还包括智力超常儿童和各种原因导致的学业不良儿童。因此,从广义上理解,特殊儿童是指与正常儿童在各方面有显著差异的各类儿童。这些差异可表现在智力、感官、情绪、肢体、行为或言语等方面,既包括发展上低于正常的儿童,也包括高于正常发展的儿童以及有轻微违法犯罪的儿童。在《美国特殊教育百科全书》中分为天才、智力落后、身体和感官有缺陷(视觉障碍、听觉障碍)、肢体残疾及其他健康损害、言语障碍、行为异常、学习障碍、自闭症(孤独症)、阿斯伯格综合症等类型。而狭义的特殊儿童,专指残疾儿童,即身心发展上有各种缺陷的儿童。

3. 发展为特殊教育需要儿童

1978 年,在英国的《沃诺克报告》中首次提出"特殊教育需要"这一术语。该报告认为,所有的个体都是独一无二的,每一个儿童都是特殊的。如果要平等地对待他们,就不应该强硬地把他们区分为有无残疾或是否特殊。而是应该把这些儿童看成是需要我们提供各种形式的额外帮助的一个群体。这就从原先的特殊教育范畴跨越到普通教育的行列。1981 年在英国教育法中正式认可"特殊教育需要"这一概念,取代过去英国传统的残疾儿童分类的全部名称,并将"特殊教育需要儿童"定义为:"如果一个儿童有学习困难而需要特殊教育设施,那么就说这个儿童有特殊教育需要。"自此,"特殊教育需要儿童"这一概念在国际特殊教育领域流行开来。的确,所有儿童的特殊教育需要都是不容忽视的,每个儿童的成长过程都是一个连续体,我们应该对个体在每一阶段中的教育需要予以满足。满足儿童的特殊教育需要,可以通过很多途径:①改进教学方法,配备特别的设备及使用特殊的方法;②给以特别的或做适当的改变,以适应某个儿童的课程教学;③创造适合儿童发展的教学环境和情感氛围。

二、特殊需要儿童的内涵

1. 谁是特殊需要儿童

我们在观察一群儿童时不难发现,即使年龄相同,个体之间的差异仍然十分明显。有的健壮,有的瘦弱;有的动作灵巧,有的笨拙;有的聪明伶俐,有的反应迟钝;有的善于交际,而有的很不合群。那么,什么样的特征或表现属于常态,什么样的特征或表现属于非常态?哪些儿童属于普通儿童,哪些儿童是特殊需要儿童?从生理与心理的观点来看,每个儿童都是特殊的个体,我们无法在一群儿童中找到两个完全相似的儿童,他们的不同在于特性的不同,而且一个儿童自己所具有的几种能力也有强势或弱势之分。在教育上,我们应该尊重儿童的个别差异以及各个儿童在自我特性中的差异。当教育能按儿童的特性进行教学与设计时,每个儿童的潜能便会得到较好的发挥。因此,我们要根据每个儿童的本身特性来设计教育,本着尊重各类儿童的身心特点,采用特别设计的设施、教学、教具和教法,由经过培训的专业人员来对儿童进行教学。

2.特殊需要儿童的所指

所谓特殊需要儿童,通常有广义和狭义的理解。广义的特殊需要儿童是指正常发展的普通儿童之外的各类儿童,既包括那些在学习中有困难的儿童,也包括那些由于成绩优异而必须要对课程和教学进行调整才能帮助其发挥潜能的儿童;狭义的特殊需要儿童专指生理或心理发展上有缺陷的残疾儿童。在本研究中,主要是基于广义上的理解,即这些儿童通常在生理和心理发展的某一方面或多个方面明显地偏离普通儿童的发展水平。所以说,特殊需要儿童是一个内涵丰富的术语,它涉及那些有特别的学习或行为问题的儿童、有明显的身体残疾或感觉损伤的儿童,以及高智商和有特殊才能的儿童。这些特殊需要儿童的身体素质或学习能力有高有低,其水平与常模之间的差异使得他们需要通过个别化教育和相关服务计划才能充分地从中获益,否则他们的发展就会严重受阻。

3.特殊需要儿童的特征

特殊需要儿童的个体之间差异明显,且存在着各种不同的特殊教育需要。这些需要涉及心理发展、身体发展、学习、生活等各方面,且表现为长期或一定时间内高于普通儿童的需要,其不仅包括对某一发展中的缺陷提出的补偿要求,也包括对学习有影响的能力、社会因素等方面的特殊需要。特殊需要儿童是一群在生理或心理发展的某一或多个方面,明显偏离普通儿童的发展水平,有特别的学习或适应困难,只有通过特殊的、能够满足其需要的教育,才能获得充分发展的儿童。[①] 特殊需要儿童的两个主要特征:首先是表现为生理或心理发展的一个或多个方面,与普通儿童有明显的差异,且这些特征严重地影响了他们的学习或适应。其次是特殊需要儿童要想获得最大限度的发展,只有通过设计专门的课程、教材、教法、组织形式或设备,才能充分满足其教育需要。例如,盲童需要借助盲文来学习文化知识;聋儿要用手语来与教师和同学交流思想;弱智、脑瘫、自闭症儿童需要增加康复训练课程,以提高生活处理能

---

① 韦小满.特殊儿童心理评估[M].北京:华夏出版社,2006:1.

力。如果把握了特殊需要儿童的这两个特征,那么就比较容易判断哪些是普通儿童,哪些是特殊需要儿童,并由此实施能够满足其需要的教育,以促进他们的发展。

三、特殊需要儿童的外延

特殊需要儿童与普通儿童之间既有共性,又存在着差异,且共性远远大于差异。这也是目前国内外大多数研究者已经达成的共识。

1.特殊需要儿童与普通儿童的共性

特殊需要儿童与普通儿童之间具有很多共同的属性,无论是在生理上还是心理上,两者都存在着很大的相似性。

首先,特殊需要儿童与普通儿童在生理组织结构、身体发展历程上很相似。特殊需要儿童是正在生长、发育着的儿童,随着年龄的增长,其身高、体重、身体的形态、结构、机能等都在自然地生长和变化着。他们同样要经历乳儿期、婴儿期、幼儿期、儿童期、少年期、青年期等重要的发育阶段。在青春期,特殊需要儿童的身体也会发生急剧的变化。比如,女孩的乳房开始发育,月经来潮,身体变得丰满;男孩的喉结开始增大,声调变粗,胡须逐渐长出。特殊需要儿童到了性成熟时,男女两性之间出现明显不同的性别特征。

其次,在心理方面,特殊需要儿童同样遵循普通儿童心理发展的基本规律。其具体表现为:

(1)遗传为儿童的心理发展提供了可能性,而环境和教育则规定其心理发展的现实性。遗传是特殊需要儿童心理发展的基础。遗传给特殊需要儿童带来与生俱来的解剖生理的特征,特别是中枢神经系统的特征,决定了特殊需要儿童心理发展的可能性。不过,我们也不要过于夸大遗传对特殊需要儿童心理发展的作用。如果家长和教师低估特殊需要儿童的发展潜力,没有给他提供适当的教育,那么这个儿童的心理发展就会受到很大的限制。

(2)教育在特殊需要儿童的心理发展上起主导作用。教育对儿童所施加的是一种有目的、有计划、有系统的影响。如果教育者能够根据一定的教育目的来组织教育内容,并且采取适当的教育方法,对特殊需要儿童的心理发展施加系统的影响。那么,特殊需要儿童必将在这种目标明确、方向性强的影响下产生良好的教育效果,这无疑比环境中其他无目的的影响所产生的作用要大得多。

(3)环境和教育的作用虽然巨大,但这只是儿童心理发展的外因,外因必须通过内因才能起作用。特殊需要儿童心理发展的内因是什么?根据我国著名儿童心理学家朱智贤的理论,在儿童不断积极活动的过程中,社会和教育向儿童提出的要求所引起的新的需要和儿童已有的心理水平或心理状态之间的矛盾,是儿童心理发展的内因,这个内因是儿童心理不断向前发展的动力。①

同样,特殊需要儿童也有类似于普通儿童的需要,在社会和教育的要求下,这些需要有物质方面的,如对食物、水、漂亮的衣服等的需求;也有精神方面的,如学习某种知识或技能,完成一件手工作品,将来找到一份工作等。特殊需要儿童的新需要,与他们已有的心理水平或心理状态之间的矛盾,是获得心理发展的内因。所以,对特殊需要儿童的教育或训练,一定要从实际需要出发,否则就难以取得良好的效果。

2.特殊需要儿童与普通儿童的差异

虽然特殊需要儿童的身心发展基本上与普通儿童一样,遵照由低到高、由简单到复杂的发展顺序。但由于特殊需要儿童本身所存在的各种问题,其与普通儿童之间的差异还是客观存在的,通常有以下三个方面:

(1)大部分特殊需要儿童有生理和心理的缺陷,这些缺陷妨碍他们以正常的方式或速度学习和发展。例如,盲童的视觉器官有缺陷,他们不得不靠耳朵、手指等感官来感知外界事物。由于失去接收外界信息这条非常重要的感觉通道,他们对一些事物的认识往往不够全面;聋童的听觉器官有缺陷,这对他们的语言学习会产生不利的影响。这种语言发展的局限性,又会妨碍其抽象思维能力的发展;肢体残疾儿童在动作技能的发展上会受到很大的限制,有些儿童在生活自理方面存在很大困难;智力落后儿童的智力有缺陷,因此他们学习某些知识与技能的时间,往往要比普通儿童晚些,起点较低,速度很慢,所能达到的水平也极其有限。

(2)通常特殊需要儿童的个体间差异和个体内差异都明显大于普通儿童。个体间差异既包括不同类型的特殊需要儿童之间的差异,又包括同种类型的特殊需要儿童之间的差异。无论属于哪一种,特殊需要儿童的个体差异都非常大。例如,天才儿童与智力落后儿童分别代表智力水平较高和智力水平较低的两类儿童,他们之间的差异极大。即使同属于智力落后儿童,因造成心理发展异常的原因不同,每个个体的特征也十分不同。更何况盲童和聋童这两种不同类别的特殊需要儿童,他们在接收外界信息的方式上明显相异。正是由于特殊需要儿童之间存在着巨大的差异,所以在进行教育、教学时,一定要对他们加以区分对待。而个体内差异是指单个个体内部不同能力之间的差异。特殊需要儿童个体内部各种能力的发展很不平衡,个体内差异特别大。

---

① 韦小满.特殊儿童心理评估[M].北京:华夏出版社,2006:3.

例如,有些自闭症儿童的记忆力非常好,但语言理解能力和人际交往能力却很差。又如,同样是留守儿童,由于各种因素的存在,他们所产生的问题是不一样的,对教育的需要也有很大的不同。因此,在制订教学计划时,要对特殊需要儿童的具体情况加以了解与分析,以便于根据其特点安排教学活动。

(3)特殊需要儿童一般很难适应普通学校的常规教学内容、教学手段或教学组织方式,需要加以特别对待与处理。普通学校的教学内容对于智能发展优异的天才儿童可能太过容易,而智力落后儿童则又显得难度过大。普通学校的教学往往以教师的口头讲授为主,直观的演示为辅。对于大多数聋童而言,这种教学方式很难接受。盲童则可能因无法阅读普通的课本,而跟不上教学进度。目前在普通学校里基本上都采取大班授课制,这种教学组织形式虽然在教育资源有限的情况下,能为社会多培养一些人才。但却不能使所有儿童都得到充分的发展。在这种班级里,特殊需要儿童可能因为教学进度太慢或者太快,以至于对学习失去兴趣,并且表现出各种各样的学习或适应问题。只有根据特殊需要儿童独特的教育需要设计出适宜的课程和教材,采取个别化的教学方式,特殊需要儿童才有可能获得最大限度的发展。

第二节　特殊需要儿童类型分析

特殊需要儿童的范围很广,包括身体、智力或感觉器官有障碍的儿童,有暂时、短期或长期学习困难的儿童,有严重学习障碍的儿童,有情感和行为问题的儿童,有言语或语言障碍的儿童,还有天才儿童。此外,还包括来自不同文化背景的儿童,以及由于地理环境被隔离,或因为其他原因学习普通课程不能发挥其潜能的儿童。

一、智力、听力、视力和肢体残疾儿童[①]

传统的分类方法,主要是根据残疾儿童的缺陷特征,分为智力残疾、听力残疾、视力残疾和肢体残疾等类型,且这类儿童需要给予长期或终身的支持与帮助。各个国家规定的残疾儿童的具体种类、数量和名称不尽相同,例如美国的法令规定残疾儿童有 11 类,日本的法令规定有 8 类。而这些分类大多是以医学的视角、基于学生的生理特征进行分类。由于生理特征是显见的,因此,我们很容易对各类残疾儿童做出判断。

---

① 刘全礼.随班就读教育学——资源教师的理念与实践[M].天津:天津教育出版社,2007.

1.智力落后儿童

智力残疾,在教育界多称之为弱智、智力落后,指人的智力明显低于一般人的水平,并显示出适应行为障碍。其中,美国智力落后协会于1992年把适应行为障碍具体规定为:沟通、自我照顾、居家生活、社交技能、利用公共设施、自我指导、健康与安全、功能性学科能力以及休闲娱乐和工作等十项当中的两种或两种以上的限制。按照智力残疾的程度,可分为轻度、中度、重度和极重度四个级别(见表2-1)。

表 2-1 智力残疾的标准和分级

智力残疾级别	智力残疾程度	与平均水平差距(-SD)	IQ 值	适应能力
一级	极重度	≥5.01	20 或 25 以下	极重度适应缺陷
二级	重度	5.00～4.01	20～34 或 25～39	重度适应缺陷
三级	中度	4.00～3.01	35～49 或 40～54	中度适应缺陷
四级	轻度	3.00～2.01	50～70 或 55～75	轻度适应缺陷

判断某个儿童是否是智力落后,主要有两个标准,一是智商,二是社会适应能力;只有同时符合这两个条件,才能说他是智力落后儿童。与正常儿童相比,智力落后儿童由于大脑发育受到不同程度的损害,因而使其在感知、记忆、思维、语言、个性等方面都有着明显的差异。

2.聋和重听儿童

我国1987年残疾人抽样调查时,对听力残疾的定义是指由于各种原因导致双耳听力丧失或听觉障碍,而听不到或听不清周围环境的声音,从而很难与一般人进行正常的语言交往活动。听力残疾分为聋和听力损失(见表2-2)。因此,聋和重听儿童的双耳听不到或听不清周围环境的声音。

表 2-2 听力残疾的标准

类别	级别	听力损失程度(dB)
聋	一级聋	≥91
	二级聋	71～90
重听	一级重听	56～70
	二级重听	41～55

在表2-2中,有三点需要加以说明:①听力损失的数值是指语言频率分别为500 Hz、1000 Hz 和2000 Hz 时听力损失的平均值;②聋和重听均指双耳,如两耳的听力损失程度不同,则以听力损失较轻的一只为准;③如果一只耳朵为

聋或重听,而另一只耳朵的听力损失等于或小于 40 分贝(dB),就不属于听力残疾。

3. 盲和低视力儿童

视力残疾是指由于各种原因导致双眼视力障碍或视野缩小,而较难从事一般人所能做的工作、学习或其他活动。我国把视力残疾分为盲和低视力两类(见表 2-3)。因此,盲和低视力儿童的双眼看不见或看不清外界事物。

表 2-3　视力残疾的分级

类别	级别	最佳矫正视力
盲	一级盲 二级盲	低于 0.02 至无光感;或视野半径<5° 低于 0.05 至 0.02;或视野半径<10°
低视力	一级低视力 二级低视力	低于 0.1 至 0.5 低于 0.3 至 0.1

在表 2-3 中,有三点需要加以说明:①无论是盲,还是低视力,均指双眼。如果双眼的视力不同,则以视力较好的一只为准。②如果只有一只眼达到盲和低视力的标准,另一眼的视力达到或优于 0.3,那么这种情况不属于视力残疾。③最佳矫正视力是指以适当的镜片矫正所能达到的最好视力,或者是以针孔镜测得的视力。

4. 肢体损伤、病弱儿童

按照 1987 年我国残疾人抽样调查公布的标准,肢体残疾是指人的四肢的病损和残缺或四肢、躯干麻痹、畸形,导致人体运动系统不同程度的功能丧失或功能障碍。儿童重度的肢体损伤,主要是由先天性异常、疾病以及其他原因引发的,对儿童的教育表现有负面的影响。如何辨别儿童的肢体损伤程度?可以从肢体残疾的整体功能来进行评价。在没有实施康复措施时,以能够实现"端坐、站立、行走、穿衣、洗漱、进餐、大小便、写字"等八项能力,作为判断的标准,实现一项算 1 分,实现有困难的算 0.5 分,不能实现的算 0 分(见表 2-4)。

表 2-4　肢体残疾的整体功能分级

级别	(日常生活活动能力的)程度	分数
一级肢体残疾	完全不能实现日常生活活动	0～2
二级肢体残疾	基本上不能实现日常生活活动	3～4
三级肢体残疾	能够部分实现日常生活活动	5～6
四级肢体残疾	基本上能够实现日常生活活动	7～8

根据美国《残疾人教育法》中规定的残疾类别,病弱儿童是指由于慢性或急性的健康问题而出现力量、活力或机敏度有限,如心脏病、肺结核、风湿热、肾炎、哮喘、镰状细胞性贫血、血友病、癫痫、铅中毒、白血病或糖尿病等这些健康问题,对儿童的教育活动和表现有着负面的影响。一些病弱儿童存在长期、但相对较轻的健康问题,另一些儿童的身体耐受力非常有限,需要复杂的医学技术和连续不断的支持来延续他们的生命。当然,一种特定的身体或健康状况发生在不同儿童身上,可能会有着明显不同的表现过程。

肢体损伤儿童和病弱儿童的学业表现一般在相应的年级平均水平之下。除了神经性运动功能操作妨碍他们的学业表现,药物治疗和一些儿童必须每天接受的日常健康护理也对学业成就有消极的副作用。儿童在发病或久病复发时需要接受住院治疗,这种情况所造成的长期而频繁的缺课,妨碍儿童的教育进步。肢体损伤和病弱还可能导致儿童的能力受限,表现在从事与年龄相符的活动、运动、认知功能、社会性和情绪发展、感觉功能以及沟通功能上,较轻微的、短期的肢体损伤或病弱,不会有持续的影响;但严重的、长期的则可以在很大程度上限制儿童的成长和经验范围。一些肢体损伤和病弱儿童可以在最小的调适或环境调整之下充分接受教育并从中获益,而另一些有严重健康问题和强烈学习需要的儿童,则要给以一系列复杂的、经过调整的专门教学、治疗和相关服务。除了在普通教育课程中取得最大可能限度的进步之外,许多肢体损伤和病弱儿童也需要在"平行课程"中以"应对他们残疾"的方式接受密集的指导。

二、学习困难、情绪与行为异常和沟通障碍儿童

基于对传统的以残疾类型作为分类依据的批判,《沃诺克报告》指出:一方面给每个特殊需要儿童贴上残疾的"标记"是有害的,尽管这样的分类对医学有意义,而在教育上不适合,因为将医学上的分类置于教育不一定相适;另一方面,有的儿童具有两种以上的缺陷,很难将其归到某一单独的缺陷种类,而且即便是同一类型的儿童也有着不同的特征。因此,我们可以通过儿童所表现出来的问题来进行分类,分类的目的就是为了教育好他们,而不是像以往一样仅仅是对他们做出医学上的鉴定或区别。根据儿童所存在问题的不同,我们可以将其归为学习困难、情绪与行为异常和沟通障碍,这类儿童通常需要在某一时期或短期内给以个别辅导,即充分满足他们的特殊需要。

1.学习困难儿童

学习困难(learning disabilities)又称学习障碍,是从美国引进的一个术语。对 learning disabilities 这个术语，特殊教育界的人多称为学习障碍，而普通心理学或教育学研究则多称为学习困难。对于学习障碍，即使美国也没有统一的定义。1988 年，全美学习障碍全国联合委员会的定义是：学习障碍系一个统称学习异常的名词，包括在听、说、读、写、推理、数学等方面的获得和使用上出现明显困难者。我国学者方俊明从认知的角度出发，认为学习障碍是指在学习上存在一定的障碍，遇到不同的困难，缺乏普通的竞争能力，学习成绩明显落后于其他儿童这一现象。因此，学习困难儿童通常是在认知过程中存在异常或障碍，典型的学习困难是在认知过程或学习过程中表现出来的。《沃诺克报告》把"学习困难"看作是一般的概念，其包括所有基于某种原因需要获得额外教育帮助的儿童。同时，提出学习困难的三个尺度[①]（见图 2-1）。

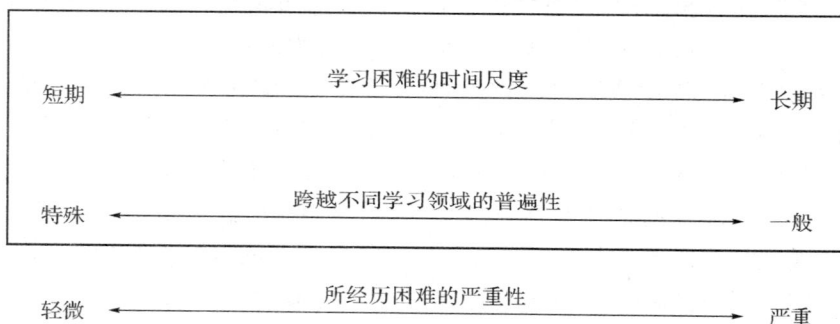

图 2-1 "特殊需求教育"连续体中学习困难的尺度

从图 2-1 可见，儿童的学习困难有短期和长期之分。短期的学习困难每个儿童都会有，并不限于传统的残疾人类别；儿童的学习困难可能仅限于学习的某个方面，也可能是普遍性的；儿童的学习困难由轻微到严重存在程度上的差异。对照传统的残疾儿童的分类标准，无疑学习困难儿童的分类是一种积极而重大的转变。因为这种分类，试图打破以往把学习问题主要源于儿童和固定于儿童自身的观念，在不否认儿童自身因素对学习的重大影响基础上，提出一种新的"特殊教育需要"概念，这极大地扩展了特殊教育需要儿童的范围和数量，更加关注于儿童与学习环境的互动。

2.情绪与行为异常儿童

从理论上看，某种情绪或行为异常，首先是相对于正常而言，其次是异常值达到一定的水平，第三是影响到自己或他人。因此，从操作的角度看，情绪

---

① Sally Beveridge. Special Educational Needs in Schools[M]. London：Routledge，1999：32.

与行为异常就是指儿童长期存在的情绪与行为过度、不足或不恰当的状态，且影响到自己或他人的发展。如何判断儿童的情绪与行为过度、不足或不恰当？过度是强调情绪与行为的强度、频率等太过；不足是应该有的情绪与行为却没有；不恰当就是情绪与行为使用的方式、方法等不合当时的场合。而且这种情绪与行为的异常不是偶尔发生，而会在一段时间内持续发生。儿童的情绪与行为异常的形成原因比较复杂，既可能是生理上的原因，又可能是后天的环境影响所致，还可能是两者共同作用的结果。偏重于情绪方面的，如抑郁、焦虑可能更多地与先天的原因有关；而偏重于行为规范方面的则可能与后天的环境因素更密切。

情绪与行为异常儿童通常表现在，其行为明显地落后于同一群体内的、同年龄的常态儿童，尤其是"外在行为"和"内在行为"这两个维度上的异常，对儿童的学业成就和社会关系产生不利的影响。

（1）情绪与行为异常儿童最常见的行为模式，包括反社会行为或者外部行为。在教室里，儿童的外在行为通常表现为离座、叫喊、吵闹、骂人、打架、抱怨、过度争辩、发脾气、不理睬教师、不服从命令、偷窃、撒谎、损坏公物，等等。虽然所有孩子有时都会哭、打人、拒绝服从父母和教师的要求，但情绪与行为异常儿童是经常性地发生此类行为。同样，情绪与行为异常儿童的反社会行为，发生时很少或几乎没有任何征兆。这些孩子似乎总是与他们周围的人和事物相冲突，他们的攻击性行为突然爆发而引起他人的还击。因此，儿童早期发展起来的反社会行为，是青少年时期出现过失犯罪或轻微违法犯罪行为的一个最好的预测值。长期具有攻击性行为的儿童，在进入青春期后，很容易出现辍学、被拘留监禁、滥用毒品和酗酒等倾向。

（2）情绪与行为异常儿童的另一种情况表现为与他人的社会交往太少。尽管这类儿童不像反社会行为的孩子那样会对他人造成威胁，但却会严重阻碍自身的发展。他们很少与同龄孩子玩耍，没有学会交友或娱乐的社会技能，常常陷入白日梦和幻想之中。有些儿童毫无理由地恐惧外物，对生病或受伤等情况经常性地抱怨，甚至陷入深度抑郁状态。很明显，这些行为限制了一个孩子参与学校活动或其他业余活动，以及丧失像正常孩子一样学习知识的机会。与那些反社会行为的孩子相比，具有焦虑和情绪障碍等内在行为特征的孩子，较少扰乱课堂教学、也极少为难教师。从表面上看他们很乖巧，似乎只是胆子小、腼腆害羞而已，不太容易获得教师所给予的特别关注。而事实上，却错失了教育他们的大好时机。因为这些情绪与行为异常儿童，不单单是有轻微的、短暂的问题。很多时候其所经历的焦虑和情绪障碍，不仅引起学业表现上的广泛性落后,还威胁到个人生存的问题。如果没有明确有效的治疗方法,那些极度情绪与行为异常儿童会导致自我伤害,甚至药物滥用、饥饿,以至于用自杀来结束生命。

3.沟通障碍儿童

沟通是人们就信息、想法、感受、需要和要求进行相互交流。它包括对信息的编码、传递和解码。每一次的相互沟通都包括三个要素:一条信息、一位表达信息的发送者、一位回应信息的接受者。沟通——传递和接收信息是人们经验中的一个基本的部分,因而,即便我们想停止沟通都做不到。多数儿童在出生后的几年,就学会了说话或交流。但也有相对较少的一部分儿童,完全不能进行表达。这些儿童不能通过倾听、阅读或口语表达自己的愿望、想法和感受,在学校和社区生活中,每天都会面临一系列的问题和承受一定程度的挫折。当沟通障碍持续存在时,这些儿童就很难进行学习、得到发展,更不可能与他人之间形成令人满意的人际关系。美国言语—语言—听力协会对沟通障碍的定义是:"接收、发出、加工和理解概念或语言的、非语言的及图形符号系统的能力上存在的一种障碍。"

在沟通能力上,一名儿童与其他儿童的差异多大时,才被认为是存在障碍?普通儿童在言语和语言发展的不同阶段,表现出一些关键特征。多数儿童的言语和语言获得,都遵循一个相对可预知的顺序。但当我们关注儿童语言的正常发展时,不难发现,儿童获得特定言语和语言技能的年龄段并不是严格且不可变的。言语和语言的发展是非常个体化的过程,没有哪个儿童是完全按照某个精确的发展标准成长的。一些儿童发展得超前,另一些儿童发展得迟滞,还有些儿童的语言获得并不遵循一般的顺序,言语或语言任何维度的常态发展范围都非常大。因为儿童的能力和早期所处环境有很大的差异,这些因素将影响语言的发展。那么在什么时候,沟通上的差异就成为障碍了呢?当满足以下标准中的任何一条时,就可以被认为是一种障碍:①信息的传送或理解存在缺陷;②个体经济地位不佳;③个体学习情况不好;④个体社会地位不高;⑤个体的自尊或情感发展受到消极的影响;⑥问题引起肢体损伤或危及个人健康。①

当然,沟通障碍儿童依程度不同而有很大的变化。一些儿童的言语和语言偏离常态的程度相当严重,以至于在学习和人际关系方面出现严重的困难,

① 　William L. Heward.特殊需要儿童教育导论[M].8版.肖非,等译.北京:中国轻工业出版社,2007:268.

甚至于无法让别人听懂他们的话,或者是不能理解别人对他们所说的话。对于为沟通发展迟滞或存在障碍的儿童提供教育服务的教师或专家来说,首先要确定的是,一个孩子仅仅是在语言发展速度上低于正常水平,还是表现出语言发展模式上的异常。在了解正常儿童的语言发展的基础上,针对个体情况做出具体判断。儿童的沟通障碍有多种类型,导致沟通障碍的原因也有许多。言语或语言障碍可能是器质性的,也就是说,归因于某个器官或身体部分的损伤、官能障碍或畸形。然而,多数沟通障碍儿童被认为不是器质性的,而被归为功能性。比如,儿童所在环境提供了许多学习恰当的和不恰当的沟通技能的机会,因此,由环境影响造成功能性的沟通障碍儿童的可能性非常之大。

三、学业不良、遭遇突变、留守和流动儿童

关于学业不良、遭遇突变、留守和流动儿童,多数可以归入处境不利儿童。这些儿童从本质上看一切都很正常,但由于短期或长期处于不利的家庭或学校等社会环境而逐渐形成。这类儿童一般需要在某一阶段或暂时性地给予特殊的关照。

1. 学业不良儿童

学业不良问题是一个由来已久的问题。应该说,前面提到过的智力、听力、视力和肢体残疾儿童,以及学习、情绪与行为、沟通智障儿童等身心障碍儿童,都可能导致学业不良。但是,这里的学业不良是指在身心没有障碍的情况下,其学习成绩达不到其智力或能力所及范围。在此,学业不良是指常态儿童的学习成绩与其智力水平或学习能力不相符合的现象。这是与同年龄或同班级的群体相比较而言,不能完全说明个体自身学习问题的实质,也是一个比较宽泛的术语。

学业不良的典型特点就是儿童本身没有什么异常,但学习成绩或学习效果未达到应有的水平。导致儿童学业不良的原因非常复杂,大体上有这些因素:①儿童自身因素,这是导致学业不良的重要因素之一,包括儿童学习没有动力、不会学习、没有形成良好的学习习惯、不会听课等;②家庭因素在儿童的学业不良中具有重要的作用,主要是家庭没有好的学习氛围、家庭关系不和睦、父母没有树立好的榜样、教育方法失当等;③学校因素也是导致儿童学业不良的重要因素之一,如教师的教育教学方法不当、教学态度恶劣,还有同伴方面的与同学不睦、加入不适当的小团体,再是教学内容的难易不当、适切性不好,最后是教学管理上的评价措施不当等;④其他因素,如迷恋屏幕——电视机、游戏机、手机和计算机,受到外界不良媒体信息的引诱和所结交的不良

伙伴教唆,以及家庭过于贫穷或富有都会成为儿童学业不良的诱因。当然,导致儿童学业不良的原因往往是多方面的,也就是说多种原因同时发生作用。我们在分析某个学生学业不良的成因,寻找对策时要特别加以注意,从整体综合的角度、多管齐下。

2. 处境不利儿童

常态儿童在某些情况下,也可能有特殊教育需要。比如家庭突然发生变故,像父母离婚、亲人去世,这时的儿童往往就需要特别的帮助,成为暂时性的特殊需要儿童,需要教师与家庭和风细雨地引导他们度过心理难关。

还有当儿童遭遇自然界的重大灾害,像地震、洪涝、干旱,以及儿童突然受到外界的惊吓,如车祸。虽然没有在身体上留下残疾,也没有导致心理障碍,但是,在惊吓的恢复期,特别需要他人给以安慰或关心,及时帮助他们走出受惊吓的阴影,重新回到充满阳光的学习与生活环境。也就是说,任何人在一生中的某些时间,都可能因为某种原因而需要他人的特别帮助。

3. 留守儿童

留守儿童是指由于父母外出打工而被留在家乡或寄宿在亲戚家中,长期与父母分开居住、生活的儿童。这些本应是父母掌上明珠的儿童,由此便成为一个特殊的弱势群体。留守儿童一般只在中国被提及,也是中国近年来出现的一个普遍社会现象。在现代化的进程中,大批农村剩余劳动力向城市转移,年轻的父母为了生计外出打工,他们通过劳动获取家庭收入,为经济发展和社会稳定做出贡献,但却由于无法担负过高的城市生活成本,而不得不把自己的孩子留在农村。这些正处于成长发育关键期的留守儿童,由于长期与父母分开,既缺少父母在情感上的关注和呵护,又缺乏父母在思想认识及价值观念上的引导和帮助。因此,留守儿童面临着监护不力、缺乏抚慰和疏于照顾,而在生活与学习、身体与心理等方面出现严重的问题,极易产生认识、价值上的偏离,以及身心发展的异常,一些青少年甚至会逐渐走上犯罪的道路。

4. 流动儿童

20 世纪 80 年代以来,随着改革开放的深入和社会主义市场经济体制的建立健全,我国正逐渐由传统社会向现代社会、农业社会向工业社会、封闭社会向开放社会转变。在社会转型的大背景下,社会流动的规模愈来愈大,而社会流动的主要形式是从农村到城市,其目的是务工。在流动人口中,大多数为18～45 岁的中青年人,他们的子女正处在学龄阶段。由于义务教育主要是由地方政府负担,流动人口的子女因为没有流入地的户口,无法享受由流入地政府负担的教育经费。在现行的城乡政策框架下,流动人口子女不能享有城市同龄儿童同等的教育机会,被排斥于城市公立学校、游走在乡村正式教育体系之外,成为一个庞大的、被边缘化的弱势群体,这一群体通常被称为"流动儿童"。流动儿童的教育问题随之产生,父母若带着儿童外出务工,由于收入普遍不高、居无定所,将会错过教育孩子的黄金时期,对孩子的未来产生极大的负面影响。

四、自闭症、多动性注意缺陷和天才儿童

这是一类非常特殊的儿童,不仅所占比例非常小,还需要借助于特殊的教育方法或手段予以对待与处理,而且如果发现得早、教育及时的话,他们的处境就会有很大的改观,说不定将来会大有作为,对社会的发展做出极大的贡献。

1. 自闭症儿童

自闭症又称孤独症,是一种弥漫性的发育障碍。这种障碍对语言和非言语的交流以及社会互动产生显著的影响,一般在 3 岁前症状就已出现,并会对儿童接受教育产生不利影响。[①] 由于自闭症是典型的全面发育障碍,往往在儿童年龄很小时,如婴幼儿时期发病。自闭症儿童的显著特点表现在各个方面,主要集中在以下几点:①社会交往;②言语障碍;③刻板行为或动作;④感知觉异常;⑤发展不平衡。自闭症形成的原因非常复杂,但主要是生物学的损伤所致,并且很大可能是由基因造成的。

自闭症儿童属于最难教育的学生,对他们的教育要求仔细计划、细心实施和不断地对教学进行评估和分析。如果教育没有针对性,那么自闭症儿童要想取得进步,几乎是不可能的。近年来,许多令人兴奋和充满前景的研究改善了自闭症儿童的未来和他们的家庭。首先是早期深度行为干预。这种教育方法在 4 岁之前对自闭症儿童的生活进行系统地干预,通过帮助他们学会交流、言语和社会性技能,以促使他们成功地进入普通班级中学习。其次是应用性行为分析。这是一种系统化的策略,采用环境会影响学习这一被科学验证了的原则,来进行教学设计、教学指导和评估教学。在设计好的生活环境中,通过精心设计的与物质和社会环境的结构化互动,运用诸如正强化的行为原则来教给儿童技能,以改变原先的异常行为。最后是帮助自闭症儿童适应社会

---

① William L. Heward. 特殊需要儿童教育导论[M]. 8 版. 肖非,等译. 北京:中国轻工业出版社,2007:234.

情境和增加其独立性的策略。借助于社会故事与图片活动时间表这两种较新且富有前景的方法进行干预。前者是为了帮助自闭症儿童学会接受变化,知道在日常规范内怎样以及何时使用交流和社会交往的技巧去控制社会情境;而后者的目的是帮助自闭症儿童成功地融入所处环境。

2. 多动性注意缺陷儿童

所有儿童都会在有些时候存在注意困难,并且也有可能做出高频率、无目的或不恰当的动作。一旦儿童经常表现出这些行为特征,就可能会被诊断为多动性注意缺陷儿童。在特定情境中,多动性注意缺陷儿童表现出过多或过少的、成人所期待发生的行为,如冲动行为或坐立不安等,导致其无法将注意力集中在正常任务上。通常多动性注意缺陷儿童存在注意缺陷,以及与多动或冲动相关的症状,且趋向于以高频率共同出现。因此,将会对未来的学习与生活造成严重的困扰。多动性注意缺陷儿童在课堂中的处境大都十分艰难。目前,在多数个案中,导致儿童多动性注意缺陷的特定原因仍不为人所知,越来越多的证据表明,某种遗传因素使个体更容易存在多动性注意缺陷的风险。

3. 天才儿童

到目前为止,我们对特殊需要儿童的研究主要集中在残疾儿童、障碍儿童和处境不利儿童等的研究。但还有一类儿童,那就是天才儿童也是特殊需要儿童。天才儿童恰恰处在认知、学习、鉴赏和社交能力连续系统的另外一端,他们也会发觉自己不适应普通课堂的学习。基于所有儿童都应该得到有利于他们进一步发展,并且能满足他们需求的各种不同的教育。因此,天才儿童同样有权享有其他任何一个有特殊需求孩子所能得到的服务。为了让天才儿童也能从学校教育中获益,需要专门为他们量身定制教育方案,通过改进课程和开展特殊的教育活动形式,提供给他们更深层次和更为独特的挑战,以提高和培养他们的特殊才能。

第三章　特殊需要儿童学校教育

第一节　特殊需要儿童学校教育的产生与发展

特殊需要儿童学校教育缘于 18 世纪末，世界上有了专门针对残疾儿童的教育机构，这些机构多半由宗教团体设立，深受宗教思想的影响，起先仅限于聋童和盲童的教育；在 19 世纪至 20 世纪中期获得发展，进一步扩大成为对各类残疾儿童的教育。这些招收残疾儿童进行教育的学校统称为特殊学校，与普通学校之间相互隔离，互不往来。到了 20 世纪 60 年代，这种二元制的教育体系被打破，残疾儿童又称"特殊儿童"，进入普通学校接受教育，即所谓的随班就读。在 20 世纪 90 年代以后提出特殊需要儿童的全纳教育，主要是通过全纳学校对所有的特殊需要儿童进行教育。

一、专门针对"残疾儿童"的特殊学校

在特殊学校产生以前，就有教育家探讨如何对残疾者进行教育。如夸美纽斯曾指出，不论智愚，人人都可以受教育，并提出让才智不同的人在一起接受教育。[①] 狄德罗也用唯物论的观点对盲人的感知觉进行过分析，并认为盲人的思维是建立在感性经验基础之上。[②] 这些思想家的观点对近代残疾人教育的发展起到推动作用。但是，思想家们并没有很好地回答如何教并教好他们的问题，直到 18 世纪末才有了真正意义上的"残疾儿童"特殊教育学校。[③]

1. 近代"残疾儿童"学校教育的产生

世界各国在特殊教育的发展历程中，首先设立针对盲、聋两类残疾儿童进行教育的机构。法国的列士贝神父试图向一对聋姐妹传教，从而激发他于

---

① 夸美纽斯.大教学论[M].傅任敢,译.北京:教育科学出版社,1999:58.
② 谢延秀,兰继军.狄德罗对于盲人感觉能力的认识及其启示[J].特殊教育研究,1999(1):8—13.
③ 兰继军.从国外特教对象的演变看我国特殊教育的改革[J].中国特殊教育,2001(4).

1770 年创办世界第一所聋校。而另一位神父阿羽依看到盲人表演杂耍,受到深深地触动,于 1784 年在巴黎建立世界上第一所盲校。之后,西班牙、英国、美国也逐渐开始建立起以聋童或盲童为中心的特殊学校。从 19 世纪初开始到 20 世纪中期,又陆续发展了对智力落后、精神障碍、肢体残疾、学习障碍等儿童的教育,其中塞甘于 1837 年创办世界上第一所智力落后儿童学校。由于这个时期各类特殊教育的创始人多数是医生和心理学家,所以专注于研究对残疾儿童进行训练治疗的方法。在这方面的研究,使人类更深入地掌握各类残疾发生的原因及其防治的措施。其中最为著名的人物是西奎恩和蒙台梭利。前者以自己的研究成果改变了世界认为智力落后儿童不可能受教育的观念;而后者则于 1898 年提出"儿童心理缺陷主要是教育问题,而不是医学问题",她注重智力落后儿童的感知运动能力的发展,并以非凡的毅力创造蒙台梭利课程与教学方法,成为教育智力落后儿童的专家。

2.中国出现"残疾儿童"的学校教育

中国"残疾儿童"学校教育的出现,主要得益于国外慈善人士的介入与协助。1874 年,英国传教士穆·威廉在北京东城甘雨胡同建立中国近代第一所盲校——"瞽叟通文馆";1887 年美国传教士梅尔斯·查理夫妇在山东省登州(今蓬莱)建立我国第一所聋校"启喑学馆",即现在烟台市聋哑学校的前身。此后一些中国人开始尝试创办聋校,如张謇于 1916 年创立的南通盲哑学校是由中国人自己创办的早期特殊学校之一。值得注意的是,早期的特殊学校不是由传教士创办、具有慈善性质,就是由聋人或其亲友创建、具有人道主义关怀。这些早期特殊教育机构培养出一批有文化的残疾人,而他们切身体会到教育对于残疾人的重要性,从而又投身于教育事业之中,形成残疾人教育的良性循环。还有一些教育家则通过留学与国外考察,认识到发展特殊教育的意义。如胡适提出对残疾儿童和天才儿童进行灵活变通的教育主张。[①] 陈鹤琴提出"愿全国盲哑及其他残疾儿童,都能享受到特殊教育,尽量地发展他的天赋才能"[②]。在 1927 年,国民政府创办中国近代第一所公立的特殊教育学校——"南京市立聋哑学校"。但直到 1946 年,全国仅有 42 所盲聋学校,在校生 2380 人,教工 360 人。[③] 20 世纪 50 年代,在北京、大连等地开始试办智力落后儿童教育班,1979 年以后全国大规模地开展智力落后儿童教育。随着人

---

① 袁东.胡适的特殊教育思想[J].现代特殊教育,2000(5):5—6.
② 北京市教育科学研究所.陈鹤琴教育文集:下[M].北京:北京出版社,1985:861.
③ 贾珊珊.基于特殊儿童需要的特殊学校教师专业发展研究[D].兰州:西北师范大学,2013:29.

们对"残疾儿童"教育意识地不断加强,特殊学校教育实践的进一步深化,中国逐渐从脱离实际的照搬走向本土化的创新。

3."残疾儿童"学校教育的理论与方法

基于大量的研究,专家们提出一些有关残疾儿童教育的理论与指导原则:①因材施教。教育是依据儿童个别的特质而设计的,它不同于传统的以学科为中心的教育,因此教育主要的研究内容变成了儿童,而不是教材。②循序渐进的教育方法。以儿童已掌握的能力为起点,逐步地、有顺序地加强和提高要求。③强调感觉器官与反应能力的训练。④注重学习环境的安排。儿童学习的环境及在环境中所要学习的经验,必须与学习的目标紧密结合。⑤对正常的行为反应及时给予奖励。⑥强调个别辅导生活技能,使儿童学会照顾自己。⑦坚信采用适当的教育方法,可以使每个儿童都达到他的潜能的最大极限。[①]所以说,自从有了专门招收残疾儿童的特殊学校,就有可能在发现残疾儿童之后,及早地实施相应的教育与训练,使其达到最佳的康复水平、减少残疾的不良后果,从而尽快地适应社会生活、获得全面地发展,最终成为在各方面均享有平等的社会一员。

二、基于"特殊儿童"的随班就读

伴随着特殊学校教育理论深化与实践发展,"残疾儿童"逐渐被"特殊儿童"这一概念所取代。首先在纵向上根据障碍程度,对特定的残疾儿童作进一步分化;其次从横向上覆盖残疾儿童以外的其他儿童。

1.对"特殊儿童"教育的反思

在最初的特殊学校或教育机构中,儿童被看作是低能的、需要给予保护的客体,既不需要掌握较为复杂的知识技能,也没有太多的机会参与到成人的社会生活之中,往往是被安置在隔离的环境下接受一些简单的教育或训练。但随着人们对特殊儿童认识水平的不断提高,以及教养态度的改变,从 20 世纪60 年代起,各方面的专业人员都把目光投向特殊儿童,并对之前的特殊儿童教育所获得的成就与方法进行回顾和反思,质疑以往我们所做的一切。比如,反对单纯地凭借直观的感性认识来对特殊儿童的特殊性做出简单地判断,而是要通过正式地鉴定或系统地测查。这样一来,特殊儿童的类型变得越来越细化。再加上"反标签运动"的兴起,对特殊儿童的关注不再停留于他们的缺

---

① 陈云英.中国特殊教育学基础[M].北京:教育科学出版社,2004:13.

陷,而是基于分类的基础上更多地考虑其学习上的需求,安置方式也突破原有的特殊学校教育模式,走向更为广阔的普通学校教育。

2. 提出"特殊儿童"的随班就读

美国教育专家唐恩认为,让轻度残疾儿童在特殊学校或特殊班级接受教育是没有必要的,将这些儿童送入长期性的、与普通学校相隔离的特殊学校或一个学校里的特殊班,只能成为个别情况下的例外,只有在事实证明普通班级里的教育无法满足一个儿童的教育或社会需要时,或当这种安置有利于这个儿童及其他儿童时,才做此安排。如果仅仅因为儿童能力上有个别差异而被分开来受教育的做法不利于儿童的发展与教育。在欧洲也有专家指出,对特殊儿童进行分类、贴标签的现象是一种歧视,而不是一种爱护他们的行为,有关特殊儿童的一切教育措施必须加以正常化。所谓正常化,就是要使特殊儿童每天生活的方式和情况尽可能地与主流社会的常态相似。

从特殊儿童的整体分布来看:绝大多数(80%~90%)是属于需要特殊关照的儿童,在普通学校教育体制中,经过普通教师给予特殊的基本训练和特定的活动安排就可以得到满足;中等残疾的儿童需要较为广泛的帮助和调整,可以借助于能力和资质较强的老师,以及进行特殊的分组,并实施相对应的教育;严重残疾的儿童(如丧失视力或听力)为数极少、可能低于3%,需要具有接受过特殊项目培训、具备专门表达技巧的老师。因此,在世界范围内兴起了特殊儿童在普通学校就读的运动,我们称之为"随班就读"。

3. "特殊儿童"随班就读的形式与发展

国际上一般把随班就读分成三种形式,即形体式、社会融入式和教育效果式随班就读。在我国通俗的表述方式就是,特殊需要儿童要"招得来、留得住、学得好"。随班就读的初级层次是形体式随班,想办法把学生招进来。由于没有采取具体的康复措施或教学方法,学生只是形体上在班级里,往往流于形式,也就是我们时常批评的"随班混读"。"随班混读"是不足取的,但如果发生在随班的初期阶段,或对极重度儿童实施随班就读,在无计可施的情况下先让儿童有个地方去上学,这是完全可以理解的。中级层次的是社会融入式随班就读。这个层次的随班就读要求特殊儿童和普通儿童一起活动,互相交朋友,尽量多地进行社会交往。由此增进他们之间的理解,以培养特殊儿童的品德和交往能力。除个别学生以外,多数学生的随班就读都应该能够达到这个水平。最高层次的教育效果式随班就读,主要体现在"读"字上,特殊儿童不仅形体上随班,还能融入普通班级、和同学友爱相处、互相帮助,与普通儿童进行社会交往。更为重要的是,特殊儿童能够在教师的精心设计下完成学习目标,学有所得,有长足地进步。

三、以"特殊需要儿童"为中心的全纳学校

"特殊需要儿童"的全纳学校,其包容性大大地优于"特殊儿童"随班就读的高级形式。在这里,主要考虑的是儿童在教育上的实际需要,着眼于儿童的优点或潜能的开发,根据儿童的不同需求进行有针对性的教育。我们首先肯定他们都是儿童,其次才是有特殊需要的儿童。

1."特殊需要儿童"的确立

1981年英国将特殊教育定义为,对具有特殊教育需要儿童所进行的教育。由此使"特殊儿童"概念进一步向"特殊需要儿童"转化,其内涵进一步扩大,包括所有在教育上有特殊需要的儿童,如大量的有学习困难的儿童。这一变化开始于1967年丹麦学者提出的"正常化"思想,次年通过一体化教育条例,1975年美国学者又提出"回归主流"的思想,再到"全纳教育"的提出。在"特殊需要儿童"的范畴下,我们必须为每一个儿童提供能够满足其需要的教育,所有的儿童都有机会进入普通学校,接受多样化的教育或安置,在最少受限制的环境中茁壮成长。"学校应适合于所有的儿童,而无论这些儿童处于何种身体、智力、社会、情感、语言及其他状况。这些儿童应包括残疾儿童和天才儿童,流浪儿童与童工,边远地区及游牧民族的儿童,少数民族儿童及其他处境不利的儿童。"①

2.全纳学校教育的提出

1994年在西班牙萨拉曼卡召开的"世界特殊需要教育大会"上,将全纳教育和全纳学校的概念纳入了大会的决议中。全纳教育要求教育应当满足所有儿童的需要,应当保障所有儿童受教育的权利,应当依据儿童的特点提供符合其身心发展特点的教育。全纳教育主要借助于全纳学校得以提供能够满足所有特殊需要儿童的教育,使他们在教育权利、教育机会、课程、教学评价等各方面,从形式到实质平等地参与学校教育的全过程,实现特殊需要儿童潜能与个性最大程度的发挥。全纳学校关注所有儿童的教育需求,关注儿童群体,关注教师与儿童、儿童与儿童、教师与教师之间的合作,不仅为儿童提供入学机会,而且根据儿童的特点实施相应的教育,使其在各自原有的水平上获得进步。

---

① 赵中建.教育的使命——面向二十一世纪的教育宣言和行动纲领[M].北京:教育科学出版社,1996:135.

3.全纳学校教育的理论与实践

全纳学校是一所接纳所有学生，而不考虑其身体的、智力的、社会的、情感的、语言的或其他条件的普通学校，它自始至终为能够寻找到成功教育所有特殊需要儿童的方法或途径而竭尽全力。这样一所学校的诞生，当然不是立竿见影的事情。我们必须通过对原有普通学校的行政管理、课程、教材、教学方法和社区合作等方面进行全面的革新，以满足每一个儿童的学习需要。目前全纳教育在世界各国得到认同，许多国家已经开始实施全纳学校教育实践，并在教育思想上重新认识特殊需要儿童及其学习困难，已经达成的共识有以下几点：①每一个儿童都有个性，都有特殊需要；②每一个儿童都有学习困难，会有特殊教育的需要；③作为一种精细且有效的教育，全纳学校使每一个儿童都能获得充分发展；④每一个儿童在学习过程中所产生的困难，都是教师改革教学的依据和准则；⑤教育工作者应该观察儿童的需要，用积极的态度对待儿童的学习困难问题，采取有效的措施及时帮助学生克服困难；⑥为儿童创造成功的学习经验是教师和学校的主要任务。

第二节　特殊需要儿童学校教育的入学问题

我国是人口大国、教育大国，在几千年的教育实践中，普通学校或班级就一直有存在各种障碍的学生和普通学生一起学习的情况，并且这种方式一直延续到后进生的教育。这些后进生中包括智力落后、学习障碍、情绪行为异常等各种类型的学生，甚至是顽劣学生，如有轻微的违法和犯罪等。同时，在各地的学校中也一直有肢体残疾、视力障碍、听力障碍、智力超常等儿童在学习。虽说以上这些身体残疾、情绪和行为困难的孩子，都能够有机会在普通学校里接受教育，但从目前的实际情况来看，他们在学校里还只是处在边缘地位，传统的权力结构仅受到一种无实质性的挑战。要想实现真正的全纳教育，仍然有许多阻碍，包括经济上的、政治上的，以及来自于专业人员的，其中很重要的是学校教师所面临的巨大阻力。

一、特殊需要儿童入学权利的保障问题

伴随着人权理念在世界范围的普及与深入，儿童与儿童教育问题越来越受到世界的关注并成为国际组织的重要议题之一。儿童是重要的教育对象，入学是儿童所拥有的一项基本权利。全纳教育的核心理念之一是："教育即人

权,不应排斥和歧视任何人。"这一基本理念强调的是人人具有受教育的权利,而教育与人及社会发展均具有重要关系。

1.儿童权利

儿童权利是人权领域里一个重要的、不可或缺的组成部分,是在人权理念的基础上萌芽并产生,它的形成与演变经历一段漫长的历史进程。在中世纪及以前,甚至没有儿童的概念;17—19世纪的文艺复兴与宗教改革唤起人类对自由与人权的关注,这期间我们可以看到儿童权利观念的萌芽;第一次世界大战结束后,随着人权观念的发展,在《日内瓦儿童权利宣言》中,儿童权利的概念第一次在国际社会上以"宣言"的形式被正式提出;第二次世界大战结束后,《儿童权利宣言》于1959年11月20日获得联合国大会通过,使儿童权利的理念更为深入人心;1989年在第四十四届联合国大会上通过的《儿童权利公约》,标志着儿童权利真正受到法律的保护,成为国际社会中落实儿童权利的重要而实质性的议题。

儿童权利的演变真实地反映了当时社会经济发展对教育政策的需求,是世界政治、经济、社会、教育共同作用的结果。从国际联盟1924年诞生的《日内瓦儿童权利宣言》到1959年联合国通过的《儿童权利公约》,在这段漫长的历史发展过程中,每一个阶段的转折与巨变都是当时儿童观念及人权观念的集中反映,对当时的国际社会产生很大的影响。在《儿童权利公约》发展过程中逐渐体现的"儿童第一性"原理,逐渐成为一种保护儿童的国际标准,各缔约国在这一标准的指导下制定自己国家有关保护儿童的法律文件与教育政策,从而影响教育实践。在今天,人权概念历经数世纪的演变和发展而被赋予全新的内涵,儿童权利的呼声也成为当今时代的最为本质的要求。儿童保护与儿童教育必须以尊重儿童为前提,没有尊重就没有真正的保护与教育,而儿童权利就是以这一理念为基础提出并发展起来的。[①]

2.特殊需要儿童的入学权利

1959年,联合国大会庄严通过《儿童权利宣言》,规定各国儿童应有的基本权利,其中之一就是儿童的受教育权,即入学权利。半个多世纪过去了,尽管经济社会已经发生质的飞跃,却仍有儿童生活在连天炮火之中,仍有儿童因饥饿而离世,因受虐待而流血,因无法接受教育而哭泣。相比较而言,特殊需要儿童的入学问题就更为严重。早在古希腊时期,斯巴达人甚至剥夺身体虚

---

① 叶慧.20世纪历史进程中"儿童权利"的演进——从《日内瓦儿童权利宣言》到《儿童权利公约》[D].上海:上海师范大学,2012.

弱或残疾儿童的生存权利,将其弃之于荒野,任由死去。据世界最古老的法典之一古罗马时期的《十二铜表法》第四表第一条规定:"婴儿被识别出为特别畸形者,得随意杀之。"①

随着文明的不断进步,出现许多关心特殊需要儿童的思想家、教育家,他们为改善缺乏保护的社会环境起到很大的作用。如昆体良认识到儿童的差别,指出:"我们必须正视智力落后的问题,他们必须按照自然所安排的方式予以训练;这样,他们才能够在从事力所能及的事情时更为成功。"②实际上,这就是现代社会所十分关注的对特殊需要儿童教育权利保障理念的缩影。当然特殊需要儿童入学权利真正受到重视是在18世纪末,从世界上第一所特殊学校的产生,到各种类型的特殊学校。在《儿童权利宣言》中,强调身心不正常儿童应该得到特殊的教育和照顾,大大地推进了特殊需要儿童受教育权利的保障。再是20世纪的特殊需要儿童随班就读,使特殊需要儿童的入学权利落到了实处。

3.特殊需要儿童入学权利的保障问题

特殊需要儿童的受教育权是人权中重要的内容之一。尽管在一百多年前许多国家就颁布了义务教育法来保障人的基本受教育权利,但是,直到20世纪末,世界上仍然还有7700万适龄儿童失学以及7.7亿成人文盲。在学校教育体制内,也可以看到还有不计其数的学生,由于种种原因,或显性或隐性地被排斥和被边缘化,在每三个被永久性排斥的人中,有两个是再也不会进入学校学习,这无疑对现代社会所提倡的终身教育极为不利。

许多国家的经济有了很大的发展,教育上也取得了进步,但儿童平等的受教育权利却没有得到好的保障。事实上,入学问题容易理解也容易办到,只要转变观念,承认特殊需要儿童有学习的需要,也有学习的能力,落实特殊需要儿童的入学就不会有太大的障碍。美国的公法94—142,即《所有残疾儿童教育法》,其关键内容是要求全美所有公立学校向每个适龄儿童提供恰当的教育,无论儿童的残疾是何性质。这项法案具体规定残疾学生享受的教育应在尽可能少限制的环境中展开,大多数应该在正常课堂就读。法案还制定了一整套有关学生的转学、评估、分类和安置等方面的规定,并向学生和家长提供某些法定权利和程序保护。

---

① E.P.克伯雷.外国教育史料[M].任宝祥,任钟印,主译.上海:华东师范大学出版社,1991:29.
② 伊丽莎白·劳伦斯.现代教育的起源和发展[M].纪晓琳,译.北京:北京语言学院出版社,1992:18—23.

二、特殊需要儿童入学需要的满足问题

全纳教育主张,每一个儿童都拥有平等的受教育权利,这不仅仅表现在人人拥有平等的入学机会,更表现在每一个儿童都能获得平等的对待,能够满足其自身与众不同的教育需要。教育是人的基本权利,教育给个人和社会带来的价值毋庸置疑。但作为弱势群体的特殊需要儿童,与健康儿童相比拥有更少的机会与更差的成就,尤其是教育需要不能得到基本的满足。

1.儿童需要

需要是个体缺乏某种东西时所产生的心理倾向。美国心理学家马斯洛将人的需要分为两大系统:基本需要和成长需要。其中,基本需要包括生理需要、安全需要、归属需要和尊重需要;成长需要包括认知需要、审美需要和自我实现需要。① 一般而言,人的需要都是按重要性和层次性由低级向高级排列成一定的次序,且只有当某一低级层次的需要得到满足后,才有可能去追求更高一级的需要,如此逐级上升,成为驱使主体行为的内在动因。儿童需要的发展遵循马斯洛有关"人的需要"的基本规律,也是从低级的生理需要开始,逐渐走向更高级别的需要。当儿童入学后,学习和求知占据十分重要的位置,它既是人类有别于其他动物的、一种更高级别的认知需要,也是儿童的成长需要。一旦认知需要被开启之后,儿童就要想方设法去满足,由此给个体带来一定的紧张性和驱动性,正是因为这种内在的需要没有得到满足,从而促使个体产生满足需要的行为。

2.特殊需要儿童的入学需要

与正常儿童一样,特殊需要儿童的需要也经历由低到高的发展过程。根据马斯洛的需要层次理论,结合特殊需要儿童自身的特点,特殊需要儿童的入学需要主要表现为成长需要与特殊教育需要。

首先,特殊需要儿童的发展是一个有机的统一体,其作为一个独立的人存在于社会中,当然有着自身的特点和独特性,我们应按照特殊需要儿童身心发展的规律,通过为他们成长提供适合的条件,不断挖掘其发展潜能,使之能够尽快地融入主流社会、回归正常生活。

其次,特殊需要儿童的认知需要由低到高,内容也在不断地发生变化。其中,低年级特殊需要儿童的认知需要,主要内容是努力学习和取得好的成绩,

---

① 皮连生.学与教的心理学[M].上海:华东师范大学出版社,2006:291.

为了得到教师和家长的赞许与认可、获得长者的奖励。渐渐地由此激发起特殊需要儿童内在的认知兴趣,并以获得知识和解决学业问题作为学习的推动力量,直接指向学习任务本身,从中获得很大的满足。进入高年级,这种来自内部的认知需要变得越来越稳定。同时,基于尊重和自我提高的需要,特殊需要儿童会以自己的胜任力和学业成就赢得相应的地位,促使其将自己的行为指向当时学业上可能达到的成就。

最后,特殊需要儿童与正常儿童一样有着接受教育的需要。教育既是社会的需要,也是个人的需要。教育需要的满足,对于特殊需要儿童的心理至少产生两种作用:一是归属感,二是宁静的满足感。更何况特殊需要儿童,还都有着特别的教育需求。比如不同类型的特殊需要儿童对独特教育环境的需要,在教育内容上的补偿缺陷或满足特殊需要,以及有针对性的教育措施与方法。

3.特殊需要儿童入学需要的满足问题

特殊需要儿童入学需要的满足问题表现在:一方面由于各种各样的原因,许多有着特殊需要的儿童到了学龄期不能像正常儿童一样进入学校,接受正规的学校教育;另一方面,大多数的特殊需要儿童即使进入学校,但所接受的教育与正常儿童一模一样,既没有针对性,又没有特殊性,最终很难满足特殊需要儿童的实际需要。由于特殊需要儿童自身存在各种各样的问题,普通学校的教师缺乏教育他们的知识和能力,或听之任之,或无暇顾及。

(1)许多特殊需要儿童不能入学以满足其认知需要。根据联合国教科文组织统计研究所和儿童基金会于2015年1月19日共同发布的一份报告显示,自2007年以来,国际社会在减少失学儿童和青少年人数方面几乎没有取得任何进展,生活在战乱中的儿童、童工,以及因种族、性别、残疾等原因而遭受歧视的儿童的失学风险最大。尽管国际社会已经承诺在2015年前实现全民教育,但到目前为止,全世界儿童和青少年中失学和辍学人数仍高达1.21亿,每11个小学适龄儿童中就有一个失学,而在12~15岁的青少年当中,每5个就有一个失学,有6300万年龄在12~15岁的青少年被剥夺受教育的权利,占全球青少年总数的1/5,远远高于无法得到小学教育的儿童的比例。因此,随着儿童年龄的不断增长,无法入学或者辍学的可能性不断增大。

让更多的儿童接受小学教育,尤其要满足特殊需要儿童的入学需要,已经成为全世界的共同目标。2012年11月发起的"教育儿童"计划(简称EAC),是一项全球教育促进活动,旨在减少世界范围内无法享有受教育权儿童的数量,帮助全世界数以百万的失学儿童能够接受优质的基础教育。该计划的目标为显著减少小学学龄儿童失学人数,提供教育质量支持,唤醒全球共同体的基本教育需求意识。

据报道,中国有近 300 万儿童失学。"小鹏是陕西龙羊川的一个 11 岁孩子,本该坐在学校的教室里安安静静地上课的他现在却不得不每天去放羊。因为家里太穷交不起学杂费,父母曾恳求老师拖一拖,但得到的回答却是'我们也很困难呀,这么多人,都穷,那谁都要上学呀',11 岁的孩子只得从此当起小羊倌。像小鹏这样因为家庭贫困上不起学的孩子,陕西有几万人,全中国有 200 多万人。"[①]另外 100 多万儿童是因为其他各种原因而不能上学,如疾病或残疾失学、学业不良不愿意读书等。

(2)大多数特殊需要儿童入学后不能获得成长需要和特殊教育需要的满足。自从 1987 年国家正式推行随班就读以来,因其投资少、见效快,方便就近入学,易于家长接受而得到全面普及,它充分地保证了特殊需要儿童都有接受教育的机会,有力地促进了义务教育的普及和提高。在随班就读的背景下,大多数特殊需要儿童在普通学校中接受教育,但特殊需要儿童多半与众不同,他们所表现出来的独特性并不能为一般人(包括普通学校的教师)所接受,他们的"特殊"难以被普通学校的老师读懂和接受,他们的独特性有时又会给学校、班级带来很大的"麻烦"。这些具有特殊需要的儿童对教师的教育教学能力有着更高的要求,更能考验教师的教育理念和智慧,他们迫切需要教师提供能够满足其"特殊需要"的教育。而教师们既要满足特殊需要儿童在认知、语言、行为等方面所具有的鲜明而独特的需要,又要顾及班级所有儿童的全面发展。因此,随班就读的质量整体不高,教育管理流于形式,特殊需要儿童"随班混读"现象普遍比较严重。不少教师在教育教学中把特殊需要儿童当作"包袱",缺少投入和给予必要的关注。再加上自身缺乏特殊教育专业知识与技能,经过多次努力而收效甚微,最后就把特殊需要儿童搁置一边、任由发展,慢慢地使其成为"边缘人"。

三、特殊需要儿童入学机会的均等问题

在《萨拉曼卡宣言》中,进一步重申了儿童所具有的基本受教育权利,提倡普通学校要给有特殊教育需求的儿童提供平等入学的机会,容纳所有的儿童。这里的特殊需要儿童受教育权包含两层内涵:一是特殊需要儿童有权利接受正规的学校教育;二是每一位特殊需要儿童都有受教育权利。后者强调的是

---

① 王龙龙.失学儿童:地球不可承受之重[EB/OL].中国青年网,2014-12-02.

教育的平等性。

1. 儿童入学

儿童入学观念的变化开始于文艺复兴与宗教改革时期,从这时起儿童的命运有了新的转机。新观念认为,每一个儿童都有享受美好生活的权利,成人要关心和热爱儿童,并帮助儿童发展其兴趣与内在天性。儿童的教育应该是自由的。马丁·路德认为,儿童是具有天赋的个体,既要保护这种天赋,又要发展天赋,而要实现这一目标就必须保证儿童平等地接受教育。并极力主张,全国儿童不管男女、贫富都应该到学校接受教育。夸美纽斯在《大教学论》中也表示:"不仅有钱有势的人的子女应该进学校,而且一切城镇乡村的男女儿童,不分富贵贫贱同样都应该进学校。"①这种教育面前人人平等的儿童入学观念,表达了义务教育的思想,无疑是倡导儿童接受学校教育的最早呼声,为后来的义务教育普及与发展奠定良好的基础。而18世纪的启蒙运动提出自由、平等、人权的口号,尤其是卢梭的教育思想,使人们真正意识到儿童时期的特殊性和重要性。然后是《义务教育法》的颁布与实施,由国家强制要求所有适龄儿童都要接受初等教育,为儿童入学提供强有力的法律保障。全球绝大多数国家实行免费的基础教育,只有太平洋地区的3个国家仍对小学教育收取学费。而免费教育能够保证所有儿童都拥有均等机会接受学校教育。许多国家的经验表明,削减教育杂费能够让更多未成年人就学,尤其是女孩。②

2. 特殊需要儿童的入学机会

自从有特殊教育学校以来,部分特殊需要儿童有机会进入学校接受正规的教育,但人数极其有限。在1960年联合国教科文组织和国际教育局召集的国际公共教育大会第23届会议上,建议各国尽可能通过开办免费的特殊学校,为有特殊需要的儿童提供适应其具体情况的教育。到1962年,半数以上的发达国家认为"缺陷少年儿童应有受教育的权利以及应该部署必要的手段"。③ 在这一原则的指导下,特殊需要儿童接受教育的机会不断扩大,除了专门接收聋哑、盲儿童的特殊学校外,普通学校也开始招收弱视、重听和智力落后儿童随班就读。甚至于一些不发达国家也对特殊需要儿童的学校教育予以关注,通过社会组织来保证特殊需要儿童的受教育机会。

---

① 夸美纽斯.大教学论[M].傅任敢,译.北京:人民教育出版社,1984:52.
② 陈丹,俞可.儿童发展呼唤公共政策——《改变儿童的机遇》报告解读[J].上海教育,2013(14).
③ 加斯东·米亚拉雷,让·维亚尔.世界教育史(1945年至今)[M].张人杰,等译.上海:上海译文出版社,1991(8):451.

3.特殊需要儿童入学机会的均等问题

目前,全球仍有6100万适龄儿童无法接受学校教育,且来自贫困家庭的特殊需要儿童辍学率是来自富裕家庭的4倍。在玻利维亚与印度尼西亚,特殊需要儿童比普通儿童的入学机会低50%,而这一比例在柬埔寨、哥伦比亚、牙买加、蒙古、南非与赞比亚处于24%～45%之间。即便在特殊需要儿童入学率较高的地区,差距仍然显著。例如,在保加利亚,81%的7～15岁身患残疾的特殊需要儿童能够接受学校教育;在牙买加,这个比率为71%;南非的比率是76%。而在上述地区,普通儿童入学率则依次为96%、99%与96%。[①]很明显,在国际全民教育运动中,还有许多人仍然受到很大的伤害和排斥,这些人不仅仅是残疾儿童、具有学习障碍的儿童,还包括那些已入学、但由于各种原因没有得到适当发展的特殊需要儿童。更有甚者是一些仍旧没有机会上学的儿童。假如有更多的学校,或者能在社区为各种类型的特殊需要儿童提供多样化的教育,那么他们就都可以接受教育。另外,有重度残疾、需要提供额外帮助的特殊需要儿童,都非常期待能够入学或接受基本而平等的教育。

由于在长期的教育实践过程中,我们都是将有残疾的特殊需要儿童与普通儿童分开来进行教育,这种教育状况,已经成为一种惯例而很难做出改变,在人们的意识之中也是习以为常的了。隔离教育的理由是,他们不能适应普通学校的学习。并通常认为,这些被医生或心理专家诊断出有残疾的特殊需要儿童,其问题的症结出在自身,是不可逆转的。因此,特殊需要儿童受隔离、排斥,从小就被人为地设置在一个特殊的环境里,即使有机会上学,也只能上特殊学校,一直生活在与普通儿童完全隔离的同类人群的狭窄环境中。同时被贴上不同的标签,划分为不同的类别,分别被送进不同类型的特殊学校,而完全忽视残疾儿童的意愿,更别说入学机会的均等。

第三节　特殊需要儿童学校教育的质量分析

国际社会努力确保每一个儿童享有平等的受教育机会,同时也特别强调教育质量的重要性。教育质量是实现公平这项基本目标的一个先决条件,优质教育是每个儿童的权利,质量是教育的核心所在。那么现阶段,特殊需要儿童学校教育的质量如何?我们首先来看看国际社会在教育质量方面逐渐达成的一些共识,通过对照已有的标准来加以评判与分析。

[①]　陈丹,俞可.儿童发展呼唤公共政策——《改变儿童的机遇》报告解读[J].上海教育,2013(14).

一、国际社会教育质量评判标准

一直以来,联合国教科文组织对提高教育质量予以高度重视,在 1972 年联合国国际教育发展委员会的《学会生存——教育世界的今天和明天》报告中,首次阐明教育质量的立场,提出"终身学习"和"相关性"的重要概念,指出"改进教育质量需要建立起以尊重学习者社会文化背景的方式学习科学技术的体系"。20 世纪 90 年代,由雅克·德洛尔任主席的国际 21 世纪委员会向联合国教科文组织提交的报告《教育——财富蕴藏其中》强调,终身教育旨在帮助学生学会认知、学会做事、学会做人和学会共处。在《世界全民教育宣言》中,主张保证儿童认知能力的发展是教育质量的关键因素。2000 年在达喀尔召开的世界教育论坛通过的六项目标,都与教育质量有关。《达喀尔行动纲领》宣称,接受优质教育是每个儿童的权利,是儿童入学、修业和完成学业的一个主要决定因素。而提高教育质量的制约因素包括学习者特征——健康和有学习动机,教育过程——有能力的教师使用积极的教学法,教育内容——强相关性,教育体制——良好的管理和公平的资源分配,等等。2004 年 9 月,联合国教科文组织在日内瓦举办第 47 届国际教育大会,主题为"面向所有青年的优质教育:面临的挑战、趋势和优先事项",其目的是为了提高青少年教育的质量。

进入 21 世纪后,国际社会越来越意识到教育质量对"人"参与现代社会活动的重要性。为了更好地提高教育质量,近年来,国际组织还陆续开发各种教育质量标准及指标体系,并依据此标准开展检测与评估工作。2012 年,经济合作与发展组织发布的研究报告指出,新世纪学生必须掌握以下四方面的核心技能:①思维方式,即创造性、批判性思维,问题解决,决策和学习能力;②工作方式,即沟通和合作能力;③工作工具,即信息技术和信息处理能力;④生活能力,即公民、变化的生活和职业,以及个人和社会责任。由此凸显了教育质量是未来国际教育改革的核心趋势。2013 年,联合国教科文组织和美国著名智库机构布鲁金斯学会联合发布了"学习指标专项任务"的 1 号研究报告《向普及学习迈进——每个孩子应该学什么》。该研究从身体健康、社会情绪、文化艺术、文字沟通、学习方法与认知、数字与数学、科学与技术等七个维度,建构了基础教育阶段学生应该达成的学习目标体系。

从以上教科文组织对教育质量的逐步认识过程和其他国际组织涉及教育内容的大量文献中不难发现,尽管对教育质量的提法在细节上有所不同,但对于教育质量大多坚持两个关键因素:一是确保学习者认知能力的发展,这是所有教育体系的一个主要的、明确的目标；二是强调培养学习者的情感和创造力的发展，使他们成为负责任的公民所具有的价值观和处世态度。

二、特殊需要儿童在特殊学校的教育质量

特殊教育是以残疾和学习困难学生不能适应普通学校的学习和生活为由，而将其送到特殊学校或特殊班级。即使在西方国家，这种特殊教育与普通教育相隔离的"二元制"教育体系尚有很大的生存空间。从历史上看，完全否定其人道主义动机，以及在保障教育权中所起过的作用是不正确的。更何况对于严重残疾的儿童，进入特殊学校或班级是最合适不过的选择。但就目前而言，长期以来隔离体系一直备受指责，其所造成的积重难返的危机是多方面的，尤其是特殊需要儿童在特殊学校或班级中的教育质量，十分令人担忧！

1.隔离教育带来的问题

尽管多年来一直呼吁"一元制"的全纳教育，但隔离教育被奉为圭臬已有数十年。在世界各国全面实施、普及义务教育初期，大量学生涌入学校，包括有残疾的学生。而当时初建的学校各方面的准备均不足，由此产生许多问题。如以残疾为特征的各类儿童不遵守学校规则，他们会干扰普通学校正常的课堂教学秩序，需要建立专门的特殊教育机构来接纳这些儿童，以缓解普通学校的教学压力。现如今，除少数严重残疾的儿童在某一类别的特殊学校就读外，大部分在正规班级里有学习和行为困难的儿童，由于很难达到普通班级的要求，往往也被转移到特殊班级里。从某种程度上说，无论是特殊学校还是特殊班级，隔离教育都有助于这些儿童，在一定范围内获得朋友、自尊和信心，在群体内树立学习或生活的目标以及掌握相应目标的追求手段，确立对社会和生活的辨别标准。但是这一切又是相当脆弱的，他们一旦走出特殊学校或班级就不知道自己该做什么，确定不了自身行为会造成什么样的后果。可以说，隔离教育让被隔离者感到害怕、变得无知和产生偏见。或者是离开学校之后的生活非常依赖于机构的保障，无法适应一个完整的生活世界，并由此困扰、影响一生的发展。

2.教育标准方面存在的问题

特殊需要儿童在特殊学校或特殊班级中所接受的教育往往是有前提条件的，首先根据学生表现出来的或研究者观察到的特征给学生贴上各种标签，如智力落后、聋哑、盲，等等，在给学生如此定性的基础上分门别类地进入某一类别的特殊学校或班级。分类的同时已经是对某类儿童的教育给出一个最低的

限度,实际上是一个大打折扣的、弱化的标准,其完全不能与普通学校的教育、教学相提并论,并且,教育手段主要是补偿性的技能训练。确实,针对缺失技能的特殊训练在不同程度上提高了学生的某些技能。但是,由于学生是在隔离的情况下接受某些技能训练,结果是这些技能几乎不能被迁移到其他的学习领域。

的确,也有一些特殊需要儿童在转入特殊学校或班级后,经过一段时间的个别化照顾,在各方面都有所好转,可能会重新转入普通学校,接受既定课程的学习。但正是因为特殊教育体系下的教育标准一般都比较低,也有人称特殊教育就是"治疗教育",课程与教学在本质上就是一种治疗形式,孩子在认知等方面的技能得不到全面的开发,或认知潜能无法得到充分的发展。由于这些原因,孩子们又有可能重新陷入困境,导致越来越多的人对特殊学校或特殊班级存在的必要性产生怀疑。

3.师资质量造成的问题

在特殊学校或特殊班级中,大部分的教师具有中等普通师范教育资质,从事特殊教育以后,在教育教学实践中摸索、总结特殊教育的经验,或是通过资深教师的指导和帮助逐步胜任特殊教育工作;仅有少部分教师具有特殊教育教师资格,作为特殊教育的骨干带动其他教师开展具体的教育、教学工作,有力地推动了整个特殊教育事业的发展。我国在特殊教育学校创办伊始,师资来源是以有经验的普通中小学教师转岗为主。而转岗的教师中,大多是年龄在四十岁以上、教育教学业务表现欠佳的中老年女性老师。由于既缺乏工作的积极性,又缺少特殊教育方面的知识与技能,因此,特殊学校的教育教学质量可想而知,除了看护或照管,基本上很少开展具体的、有针对性的教学。况且特殊学校的教育也不像普通学校那样,有硬性的考试或升学要求。所以说,特殊需要儿童在特殊学校所能接受到的教育极其有限,除生活技能或习惯养成外主要就是让他们有一个地方可以停留、完成九年义务教育。从国际发展看,有关特殊教育方面的师资培养,以及转岗教师的岗前培训都应该纳入正常轨道,只有这样才能真正解决特殊需要儿童的教育质量问题。

三、特殊需要儿童随班就读的教育质量

随班就读是让有残疾的特殊需要儿童与正常儿童在一起接受教育。我国政府在 20 世纪 80 年代开始倡导这一具体做法,经过三十多年已发展成为特殊需要儿童接受义务教育的主要形式之一。根据教育部公布的数据显示,从 2001 年起,我国有残疾的特殊需要儿童在普通学校随班就读的例比一直稳定

在 60％以上。多年来,各级政府都非常重视特殊需要儿童随班就读的发展及其教育、教学质量的提高。但与世界发达国家相比,我国随班就读的发展水平还比较低。由于在政策、财力和人力上缺乏对随班就读的强有力支持与保障,特殊需要儿童随班就读的教育质量还很成问题,要么淹没在普通学校"整齐划一"的教育之中,要么流于随班就读的形式之中,更有甚者被搁置在普通学校的角落里,变成一道很不和谐的风景。

1. 普通学校只提供"整齐划一"的教育

由于对特殊需要儿童在普通学校随班就读的重要性认识不到位,重视程度不够,在大多数普通学校的领导和教师的内心中,并不情愿接纳有残疾的特殊需要儿童来到自己的学校、班级就读。即使是因政策要求而勉强接纳特殊需要儿童就近入学,也只是将其直接纳入普通学校的教育体系,以既有的一切加以应对。可以说,普通学校的学习与生活是相对固态的,缺少特殊教育所具有的丰富性和多样性。普通学校是一个大熔炉,所有学生均被纳入其中,每个学生都要努力去适应学校既定的课程、教学和生活,学校的教育、教学及学生管理的各方面都以统一性为方向。这样的一种学校组织与管理、课程与教学,必然使得一部分普通学生遭到忽视或排斥,成为所谓的"差生"或"问题学生",更何况那些有着特殊教育需求的儿童,其所有的需要均被一一忽略。因此,要改变随班就读特殊需要儿童的现状,不在于需要经历多少困难,而是要寻求普通学校教育、教学实践等各个方面的变革,以便能对特殊需要儿童的多样性做出反应。由模式化塑造转向以学习者为中心,针对特殊需要儿童的多样化需求提供相应的教学与帮助,使每一个特殊需要儿童的个性特征都得到充分地挖掘,并在完整的生活世界、文化和价值的相互理解中完成社会化。

2. 随班就读变成"随班混读"

由于多数普通学校很难为有特殊教育需要的儿童提供能够满足其自身发展需要的教育,因此随班就读往往停留在初级层次的形体式随班,即特殊需要儿童基本能够达到就近入学的要求。而这些儿童在普通教育环境中接受教育的质量、个人所获得的发展和自身潜能的实现程度等方面却并不理想。当特殊需要儿童在普通班级学习时,根本就没有提供特殊的服务。既没有为这些儿童开发有针对性的课程、设置专门的个别化教学,又没有采取具体的康复措施或相应的训练。特殊需要儿童只是身体在普通班级里,实际上却流于形式,这就是我们所批评的"随班混读"或"随班就座"。要想改变这种状况,必须使特殊需要儿童融入普通班级,通过与普通儿童一起参与活动,共同完成教育、教学任务,以达到随班就读的真正效果。

3.特殊需要儿童被"边缘化"

由于普通学校没有设置专门针对特殊需要儿童随班就读方面的教师编制,也就很难招收到具有特殊教育知识背景或经验的教师,当普通教师面对有着特殊教育需求的儿童时,通常是心有余而力不足,不知道如何下手或只是疲于应付。再加之普通学校的班额过大,没有丰富的教育知识与经历的普通教师很难有精力、时间和能力照顾到所有的特殊需要儿童。所以说,在普通教师的眼里,特殊需要儿童是难以教授的,更别提那些具有严重残疾的儿童,除了被排斥在学校教育之外,就没有其他选择。多数普通学校只能是嘱咐班主任教师,尽其所能地看管好这些令人头疼的特殊需要儿童。而就普通学校随班就读的特殊需要儿童而言,既没有得到经过培训的专门人员的辅导和帮助,又感到学习和生活处处不便。因为学校对他们的需求视而不见或无能为力,想要得到学习和生活中的相应帮助,根本就是一种奢求。特殊需要儿童在普通学校里倍感排斥和无助,成为被"边缘化"的弱势人群。

第四章 特殊需要儿童教育现状调查与分析

第一节 特殊需要儿童调查设计

人类对特殊需要儿童的认识和提供的服务与社会文明息息相关,由他们生活时代的习惯、信仰和文化所决定。从整个发展来看,经过漫长的历史演进,由迫害、遗弃、收留、医治到教育。自 20 世纪开始,人们越来越关注特殊需要儿童受教育的权利,以及如何使其平等地参与社会。在国际上,先后开展了"回归主流""一体化教育""融合教育"及"全纳教育",而我国从 1989 年起也展开"随班就读"的教育改革与实验。进入 21 世纪,在"以人为本"科学发展观"终身教育"和"全民教育"思想的深入影响下,我国的基础教育着力于解决不同受教育个体之间均衡发展的问题。关注特殊需要儿童,目前已经成为基础教育阶段受教育个体均衡发展的题中应有之义。在这里,我们紧扣基础教育均衡发展与特殊需要儿童教育不断深化的发展趋势,结合时代与社会发展需要,锁定 Z 省 K 县、对近 50 所小学中的特殊需要儿童进行测验诊断与调查访问,并进一步分析这些特殊需要儿童发展的现状与存在的问题。

一、调查范围的确定

K 县位于 Z 省西部,钱塘江的源头,县域总面积 2236 平方千米,拥有约 35 万人口,辖区共有 9 个镇 9 个乡、255 个行政村,现有义务教育阶段小学 53 所(包括城乡中心小学、村小和教学点),在校学生总人数达 18532 人。在 Z 省 26 个欠发达县中,K 县的经济发展滞后、生态保护繁重、地理位置偏远和群众生活困难,是全省 6 个重点欠发达县之一。自"十一五"以来,K 县以创建省教育强县为目标,通过不断加大教育投入和布局调整力度,强化教育内涵建设,全县教育事业进入一个历史上投入最多、发展最快、变化最大的黄金发展期,小学入学率和巩固率基本达到 100%,在 2009 年 11 月被省委、省政府授予"Z省教育强县"荣誉称号。因此,K 县义务教育小学阶段已经达到全纳教育的

"入学"要求,那么其具体实施的"质量"又是如何? 或许我们可以通过研究就读于普通小学、长期处于弱势的特殊需要儿童的具体状况,来反观基础教育的现状,找到解决基础教育问题的有效途径。在教育、教学实践中,我们不得不面对那些无法从一般的教育环境中获得良好的适应与学习效果,需要利用教育上的特殊帮助来充分发展其潜能的特殊需要儿童。而且,这些特殊需要儿童所表现出来的状态,恰巧能够反映出基础教育的薄弱环节。

二、调查对象的筛选

从研究目的出发,我们通过与 K 县教育局基教科合作,开展了全县义务教育小学阶段"特殊需要儿童"的诊断与评估。调查首先以普遍取样为原则,对全县范围内所有乡镇的小学都进行抽样。但由于有两个镇和一个乡的路途非常遥远,且当时正在修路,研究团队无法亲自开车前往取样,只能通过邮寄的方式获得数据资料,结果有一个镇寄回的问卷完全不符合要求,而另一个镇和乡的问卷重要数据基本都在,可数量相对较少。最终,我们获得 46 所小学1058 名"特殊需要儿童"的信息,占在校学生总人数的 6% 左右。另外,在研究对象的选择上,为充分体现随机抽样原则,我们在每所学校的每个年级、班级都选取样本。考虑到我国义务教育工作的开展以班级为单位,以班主任为第一责任人。所以我们通过 K 县教育局基教科下发文件的形式,要求每个小学安排所有班主任对班里的特殊需要儿童进行登记汇总,即在自然状态下,由班主任通过平时的观察和了解,从班级中选择出表现异于绝大部分学生、学习方式异常、学习效果较差的学生。运用这一方式,我们在 K 县的 50 所小学中,筛选出 1000 余名特殊需要儿童。据此,通过对这千余名"特殊需要儿童"的调查,来反观全纳教育问题,具有一定代表性。被试分布情况见表 4-1。

表 4-1 被试分布情况

地区	学生人数	特殊需要儿童		地区	学生人数	特殊需要儿童	
		人数	占比(%)			人数	占比(%)
STC	2447	102	4.2	DXV	560	65	11.6
CGT	2829	181	6.4	HTV	376	48	12.8
CHT	1033	54	5.2	LSV	379	39	10.3
CTT	828	48	5.8	YKV	1060	47	4.4
HBT	2205	138	6.3	CHV	540	27	5.0
MJT	1863	84	4.5	JCV	159	24	15.1

地区	学生人数	特殊需要儿童		地区	学生人数	特殊需要儿童	
		人数	占比(%)			人数	占比(%)
SZT	704	23	3.3	TWV	401	22	5.5
TCT	938	93	9.9	ZWV	193	16	8.3
YLT	677	38	5.6	ZCV	253	9	3.6

三、调查数据的采集

由于特殊需要儿童通常存在各方面的问题,包括语言障碍、表达能力欠缺或不善言辞等,尤其是一些农村或偏远地区孩子,受教育程度相对不足,如果仅用一些常规性的智力测验,很难达到预期结果。为获知特殊需要儿童的真实状态,经多方思考后,我们决定从实际出发,采用绘人智能测验。这是一种能引起儿童兴趣、简便易行的智能测验方法,相比较一般的智能测验,它的优点体现在:整个的过程中,只要求儿童画一个人像,既能调动儿童参与的积极性,觉得很好玩、很有意思,又能从每个不同的作品中,发现儿童真实的内心世界,而且还能很好地保护家长和儿童的自尊心,不至于造成负面影响。

2010年初,研究者带领工作人员(研究开始前,通过自愿报名和面试筛选,我们选择了12名有教育学与心理学基础、品学兼优的大学生,进行专业培训)以学校为单位,采用个别测验与集体测验相结合的方式,对50所小学的1000余名特殊需要儿童进行测验。个别测验可以了解儿童当时的情况、意图、感情及其对事物的认识能力,集体测验则省力省时,可用作大面积筛查。测验时,被试只需自带一支铅笔及一块橡皮。主试者首先营造出轻松氛围,与被试拉近关系,然后说出具体要求:让被试在白纸上画一个人,从头到脚,还有手、身体。测验不限时间,但多在10分钟以内完成,最快的在1~2分钟内画好。画错时,可用橡皮擦。主试者和工作人员对于绘画的内容和要求不做除指导语外的其他任何倾向性解释,对于绘画作品不作任何评价,只对其中比较模糊或特殊的部分进行询问和记录。最后收集测验表并检查被试的班级、姓名、性别、出生年月等信息是否齐全。(绘人智能测验表见附录一)

四、调查结果的统计

运用绘人智能测验来研究特殊需要儿童,虽然操作比较简便,但对于测验表的量化评分却有一定的难度。评分开始时,先由研究者选择3份较为典型的儿童绘画作为评估演示对象,根据日本小林重雄 50 分评分法,以及首都儿科研究所保健研究室张家健、高振敏等再修订的评分图解进行评分,每画一项为 1 分,满分为 50 分。然后,拿出十份测验表,由工作人员分别进行试评分,对照所评结果进行讨论与分析,就某些疑难点达成一致。工作人员集中一段时间,根据量表的评分细则,对回收的 1000 余份有效测验表逐一进行评分,然后以北京市 6062 名 4～12 岁儿童绘人智能测查结果所制成的绘人智商表为常模,按照被试的年龄及分数,在绘人智商表中查出其智商(IQ)。智商评价按五级法:IQ≥130 为高智能;115≤IQ<130 为中上智能;85≤IQ<115 为中智能;70≤IQ<85 为中下智能;IQ<70 为低智能。然后将特殊需要儿童的所有信息输入 SPSS22.0 软件系统,以单变量描述和多变量交互分类为主要统计方法,对 K 县特殊需要儿童发展现状进行具体描述。其主要表现在:第一,特殊需要儿童的城乡发展不均衡,包括发生率不同、智力分布情况不一致,以及严重程度有差异;第二,特殊需要儿童的学校发展不均衡,包括数量差异悬殊、具体表现形式不一;第三,特殊需要儿童的个体发展不均衡,包括性别差异显著、年级分布不均,以及家庭背景不同。

第二节　特殊需要儿童教育现状

一、特殊需要儿童城乡发展不均衡

义务教育均衡发展主要包含三层意思:一是指区域间及城乡间义务教育要统筹规划,实现均衡发展,当前而言实现城乡间义务教育均衡发展是核心内容;二是学校之间要实现均衡发展,县域内义务教育学校的办学经费、硬件设施、师资水平、办学条件和教育教学质量等方面,大体处于较为均衡的状态;三是学生层面要实现均衡发展,即为了每一位学生的全面发展,为了发展每一位学生,为了学生的每一方面的和谐发展,这也是义务教育均衡发展的最终目标。在本研究中,我们尝试从学生质量入手,基于特殊需要儿童的认知发展水平方面存在的差异来审视义务教育质量均衡。

1.特殊需要儿童城乡发生率不同

在我国,教育有城乡之别,一方面城市与农村对教育的投入随地区的不同而相异,另一方面外出打工的农民工子女多半成为留守儿童或流动儿童。从城乡义务教育来看,城镇学校大都规模较大,而乡村学校的规模远不如城镇,这从城乡小学的在校学生数就可窥见一斑。"城挤、乡弱、村空"是目前我国义务教育的常态，"特殊需要儿童"的大量存在也就在所难免。

（1）特殊需要儿童的发生率。到底"谁属于普通儿童"或"谁是特殊需要儿童"，这个问题似乎很难理清。有专家曾指出，我们应该承认每一个儿童都是特殊的，因为每个儿童都有自己的个性与需要。[①] 但是在具体的教育、教学实践中，我们不得不面对一些无法从一般的教育环境中获得良好的适应与学习效果，需要利用教育上的特殊帮助来充分发展其潜能的儿童。假如还要再给那些具有一般的学习困难、行为问题的儿童，限定一个界限加以明确区分，那就更为复杂了。在实际的学习与生活中，孩子们被定义为成绩不佳者、学习后进者、需特殊对待者、残疾者、落后生、弱智生、学习困难的学生、例外生、缺欠生和差生等，各种标签比比皆是。这里，我们只是用一个统一的称呼——特殊需要儿童，来概括所有被列入不是普通、正常、健康儿童范围内的学生。

要准确计算特殊需要儿童的数量相当困难，这是因为各地上报的数字总是受政策的影响，差异较大。这种情况在发达国家也一样，如英国的《沃诺克报告》中提出，有20％的孩子在校期间需要某种形式的教育支持，而美国的研究者估计约为10％。在澳大利亚，不同机构入学儿童的数据统计也各不相同，有报告宣称至少14％的儿童需要某种形式的特殊教育。[②] 根据联合国的估算，全体儿童中"至少有10％在出生时有体质的和心智上的损伤，需要充分的特殊关照"。1979年的一份联合国教科文组织的报告指出，"专家的意见及各种调查一致认为10％～15％的儿童患有残疾，需要给予积极的调治和特殊的关照"。英国和美国的报告显示约有20％的儿童有特殊教育的需要，国际上普遍认为发展中国家需要特殊教育的儿童比率要略高于发达国家。合理的估计是每六个儿童中有一个或每五个儿童有一个需要特殊教育。

（2）特殊需要儿童的城乡数量对比。从城乡特殊需要儿童的数量来看，似乎可以确认，特殊需要儿童是在文化意义上产生的，它是社会建构的结果。在K县，我们对9镇9乡进行了调研，共获得8镇9乡、再加上县城小学的有效数据1058份。由表4-2可见，特殊需要儿童的发生率在乡村小学明显高于城镇小学。乡村小学的特殊需要儿童占在校学生总数的7.6％，而城镇小学的特殊需要儿童只占5.6％，其中县城小学的仅占4.2％。

① 陈云英.中国特殊教育学基础[M].北京:教育科学出版社,2004.
② 黄志成,等.全纳教育——关注所有学生的学习和参与[M].上海:上海教育出版社,2004:232.

表 4-2　特殊需要儿童城乡发生率

类别	在校学生 （人）	特殊需要儿童 （人）	特殊需要儿童 占比（％）	智力落后儿童 占比（％）	学业不良、行为习惯 差儿童占比（％）
城镇	13524	761	5.6	1.1	4.5
乡村	3921	297	7.6	1.3	6.3
总计	17445	1058	6.1	1.2	4.9

（3）特殊需要儿童的城乡质量差异。城乡之间的差别不仅体现在特殊需要儿童的数量上，即发生率之间的差异显著；而且特殊需要儿童的质量也有很大的不同，即特殊需要儿童之特殊性的体现。从表4-2中不难发现，城乡特殊需要儿童中的智力落后儿童均相对较少，分别占到在校学生总数的 1.1％ 和 1.3％；大部分特殊需要儿童属于学习成绩不佳或行为习惯不良，城乡占比分别为 4.5％、6.3％。由此说明，特殊需要儿童仅有 1/5 是与先天遗传因素相关，而大部分是因为后天的教育或环境因素所造成，一般认为前者的可塑性相对较差，而后者完全是可逆的，只要我们能够有效地控制好相关因素，就可以使特殊需要儿童发生逆转而成为普通儿童。在接下来的进一步调查与访谈中还发现，城镇特殊需要儿童学习成绩不佳的比例较大，而乡村特殊需要儿童以行为习惯不良问题为主，这从某种程度上反映出乡村教育或环境的问题更为严重。当然，无论是城镇还是乡村，都存在少部分相对复杂，很难区分哪方面问题更为严重的特殊需要儿童，且乡村的比例普遍高于城镇。

2.特殊需要儿童城乡智力分布不一致

智力首先属于认知能力的范畴，在智力结构中包含多种成分，但思维能力是其核心成分。智力最主要的功能是学习和适应，智力越高，个体越容易掌握各种知识和技能，适应能力就越强。反之亦然，良好的学习与适应能力又进一步推动了个体的智力发展。因此，我们需要对城乡特殊需要儿童的智力情况有一个清晰地了解。

（1）特殊需要儿童的智力。早在 19 世纪末，心理学家如高尔顿就已经开始积极地探讨什么是智力这个问题，然而直到今天，对智力的本质仍有不同的理解和解释，比较有代表性的观点是："智力是抽象思维的能力""智力是适应环境的能力""智力是学习的能力""智力是各种能力的综合"等等。自20世纪80年代以来，又出现一个明显的趋势，即把智力看成是与个体所处的环境和文化息息相关。加德纳于 1983 年在《智力的结构》一书中把智力定义为人类在解决问题和创造产品的过程中所表现出来的、为一种或数种文化所珍视的那种能力。而斯腾伯格则在1985年提出智力的三元理论。智力理论为我们评估特殊需要儿童的智力发展水平提供了良好的基础,在20世纪初至60年代主要以因素构成论为依据,通过编制和实施IQ测验来进行,它是基于心理活动的结果;70年代以后,随着认知理论越来越占主导地位,逐步转向对内部过程的评估;近些年来,又出现强调过程和动态的评估。在本研究中,我们根据智力理论的研究进展并结合实际需要,采用最常使用的智力评估方法对特殊需要儿童的智力进行测验与诊断。

(2)特殊需要儿童的城乡智力分布。从K县特殊需要儿童的总体情况来看,智力水平呈正态分布,且中下水平的儿童人数明显多于中上水平。经SPSS 22.0软件统计了1058份有效测试卷,获得一些基本统计量:智商最低为0,最高为139,算术平均值为83,中位数为83,众数为80。具体见表4-3。

表4-3　特殊需要儿童智力分布

类别	平均值	中位数	众数	标准偏差	偏度	峰度	百分位数(P)		
							10	50	90
城镇	82	83	90	16.456	−0.3	0.993	63	83	103
乡村	86	87	87	18.021	−0.056	0.003	64	87	108
总计	83	83	80	17.084	−0.254	1.007	63	83	104

对照标准——智商小于85属中下智能范围,因此这些特殊需要儿童中的极大部分,其认知水平处于中下水平。通过SPSS的频数分析,不但可以统计在不同取值下的特殊需要儿童个数,还能发现其认知水平分布的基本趋势,对其总体特征有一个直观的了解。从SPSS给出的直方图和曲线图中不难发现,特殊需要儿童的认知水平呈正态分布且总体向中下偏移,如图4-1所示,即高智商和低智商儿童较少、智商处于中间水平的占大多数,其中智商处于中下水平儿童明显多于中上水平儿童。如果按IQ五级来统计,在1058个特殊儿童中,低智能为205人,中下智能为345人,中等智能为481人,中上智能为24人,高智能为3人。

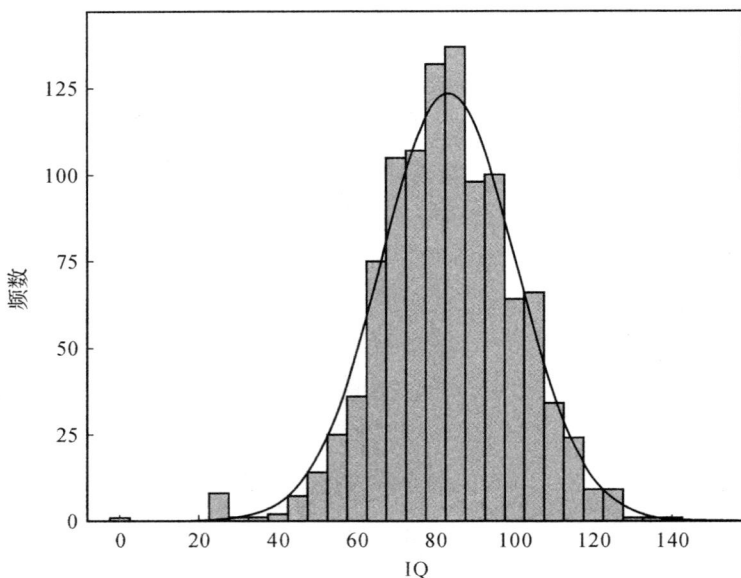

图 4-1　特殊需要儿童智力分布

（3）特殊需要儿童的城乡智力差异。从表 4-3 中不难发现,城镇小学与乡村小学的特殊需要儿童,其智力分布情况不同,两者之间有显著差异。城镇特殊需要儿童的智商平均值为 82、中位数为 83、众数为 90,而乡村特殊需要儿童智商平均值则为 86、中位数为 87、众数为 87。这说明城镇特殊需要儿童的智力发展受极端数据影响较大,相反乡村特殊需要儿童的这三个指标之间的差异不大,总体智力水平偏高。在图 4-2(a)和(b)的比较中,可以发现,城镇特殊需要儿童的正态分布图更陡,偏度大、峰度高,但乡村特殊需要儿童的却更扁平、接近正态分布。城乡特殊需要儿童在百分位数上的三个取值,P_{50}、P_{90} 之间的差异较大,但 P_{10} 的取值较接近。城镇特殊需要儿童的百分位差是 $P_{90}-P_{10}=40$,乡村特殊需要儿童的百分位差则是 44。相比而言,乡村特殊需要儿童位于中间 80% 的智力分布离散程度更大些。

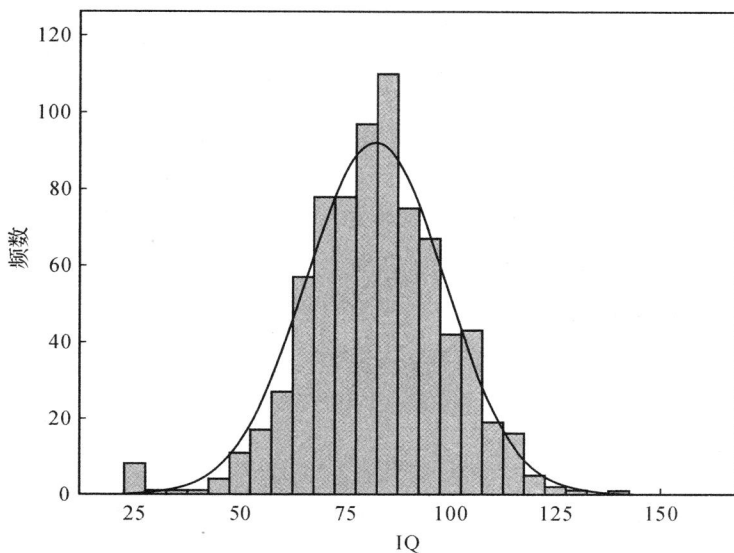

(a)城镇

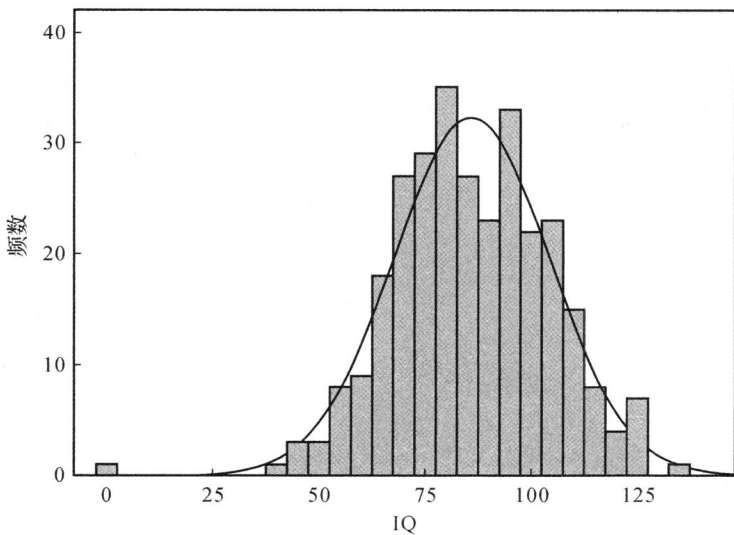

(b)乡村

图 4-2　城乡特殊需要儿童智力分布

3.特殊需要儿童城乡严重程度有差异

许多特殊需要儿童都会存在智力方面的问题,其中有一类特殊需要儿童就称为智力落后儿童。除此之外,从统计学上讲,约有 13％的人处在临界弱智的状态,这类孩子由于智力相对比那些正常智力的孩子差,导致学业出现问题,以及面临各种其他的困境。另外,在智力落后儿童中,根据障碍程度又可分为轻度、中度、重度和极重度。当然极重度的儿童不可能进入普通学校就读,且重度的儿童一般也会被安置在专门招收智力落后学生的特殊学校。在整个智力落后群体中,这样的重度及以上者只占到一小部分,而绝大多数学龄期的智力落后儿童都是属于轻度智力落后,或少部分的中度智力落后儿童。这是一个数量庞大的群体,需要我们引起格外的重视。

(1)智力落后儿童的教育。智力落后儿童的教育,可以追溯到 200 年前法国医生伊塔德对野男孩维克多实施的研究与实践。经过 5 年的训练,维克多学会许多生活技能和知识,伊塔德由此创立了一些教育方法。之后他的学生塞甘在教育一组智力落后儿童的过程中,改良并发展成最早的教育智力落后儿童的方法。19 世纪后期,蒙台梭利在前人的基础上,设计了一套训练感觉的教育材料和发展动作的器械与设备,即"蒙台梭利教学法"。自 20 世纪起,智力落后儿童的教育越来越受重视。在我国,从新中国成立以来就对特殊需要儿童教育予以高度重视,并逐渐将他们纳入到普及义务教育的范畴,智力落后儿童学校教育也于 1958 年 12 月 1 日正式开班,当时主要招收年龄在六七岁~十五六岁,经过医院检查、诊断或学校转介来的中度智力落后儿童。改革开放后,上海从普通小学中筛查出智力落后儿童进行专门的教育,北京也在1984 年建立独立的培智学校。在 1988 年 11 月召开的第一次全国特殊教育工作会议上,提出为解决中国残疾儿童多、教育基础薄弱,又要尽快使他们入学的问题,提倡多种形式办学的新模式,即"逐步形成以一定数量的特殊教育学校为骨干,以大量特教班和随班就读为主体的残疾少年儿童教育新格局"[①]。这样的好处是既有利于特殊教育与普通教育的相互渗透和促进,又有利于残疾儿童与正常儿童的交往和发展。随班就读工作的开展,大大地推动了智力落后儿童的就近入学。

(2)城乡智力落后儿童的发展现状。通过"绘人智能测验"的统计结果,可以判断出智力落后儿童。智力落后儿童通常表现为社会适应能力、学习能力和生活自理能力低下,言语、注意、记忆、理解、洞察、思维、想象等心理活动能力明显落后于同龄儿童,其智商取值在 70 以下。智力落后意味着儿童受到智力功能以及适应性行为方面的实质性限制,无法达到与其年龄相符的状态或表现,远远低于同龄人的平均水平,而这种状态不会在短期内消失,且会终生

---

① 陈云英.智力落后心理、教育、康复[M].上海:高等教育出版社,2007:7－16.

影响其正常的发展。

许多轻度智力落后儿童直到入学之后才被鉴别出来,而有些是到了二、三年级,当他们需要完成更为困难的学业任务时,才被发现存在有智力方面的障碍。大多数轻度智力落后学生能够掌握一些基础的学业技能,其水平可以达到正常儿童六年级的水平,他们通常也有能力掌握一定的职业技能,并能够独立或半独立地生活。从一些曾经被鉴定为轻度智力落后儿童的发展来看,经过学校期间的生活和学习,完全能够掌握出色的社会技能及沟通能力,当他们离开学校进入社会之后,也能够自食其力,过上正常人的生活。

但是,中度智力落后儿童会表现出明显的发育迟缓,在智力功能的发展以及适应性行为水平上,与同龄正常儿童存在着全面而普遍的差异,并且这种差异会随着年龄的增长而变得愈加明显。这些儿童还会伴有健康和行为方面的问题。在回收的1058份测试卷中,中度智力落后的儿童所占比例不多。当然重度或极重度的智力落后儿童就更少,其中的10份测试卷或空白,或胡乱涂鸦一下。调研记录表明,这10名被试智力水平极其低下,测验时连最起码的个人基本信息都不会填写,在工作人员和班主任帮助下才获得准确信息。这些重度及以上的智力落后儿童,多半具有明显的中枢神经系统的损伤,并且许多还伴随有其他一些残疾或健康状况的问题。

(3)智力落后儿童的城乡出现率比较。从历史上看,美国联邦政府曾经将智力落后的出现率估算为总人口的3%;而以IQ分数作为估算智力落后出现率的唯一依据,那么从理论上讲,智力落后者应该占到总人口的2.3%。但一些专业人士相信,如果在估算出现率时把智力水平和适应性行为综合起来考虑,智力落后的出现率可能会下降到1%。这一估算数据与美国特殊教育项目办公室所汇报的、接受特殊教育儿童的人数相符合。在2003—2004学年,美国共有570643名6~21岁的智力落后学生接受特殊教育,其占到特殊教育中学龄儿童总数的9.6%,同时约占整个学龄儿童人口的1%。当然在州与州之间,智力落后儿童的出现率差异很大,且在某一特定的州内,不同地区之间智力落后的出现率也会存在很大不同。[①]

表4-4对K县在校生中IQ<70的智力落后儿童进行统计,城镇为153人,乡村为52人,差异明显。如果按在校学生数计算,智力落后儿童所占比例为1.2%。通过对城乡智力落后儿童的比较发现,总体来看城镇的智力落后

---

① William L. Heward. 特殊需要儿童教育导论[M]. 8版. 肖非,等译. 北京:中国轻工业出版社,2007:126-132.

表 4-4　智力落后儿童严重程度(IQ＜70)

类别	智力落后儿童(人)	轻度(50～69)		中度(35～49)		(极)重度(≤34)	
		人数	占比(%)	人数	占比(%)	人数	占比(%)
城镇	153	132	86.3	12	7.8	9	5.9
乡村	52	46	88.5	5	9.6	1	1.9
总计	205	178	86.8	17	8.3	10	4.9

儿童更多一些。但具体分析时发现,虽然城乡轻度智力落后儿童都占了绝大多数,可乡村的比例还是稍高些;中度智力落后儿童也是乡村略多;但(极)重度智力落后儿童,城镇的比例却非常高,乡村则仅有一个。事实上,在 K 县有一所专门招收中重度智力落后儿童的培智学校,但是大多数城镇的家长不太愿意把孩子送到培智学校,而是选择在普通小学随班就读。据进一步了解,乡村(极)重度智力落后儿童的出现率并不低,只是很少会在普通学校学习,要么送往寄宿制的特殊学校,要么让其待在家里,由老人附带着看管一下。

二、特殊需要儿童的校际差异悬殊

Z省以农村学校、薄弱学校为重点,以标准化建设为抓手,着力补短板、抬底部,不断优化学校布局,提升硬件设施、设备的配备水平,改善义务教育学校的办学条件。这些硬指标既可以量化,又能迅速得到改善,校际间的均衡较容易达到。但要想对一些软指标,如教师与学生的发展情况进行如实评价,就不是那么简单的事情了。在本研究中,试图以特殊需要儿童的具体发展状况作为评价尺度,对校际间的发展做一些深入地分析。

1. 学校间特殊需要儿童的数量悬殊

在 46 所学校中,特殊需要儿童数量最多的是 CGTHB 小学,这所学校的在校学生数最少,只有 46 人,但其中 14 名学生被归入特殊需要儿童,占到学生数的 30.4%,与特殊需要儿童的总体平均数 6.1% 之间的差距较大。表 4-5 是特殊需要儿童占在校学生比例最低和最高的五所学校,最低与最高之间的比例相差 28.2%。其中 CGTCD 和 CGTHB 两所小学同属于一个镇,前者在县城东边,主要招收本地学生就读;后者是在县城西边的城郊,十几年前根据团县委指示创办的一所民工子弟学校,早先时候有专门的校车接送来自全县的民工子弟,其数量占在校学生的 70% 以上。现如今,由于安全问题,校车已经停开,只有附近的少数民工子弟来校学习,在校学生数剧降。学校下设1～6年级,每个班级人数都在 10 人以内,算得上真正意义上的小班教学,然而特殊需要儿童占比却超乎想象。

表 4-5　特殊需要儿童最多与最少的五所学校

学校	学生人数	特殊需要儿童		学校	学生人数	特殊需要儿童	
		人数	占比（%）			人数	占比（%）
YKVDB	272	6	2.2	JCVZX	159	24	14.0
MJTZX	1044	24	2.3	LSVCP	178	25	15.1
CGTCD	641	16	2.5	TCTYC	223	37	16.6
CHVFC	212	6	2.8	HBTZJ	215	37	17.2
SZTSZ	546	16	2.9	CGTHB	46	14	30.4

2. 学校间特殊需要儿童的质量差异

从表 4-6 的十所学校来看，不同学校之间的特殊需要儿童和智力落后儿童占比有很大不同。这种差异不管是由什么原因造成的，但都直接反映出校际发展的不均衡。CHV 是一个比较偏僻的乡，共有三所乡村小学，其中 CHVZX 和 CHVXW 的特殊需要儿童占比非常高，但智力落后儿童却没有；而 CHVFC 的特殊需要儿童占比相对较低，但全部都是智力落后儿童。而 YKV 则距离县城较近，在 YKVDB、YKVZX 和 YKVHF 等三所小学中，特殊需要儿童与智力落后儿童的占比呈正相关。SZT 虽然是离县城非常远的一个镇，其下属的 SZTYC 和 SZTSZ，在校学生数与特殊需要儿童数量呈反比。与另一个距离县城不远的镇 CHT 所属的 CHTMD 和 CHTCH 之间反差很大。从在校学生数量、特殊需要儿童和智力落后儿童所占比例来看，不同学校在很多方面或存在某种相似性，或差异非常大。

表 4-6　四个乡镇、十所学校比较

学校	在校学生人数	特殊需要儿童占比（%）	智力落后儿童占比（%）	学校	在校学生人数	特殊需要儿童占比（%）	智力落后儿童占比（%）
YKVDB	272	2.2	0.0	CHVZX	159	3.8	0.0
YKVZX	494	3.2	1.8	CHVXW	169	8.9	0.0
YKVHF	91	8.8	5.5	CHVFC	212	2.8	2.8
SZTYC	158	4.4	1.9	CHTMD	455	3.7	1.8
SZTSZ	546	2.9	1.5	CHTCH	573	6.5	4.0

3. 学校间特殊需要儿童的具体表现形式不一

教师,尤其是班主任老师的心里都有"一杆秤",用它来估量学生的优劣。但是这杆秤的刻度很不统一,因为每个老师都有基于自己的一个判断标准,并由此逐渐形成对儿童的相对固定的看法。在确定特殊需要儿童时,老师往往会有所选择与侧重,我们可以通过下面八所学校的访谈整理获得一些启示。表 4-8 是根据班主任对这些特殊需要儿童的问题进行具体描述之后整理出来的,主要概括为三个方面。其中学习成绩较差儿童的占比最高,教师往往通过儿童的考试成绩来衡量这个孩子是否特殊;紧随其后的是行为习惯不良儿童,DXVDX 是一所乡村小学,在这里行为习惯不良儿童占绝大多数。另外,有些学校的智力落后儿童占比非常高,大大超出实际测量结果,且越是城镇学校的老师,越容易把一些特殊需要儿童判断为智力落后;越是乡村学校,越容易把一些特殊需要儿童归因为来自农村家庭的不良行为习惯。

表 4-7 特殊需要儿童具体表现情况

学校	特殊需要儿童人数	智力落后儿童		学习成绩较差儿童		行为习惯不良儿童	
		人数	占比(%)	人数	占比(%)	人数	占比(%)
CGTQT	25	7	28.0	12	48.0	6	24.0
CGTCD	16	6	37.5	10	62.5	0	0
CGTHK	13	4	30.8	7	53.8	2	15.4
HBTFJ	11	1	9.1	6	54.5	4	36.4
HBTZJ	37	10	27.0	16	43.3	11	29.7
HBTZX	49	20	40.8	20	40.8	9	18.4
CTTZX	48	10	20.8	23	47.9	15	31.3
DXVDX	46	7	15.2	14	30.4	25	54.4

三、特殊需要儿童的个体差异显著

1. 特殊需要儿童的性别差异

在特殊需要儿童中,男孩 658 人,占 62.2%;女孩 400 人,占 37.8%。从特殊需要儿童的性别占比来看,男孩远远多于女孩,差异极其显著(见表 4-8)。尤其是一些农村小学,男孩的教育难度远远大于女孩,教师们普遍认为,对部分问题男孩几乎是无计可施。就不同性别特殊需要儿童的智商平均值、中位数进行比较,女孩明显高于男孩,前者处于中下水平而后者处于中上水平,这充分说明男孩智力水平偏中等或中下者较多,但女孩智力水平偏中等及中上者居多。而且,从智力落后儿童数量反映出,男孩的占比大大地超过女孩。可见在义务教育小学阶段,女孩的智力发展水平明显优于男孩,他们之间的发展很不均衡,对后者的教育显得任重而道远。

表 4-8　特殊需要儿童性别差异

性别	特殊需要儿童		平均值	中位数	标准偏差	智力落后儿童	
	人数	占比(%)				人数	占比(%)
男	658	62.2	81	80	16.277	150	73.2
女	400	37.8	87	88	17.757	55	26.8
总计	1058	100	83	83	17.084	205	100

本来,男女在生理、心理上的确存在着差异,女生在生理发展上较男生一般早熟1~2年,在小学和初中低年级时女生的语言能力和机械识记能力一般优于男生,再加上本身学习的内容中抽象思维的成分比较少,所以此时女生的学习成绩普遍高于男生,但随着年级的升高,学习内容机械识记成分减少,相应地抽象思维的要求越来越高,男生的优势开始发展。所以,教师应看到男女生各自的优势,因势利导,帮助他们分别保持和发展各自的优势,共同进步。

2.特殊需要儿童的年级分布不均

从表 4-9 特殊需要儿童的年级分布来看,三年级特殊需要儿童的占比最高,其次是四年级,而一年级与五年级的占比居中,特殊需要儿童所占比例低的是六年级和二年级。在访谈中我们发现,一年级的特殊需要儿童最主要的问题是行为习惯不良,这些儿童多半很少或根本没有接受过学前教育,一下子从家庭进入小学,很难适应学校的学习与生活;三年级特殊需要儿童的增多与学业难度不断增加有一定的关系,由于农村地区的大部分家长对孩子学业方面的指导较少或长期放任自流,孩子的学习成绩一旦下降或跟不上教学进度,注意力很容易就会转移到其他地方,由此演变为特殊需要儿童;从四年级开始,特殊需要儿童的数量逐渐减少,这与学校教育渐趋成效以及儿童自身不断成长有关,到六年级特殊需要儿童所表现出来的问题更趋清晰与明朗化。

表 4-9　特殊需要儿童年级分布

年级	一	二	三	四	五	六	总计
频数	174	161	206	199	179	139	1058
占比(%)	16.4	15.2	19.5	18.8	16.9	13.1	100
有效占比(%)	16.4	15.2	19.5	18.8	16.9	13.1	100

3.特殊需要儿童的家庭背景不同

相比普通儿童,特殊需要儿童的家庭背景更为复杂,在此不妨结合特殊需要儿童的智能测验结果做一些量化说明(见表4-10)。首先,重度低智能儿童占0.9%,且都有家族遗传病史或医院出具的智力残疾证;中度占1.6%,其家长多半在智能或心理方面存在某些较严重的问题;轻度的占比较高、占16.8%,这些特殊需要儿童的智力发展相对缓慢、且具有可逆性,通常由于家庭教养缺失——只会养不会教,或者就连基本的养育也成问题。其次,中下智能及以上的儿童之所以会成为特殊需要儿童,均与家庭因素有着密切的关系。例如,父母对孩子教育的不重视或不作为、隔代教育造成的溺爱或任其自由发展、留守儿童的缺少规范与管教。尤其对于经济相对贫困的农村地区,家庭教育几乎一片空白,孩子在成长过程中被各种问题所困扰。

表 4-10　特殊需要儿童智能情况

智能水平	低智能			中下智能	中等智能	中上智能	高智能	总计
	重度	中度	轻度					
特殊需要儿童人数	10	17	178	345	481	24	3	1058
占比(%)	0.9	1.6	16.8	32.6	45.5	2.3	0.3	100

第三节　特殊需要儿童产生原因与解决路径

特殊需要儿童的产生既有现实因素也有历史渊源;既有教育本身的失误,也有整个经济、社会、文化发展水平的限制;既有观念偏差,也有实际困难。因此,解决的路径是要调动一切有利因素,不能急于求成、搞"一刀切",要分头行进、稳步向前,也可以集中攻关、进行试点。关注每一个儿童的教育需要,使其都能获得发展,这是我们的最终目标。

一、产生特殊需要儿童的原因

1."二元分割"的城乡结构

城乡是指城镇与乡,其中城镇既包括县城也包括镇。根据1984年国务院批转民政部《关于调整建镇标准的报告》指示,县级地方国家机关所在地应设镇;总人口在2万以下的乡、乡政府驻地非农业人口超过2000的可以建镇;总人口在2万以上的乡、乡政府驻地非农业人口占全乡人口10%以上的,则乡改为镇。少数民族地区,人口稀少的边远地区,山区和小型工矿区、小港口、风景旅游、边境口岸等地,非农业人口虽不足 2000,如确有必要也可设镇。而乡主要由乡村组成。因此,乡、镇虽然是同级行政单位,但镇除了有乡的基本特征外,它更是一个经济区域内工商业的中心,商品生产的集散地和商品交换的场所,是政治、经济、文化的中心区。很明显,城镇和乡村之间的差距非常大。

相比城镇,乡村教育一直处于弱势地位,这其中既有历史文化传统、地理位置、经济条件等客观因素,更为重要的是,我国长期以来实行的城乡"二元分割"的制度结构。就 K 县而言,经济发展滞后、生态保护繁重、地理位置偏远和群众生活困难。全县经济总量小、财力严重不足,尽管近年来投入很大,但历史欠账多,办学条件依然薄弱。再加上地域广、学校布点多,教育管理难度和压力非常大。长期以来,县教育局主要依靠城镇或乡的力量来支持办学,各城镇或乡根据自己的财力投入教育经费、配置教育资源。这样一来,城镇小学的教育投入、资源配置和学校布局调整力度较大,而乡村小学则极其有限,学校发展显得十分缓慢。

在城乡二元结构的背景下,教育政策中的"城镇中心"取向直接导致了城乡教育发展的失衡,绝大多数地方政府执行的是对城镇小学倾斜的教育政策,结果是城镇小学的普及程度远高于广大农村地区,城镇小学占有的物质资源和优质教师资源比乡村小学高得多。在城镇地区建有大量的"示范学校""窗口学校",而乡村学校却达不到基本的建设标准。教育资源处于稀缺状态时,优质生源向城镇小学集中,导致城镇学校出现"上学难""大班额"的问题,而农村小学则普遍出现"吃不饱"的现状,在读学生数持续锐减,优质师资也不断地流向城镇小学,这些乡村薄弱学校的生源和社会声誉越来越差,教育质量也就可想而知。乡村学校的学生变得对学习激不起兴趣,家长对受教育的重要性认识不够,学校也无法满足学生的各种需要,等等。因此,特殊需要儿童的数量与日俱增。

2."自我封闭"的学校管理

虽然我国近年来把农村教育作为教育工作的重中之重,制定了新增教育经费主要用于农村教育的政策,加大对农村义务教育的支持力度。相继启动实施"中西部地区两基攻坚计划""农村薄弱学校改造工程""农村中小学现代远程教育工程""农村教师培养工程"计划。但是,由于受历史遗留、经济发展水平和区域等因素制约,在我国农村边远地区的乡村小学,来自外部的人力、物力和财力资源严重不足或缺乏,"一人一岗,或一人数岗"、"几个光棍,一所学校"的现象还比较普遍。在 K 县,这样的学校并不少见。这些学校通常在生源、师资方面都相当固定,学生主要是附近村庄的孩子;教师往往说一口带有当地乡音的普通话,且多半已安家落户在学校附近。老师们大部分是中等师范学校毕业或民转公的代课教师,年龄老化——一般都在 50 岁左右;性别单一——几乎都是清一色的男教师,因为女教师无论如何都待不长久;知识结构陈旧——"充电一次,放电一辈子",几乎没有参加过正式的培训或进修。由此,这些学校形成了相对固化的内部发展模式,以及无法超越的机制壁垒,它们在管理制度和行为模式上出现渐进性的自我封闭,并且很难进行自我认知与改变,教育观念和教学方法严重滞后,处于发展效能十分低下的状态。①

同时随着时代与社会的发展,"以人为本"思想不断深入人心。人们普遍意识到,每一个儿童都是特殊的,教师必须考虑学生在学习速度、学习风格与学习策略上所存在的多元性和差异性,并能够自如地加以应对。在现有的学校班级设置中,教师通常要面对四五十个有着不同需求的学生,如何理解和适应每个学生的多样化学习需要,就成为一大难题。教师除了要面对日常的教育教学工作,还要了解学生的差异、对学生的需求进行评估,更要从任务、结果、进度、回应、资源、授课、组织和结构等角度,确保每个学生都能获得有利于其自身发展的教学,这就给传统背景下成长起来的教师提出很大的挑战。所以说,他们根本满足不了学生的多样化需求,而有特殊教育需求的学生也不太可能受到有效的、专门为其设计的帮助,很多学生在学业上明显落后,挣扎在学校规定的任务之中,特殊需要儿童的人数只能是不断增加。在访谈中我们发现,许多老师在同一个学校教了父子两代人,却越来越感觉到力不从心,感慨社会的变化如此之快,眼睁睁地看着自己的学生"一代不如一代"。

3."良莠不齐"的家庭教育

教育是一个多方合作的过程,除学校教育外,社会教育、家庭教育的力量也是不容忽视的。尤其是家庭教育,它伴随人的一生,对学生的发展起着决定性作用。儿童成长在父母的羽翼下,绝大多数家庭都会致力于未成年人的生存与生活质量的提高,但家庭并不能给未成年人提供成长所需的一切条件。特殊需要儿童的产生与家庭有着丝丝缕缕的关系:

(1)家庭思想观念落后是产生特殊需要儿童的前因。我国农村普遍存在"重男轻女"的封建思想,在当前的计划生育制度下(单独二胎除外),凡第一胎是男孩的基本上是独生子女;若不是,则可以生第二胎。因此,男孩们要么是独生子女,要么上面还有个姐姐。在家庭中基本都是"备受宠爱",并达到"溺

---

① 张天雪,黄丹.农村教育"内卷化"的两种形态及破解路径[J].教育发展研究,2014(11).

爱"的程度。问题男孩的教育,已经成为一个棘手的问题,需要我们去研究攻关。

（2）家庭教育的缺失是特殊需要儿童大量存在的后果。对人类社会的每一个个体而言,无论其是否残疾,当他（她）降生到这个世界的时候,就生活在一定的家庭环境中,接受家庭各个成员提供的必需的物质支持,在家庭成员的关怀和爱的沐浴下,积累成长所需的生活经验,获得生存与发展的精神支持。除学校和教师外,每个孩子都还拥有另一个"学校"和"教师",即"家庭"这个学校和"家长"这位教师。虽然家庭并不是教育的主阵地,但其对儿童的教育及影响是不可取代的。凡是父母比较重视家庭教育的孩子,在校表现都特别好;有些父母常年在外打工,孩子的家庭作业经常不做,但父母一旦回家,家庭作业就完成得有质有量,孩子的精神面貌也会有较大的变化。研究表明,父母亲越是关心孩子,对孩子的学习期望越高,孩子在学校就会更加努力,对学习的自我效能感也越好,成为特殊需要儿童的可能性就越小。

（3）家庭贫困是制约特殊需要儿童发展的首要因素。特殊需要儿童家庭往往比健康儿童家庭更加受到资源的制约,比如一个重度残疾儿童的开销是健康儿童的 3 倍。家庭贫困会产生疾病、早夭、辍学等多米诺效应,尤其是健康问题。从营养状况到免疫能力,从传染病到慢性病,这些贫困家庭的未成年人在整个生命过程中都会遭遇健康问题。每个国家应该根据自身的国力与国情建立最低薪资标准或最低生活保障补助,以保证每个家庭有基本的生活保障,因为提高在职成人的薪资能够有效改善未成年人的生存面貌。当前南亚、东亚以及太平洋地区一半的国家所提供的最低薪资太低,难以保证一名在职成人及其一个未成年人的正常生活,并且其最低薪资标准处于国际标准（人均每天 2 美元）之下,还有一些国家根本没有建立最低薪资标准制度。[①] 当然,贫困问题并非发展中国家的独有现象。作为发达国家俱乐部的经济合作与发展组织,其成员国中也约 10% 的家庭根本不能满足自身的基本生活需要,包括温暖的寓所、适当的饮食以及必要的医疗。

二、解决特殊需要儿童问题的可能路径[②]

在谨慎诊断和深入研究特殊需要儿童教育现状的基础之上,为解决特殊需要儿童问题提供一些可能的路径。

---

① 陈丹,俞可.儿童发展呼唤公共政策——《改变儿童的机遇》报告解读[J].上海教育,2013(14).
② 余小红.关注特殊儿童:受教育个体均衡发展实证研究[J].东北师范大学学报（哲学社会科学版）,2013(3).

1. 开展综合评估，为特殊需要儿童教育找到新起点

所谓综合评估，是指采用定性与定量相结合的方式，对特殊需要儿童的心理特征、发展水平及存在问题做出判断与解释。它既是教育教学工作的起点，又是检验教育教学效果的手段。通过评估得以识别哪些儿童与同龄人有显著差异，从而把有潜在问题的个体从群体中区分出来。如果发现某些儿童显著地低于或高于同龄人，可以对他们进行教育与干预。为了促使特殊需要儿童的教育教学能够不断地靠近预定目标，可将综合评估纳入教育教学的整个过程，从评估到教学再到评估，每经过一次循环，就有一个较高水平上的新起点。

综合评估的具体展开，既包括对特殊需要儿童所进行的大范围、快速地测查，又更为侧重通过观察、问卷调查、访谈与成长记录袋等方法进行二次资料收集。对比分析两次资料的吻合度，做出进一步地论证与分析，相互佐证从中剔除可变因子，把握稳定因素并将其作为指导教育教学的依据。在评估的过程中，评估者还应给以适当地提示、反馈与引导，通过测定特殊需要儿童行为发生改变的情况，从而了解其学习的潜能。同时，将评估与教育、训练结合起来，把评估结果应用于对特殊需要儿童做适当的教育和训练安排上，以"评估—训练—再评估—再训练"的循环往复、螺旋上升方式，进行反复地评估和训练。这样做的目的，既可以比较准确地把握特殊需要儿童的心理发展状况，又有助于特殊需要儿童的进一步发展。

2. 控制影响源，为特殊需要儿童成长创设良好环境

影响源是指对特殊需要儿童的教育与发展产生重要作用的因素。我们以学校、家庭、社会为背景，对特殊需要儿童成长的整个环境进行调查与实地研究，我们发现，影响特殊需要儿童教育与发展的主要因素有四个方面：个人、家庭、学校与社会。在个人方面，多数特殊需要儿童个体存在各种各样的身体或心理方面的问题，有的是先天或遗传造成的，有的是在后天的环境或教育过程中形成；在家庭方面，多数特殊需要儿童或生活在单亲、离异与重组家庭，或处于留守或流动状态，缺少家庭关爱与教育是形成特殊需要儿童的直接原因；在学校方面，由于缺乏对特殊需要儿童的深入研究，特殊需要儿童长期得不到关注与特殊教育，一直徘徊在学校教育的边缘。很多老师声称，一方面对于特殊需要儿童的教育无从下手，另一方面也不可能有太多的时间和精力去钻研特殊需要儿童教育问题。因此，特殊需要儿童的教育多半处于放任自流的状态，或者是"头痛医头，脚痛医脚——治标不治本"。甚至于只要不影响课堂教学与正常儿童的发展，即使上课睡大觉，教师们也可以视若无睹；而这些特殊需要儿童一旦被推向社会,社会自身的弊端再加上一系列教育遗留问题的存在,将对整个社会的发展造成不良影响。因此,我们需要为特殊需要儿童成长创设良好的外部环境,积极探讨以何种方式参与特殊需要儿童的教育规划和决策过程,在特殊需要儿童的早期鉴别、教育干预乃至未来就业等方面能够做出怎样的努力,以及如何促使有关部门按正常人的标准去落实特殊需要儿童的生活、教育与就业等一系列问题。

在研究的过程中,我们还发现区域性的问题也不容忽视,特殊需要儿童的存在与其所处环境和文化息息相关。比如说男孩教育的问题,就与我国长期以来根深蒂固的"重男轻女"思想息息相关,尤其是在一些偏远农村,对男孩宠爱有加、甚至一味溺爱,而对待女孩则更为理性而客观。所以,我们需要基于某一特定区域或范围,在复杂的社会背景之下,做出全方位、多层次的思考。突破的重点是,加强良好环境的创设和增强积极文化因素的影响,充分重视社会(区)在未成年人保护工作中的作用,以及努力探索矫正特殊需要儿童不良行为的有效方式,不断完善社区教育、管理和服务工作机制,实现家庭、学校、社会保护和预防工作在社会中得以整合,为特殊需要儿童营造良好的成长环境。

3. 制订个别教育计划,为特殊需要儿童认知发展搭建平台

个别教育计划是根据每一个特殊需要儿童的身心特点和教育需要,以及对各种教学途径、方法、服务的了解与掌握,为单个儿童设计符合其需要的教育方案,以使个体获得公正、优质的教育。基于皮亚杰的认知发展阶段理论,儿童从出生到成人的认知发展不是一个数量不断增加的简单累积过程,而是伴随同化性的认知结构的不断再构,使认知发展形成几个按不变顺序相继出现的时期或阶段。首先,儿童的认知发展阶段制约教育、教学的内容和方法。学习从属于发展,从属于主体的一般认知水平,具体学科的教学应研究如何对不同发展阶段的儿童提出既不超出当时的认知结构的同化能力,又能促使他们向更高阶段发展的富有启迪作用的适当内容。其次,教育的介入、专门的教学将促进儿童的认知发展。大量的研究已经表明,通过适当的教育训练来加快各个认知发展阶段转化的速度是可能的。只要教学内容和方法得当,系统的学校教学肯定可以起到加速认知发展的作用。维果茨基也认为,在将儿童置于适合下一阶段学习的条件下加以训练,并借助于具体经验的支持,那么渐渐地儿童的认知发展水平就有了显著地提高。

因此,我们一方面借助于实施全面而综合地认知水平诊断,为中小学校提供有关特殊需要儿童认知发展的量的程度和质的差异,有利于其对特殊需要

儿童做出相对准确的掌握,找到再教育的契机。另一方面我们还通过与很多班主任、任课老师的深入沟通与交流,探讨如何根据学生的认知差异改革教学、实施因材施教。第一,要在教育组织形式上做适当调整。传统的课堂教学形式习惯于将能力和知识水平不同的学生按年龄分班教学,使不同特点的学生在一起相互学习、取长补短,但缺点是难以适应学生的认知差异。第二,要采用个别化教学方式。许多心理学家认为,个别化教学是适应认知差异的最佳教学方式。美国芝加哥大学的布卢姆通过长期的教学实验,提出著名的掌握学习,即指向不同能力水平的学生提供最佳的教学和给予足够的学习时间而使绝大多数学生达到掌握的程度。[①] 第三,要为每个特殊需要儿童量身定做个别教育方案。首先是系统地评估特殊需要儿童目前的身心状况及成就水平;其次是确定期望达到的长期目标和短期目标;然后是明确每一阶段的教学内容与方法、提供的相关服务与设施,以及完成的时间;最后是确定教育效果评价的标准、手段和时间。通过制订与实施个别教育方案,能够使教育教学更为满足特殊需要儿童的需要,全面推进每一个特殊需要儿童最大限度的发展。

　　4.实施转介与干预,为特殊需要儿童再教育找到契机

　　所谓转介是指把怀疑有生理、心理、行为或学习问题的儿童介绍到专业机构或特殊学校,由专业人员做进一步评估、教育和矫治。而干预主要是指以教育(或专业)人员为儿童提供的教育训练为主体,同时兼顾其医疗保健、心理咨询和家长与社区教育,通过合力解决问题以实现教育目标。转介与干预的实施,目的就是不放过任何一个特殊需要儿童,尤其是问题特别严重的儿童,为了找到这类儿童的教育契机,我们需要借助于专业人员、动员所有的外在力量。已有研究成果显示,特殊需要儿童的主要类别有十几种,且不同类别之间的差异很大,我们必须根据特殊性程度,把其安排到某一特定的教育场所中进行教育。因此,我们对 1100 余名特殊需要儿童中的 213 名低智能儿童,进行其所属类别的汇总,在分析综合的基础上做出各种教育决断。

　　第一,对于认知水平极低的特殊需要儿童需要安置到特殊学校。一方面可以减轻普通学校教师的压力;另一方面,由于特殊学校的人数比较少,任课教师基本上都是了解特殊需要儿童特点的特殊教育专业教师,比较容易满足这些儿童的特殊教育需要。目前,我国在特殊教育的理论与实践方面都已经相对成熟,与普通教育所不同的是特殊教育的目标主要是培养儿童的个人适应能力、社会适应能力和职业适应能力,使特殊需要儿童成为一个能够照顾自

---

① 皮连生.学与教的心理学[M].上海:华东师范大学出版社,2003:67.

已并且全面发展的人。① 在本研究中,智商在20以下的特殊需要儿童共计11人,他们的智力水平都处于重度及以上,对于这些特殊需要儿童,需要转介到特殊学校接受特殊教育。每个地区的教育行政部门与当地的特殊学校需要深入普通学校,及时筛查、统计具体的人数,配套师资及其他设备。一旦这些特殊需要儿童进入特殊学校之后,将会获得适应其需要的教育。关于这一点,很多特殊学校已经做出尝试,并积累了较为丰富的经验。

第二,大部分的低智能特殊需要儿童都可以安置在普通学校的普通班里。由于普通学校在义务教育阶段实行"零拒绝"的招生政策,特殊需要儿童随班就读的开展使得部分家长更愿意让自己的孩子进入普通学校随班就读。与家长的观念相反,老师们认为有一部分孩子应该是特殊教育的对象,却不适当地进入了普通学校。而我们则坚持,通过这种随班就读的形式,将有助于特殊需要儿童与普通儿童在一起活动,接触社会、回归社会。但问题的关键是,要提高随班就读的教育质量。各地区教育局要与下属学校一起,通过商讨资源教室与资源教师的运作事项,及时配套相关资源以保证教育、教学质量。同时,要打破特殊学校与普通学校互不沟通与往来的双轨制,尝试打通它们之间的"这道墙",如果有必要,甚至于可以实施交叉教学,努力形成同一教育体系内资源共享。通过特殊学校和普通学校相互协作,共同为所有儿童提供相应的教育与服务,一起为提高教育质量、培养优秀人才做出应有的贡献。

第三,对中下智能的特殊需要儿童要进一步分析其所面临的主要问题,到底是属于外因还是内因,是由家庭还是由学校造成的,通过走访家庭、了解教师、同学等多方面信息来确定有针对性的教育策略。考虑到教育的有效性与针对性,我们将其中比较有代表性的儿童或问题作个案研究,以叙事的方式加以整理。例如,自闭症又称孤独症,是一种广泛性发展障碍,以严重的、广泛的社交发展不足和沟通技能的缺乏以及刻板的行为、狭窄的兴趣和活动为特征的精神疾病。近年来大量研究发现,自闭症的发病率有明显增高的趋势。② 因此,我们选取自闭症儿童作个案研究,以期有所突破。

---

① 陈云英.智力落后心理、教育、康复[M].北京:高等教育出版社,2007:155.
② 魏轶兵.特殊教育院校孤独症教育专业培养目标与课程体系的探析[J].中国特殊教育,2007(4):52—55.

第二编

"全纳教育"：特殊需要儿童教育对策

第五章　以全纳教育理念为导向的"范畴转换"

第一节　全纳教育概念

全纳教育(inclusive education)是西方教育发展的产物,其背景和价值基础来自西方社会的变化和发展。为了更好地理解全纳教育,首先应了解全纳教育这一术语的演变过程,由此把握全纳教育的确切含义,通过进一步探究全纳教育产生的社会背景,循着西方教育发展的轨迹,把握全纳教育思想的真谛。

一、全纳教育的术语演变

自 1994 年"世界特殊需要教育大会"首次提出"全纳教育"概念之后,这一术语已经成为国际社会最流行的教育词汇之一。全纳教育作为一个专有名词,它的出现不是偶然的,而是有着深厚的理论与实践积淀,是在经历一系列的变革之后才得以展露。从不同国家来看,全纳教育的演变都有着各自独特的表达方式和发展轨迹。

1. 残疾人教育或特殊教育

一提到全纳教育,似乎就是有关特殊教育或是残疾人教育的问题,甚至有许多学者也坚持,只在残疾人教育的范畴内谈论全纳教育。因为全纳教育的明确提出和强调实施,都是在国际性和区域性的特殊教育会议上,从某种程度上说,这强化了人们关于全纳教育就是特殊教育的看法。事实上,全纳教育与残疾人教育或特殊教育并不是一回事。所谓"残疾人",指在心理、生理、人体结构上,某种组织功能丧失或不正常,全部丧失或部分丧失以正常方式从事某种活动功能的人。在 20 世纪 70 年代以前,西方对残疾人的教育大多是在特殊学校进行的。因此,人们普遍将特殊学校教育简称为"特殊教育",也就是对残疾人的教育。特殊教育随之作为一个专业术语被固定下来,它是教育的一个组成部分,通常使用一般的或经过特别设计的课程、教材、教法和教学组织形式及教学设备,对特殊儿童进行旨在达到一般和特殊培养目标的教育。[①]所以说,特殊教育是基于流行的医学和心理学的视角,强调儿童自身的缺陷,特殊教育的"治疗"需求与"身心残疾"这个观念联系在一起。

2. 一体化教育或融合教育

"一体化教育"是一个国际通用的名称,指的是特殊教育和普通教育相互渗透、支持,合而为一,以便于为所有的儿童提供最好的教育的一种教育思想与实践。这种教育改革在中国的香港和台湾地区称之为"融合教育";而中国大陆多数采用"随班就读",少数称为"一体化教育"。"一体化教育"思想认为,任何一个儿童不论何时何地,有了任何学习困难,都可以受到特殊教育者的精心辅导。这样就有可能消减儿童之间的差异,在他们进入普通学校后,取得较好的学习成效。如果说特殊教育过去是为残疾的或特殊的儿童而设,那么现在开始特殊教育是为每一个儿童而设。"一体化"是教学上的改革,它的目的就是要创建出面向全体儿童的学校,满足他们的所需,开设出优良的、密切结合实际的课程。

3. 回归主流

"回归主流"是欧美国家使用的一个专用名词,在20世纪60年代末,教育界开始了一场把特殊儿童从特殊学校还回到普通学校的教育运动。"回归主流"源于美国特教专家唐恩所写的一篇文章,批评当时把轻度弱智儿童送到特教班或特殊教育学校的做法不恰当。由于这篇文章适时地反映了美国学术界和家长们的观点,因而成了教育改革的导火线。随后《所有残疾儿童教育法》(即公法94—142)为此提供立法依据,于是在美国特殊教育史上引发了一场"回归主流"的运动。美国特殊儿童学会在1976年的代表大会上对回归主流做了如下的定义:"回归主流是一种有关特殊儿童教育安置的措施和过程的理论。这个理论认识到每个儿童都应在最少受限制的环境中接受教育,因为只有在最少受限制的环境中,儿童的教育和发展上的有关需要,才可能得到充分地满足。"

4. 随班就读

特殊儿童和普通儿童一起受教育,一起学习,一起成长的做法,在我国叫作"随班就读"。1988年7月11日国家教育委员会、国家计划委员会、民政部、财政部、劳动部、卫生部、中国残疾人联合会七部委发布了《中国残疾人事

---

① 朴永馨.特殊教育词典[M].北京:华夏出版社,1996:32.

业五年工作纲要（1988—1992年）》,在这个纲要中,明确提出"随班就读"这一术语。[①] 虽然我国在实践上很早以前就一直进行着随班就读的工作,但这是第一次在中央政府的法规、文件中明确地提出这个术语。"随班就读"专指在普通学校的普通班中吸收残疾儿童与普通儿童一起接受教育的形式。因此,"随班就读"最明确的目的是为了解决残疾儿童入学难的问题,其次是解决教育权利平等的问题。[②] 陈云英教授自1987年从美国取得博士学位后回到中国,为了寻找一条适合我国特殊教育的发展道路,在结合美国特殊教育已有发展经验的基础上,从理论与实践两方面双管齐下,广泛地开展随班就读试验,大大地推动了我国特殊教育事业的发展。

5. 全纳教育

全纳教育是1994年6月10日在西班牙萨拉曼卡召开的"世界特殊需要教育大会"上通过的一项宣言中提出的一种新的教育理念和教育过程。它提倡接纳所有学生,反对歧视和排斥,促进积极参与,注重集体合作,满足不同需求,是一种没有排斥、没有歧视、没有分类的教育。联合国教科文组织将全纳教育定义为:全纳教育是通过增加学习、文化与社区参与,减少教育系统内外的排斥,关注并满足所有学习者多样化需求的过程。全纳教育以覆盖所有适龄儿童为共识,以正规系统负责教育所有儿童为信念,它涉及教育内容、教育途径、教育结构与教育战略的变革与调整,涉及在正式与非正式的教育环境中为多样化的学习需要做出适当的回应。全纳教育不仅仅是让部分学生融入主流,更是考察如何改革教育系统和其他学习环境以适应学习者多样性的一种方法,目的是要使教师和学生都能接纳多样性并视之为机会,以及学习环境的丰富。[③]

以上从残疾人教育这一较狭隘的概念,发展到全纳教育概念,所有这些概念并不是玩弄修辞,每一个概念的提出都是进一步探讨的结果,值得深入探究。因为一个概念在一定的时间和空间里是相对稳定的,但却经历一个不断发展和完善的过程。当然,罗列这些概念并不是说这些概念在时间上存在逻辑性关系,而是着重指出,在过去的几十年里,较之大众层面静止的思维,全纳教育的概念已经有了重大变化,每一种概念都受到重大挑战。

总之,"一体化教育""融合教育""回归主流"和"随班就读"等都可以看作

① 刘全礼. 随班就读教学学——资源教师的理念与实践[M]. 天津:天津教育出版社,2007:9.
② 陈云英. 中国特殊教育学基础[M]. 北京:教育科学出版社,2004:429.
③ UNESCO. Guidelines for Inclusion:Ensuring access to Education for All[R]. Pairs,2005.

是对"全纳教育"早期发展的不同表达方式,但现在普遍不再使用,因为它们都有自身的缺陷,无法概括"全纳教育"的要义。当然,有许多国家目前仍然将这些概念与"全纳教育"混合在一起使用,也有一些教育专家正在努力澄清它们之间的区别。从某种程度上说,"全纳教育"概念是对其之前使用的各种定义的逻辑延伸,它是整个国际教育未来发展的趋势。

二、全纳教育的词义分析

就"全纳教育"这一术语本身,它是一个外来词,由英文翻译为中文。"全纳"一词运用于教育,最先是在特殊教育领域,后来逐渐发展到普通教育,形成"全纳教育"这一特有的专业词汇,也具有了其特定的含义。

1.全纳教育的英文表达

要理解全纳教育,首先要理解"全纳"一词。英语"全纳教育"(inclusive education)中的"全纳"(inclusive)是形容词,其名词为"inclusion",动词为"include"。作为动词的"全纳",其主要含义是"包括""包含""容纳"。与其近义词相比,"include"更强调"成为其一部分",或"把某部分包括进来作为整体的一部分"。该词的词义明显涉及物体的状态,是指将某一部分包括到整体中来;而其反义词"排斥"(exclude),则是指将某一部分从整体中排斥出去。

2.全纳教育的中文翻译

对于"全纳教育"这一外来语,我国在翻译上有过一些争议。特殊教育专家为翻译该词进行过多次讨论,最后确定译成"全纳教育"。实际上,这种译法还不是十分准确,因为它一方面表达"容纳"之意,但另一方面又加了个"全"字,这就会产生一些问题。一是"include"这个词并没有汉语中"全"字的意思,也没有特别说明要"全部纳入";二是加了一个"全"字,又与英语中的"全纳"一词相混淆,英语中的"全纳"是"full inclusion"或"total inclusion",其含义就是"全部纳入",即普通学校应该接纳所有学生,而不管其有何差异和困难。如果我们将"全纳教育"按中文字面的意思翻译成英语,加上了"full"或"total",就会引起国外的误解,因为国外对开展全纳教育的争论之一也就是围绕是否要"全部纳入"的问题。

我国台湾地区的学者将"inclusive education"译成"融合教育",这里译出了全纳教育的真实含义,从"统而合之"(实际上是统而不合)发展到"融而合一"。当然,"纳"和"融"的侧重点还是有所不同的,"纳"是一种过程,而"融"却是一种结果。尽管看上去现在使用的"全纳教育"一词在译法上还不够精确。

但本研究一方面考虑到目前国内出版物已出现"全纳教育"的用法[①]；另一方面我们主张"全纳教育"是一个动态的过程，而不单单为了呈现"融合"的结果。只是在使用时，要明白中英文之间的区别，不要把它搞混了。

三、全纳教育的多种定义

尽管"全纳教育"一词已被世界各国广泛使用，但对于究竟什么是全纳教育，人们的认识往往很不相同，在首次提出全纳教育的《萨拉曼卡宣言》中也没有做出明确的界定，到目前为止，国外的相关出版物列出多达十几种有关全纳教育的定义。这些定义分别从不同的角度来界定，有些可以相互补充，但也有一些定义分歧甚大、相去甚远。其实，这种情况应该说是正常的。每个学者或实践者由于各自的背景不同、研究领域或学科不同，对同一种事物自然有着不同的看法。以下撷取国际上几种较有影响的定义，并简要分析其间的分歧。

1. 与一体化教育相呼应

澳大利亚学者贝利认为："全纳指的是残疾学生和其他学生一起在普通学校中，在同样的时间和同样的班级内学习同样的课程，使所有学生融合在一起，让他们感觉自己与其他学生没有差异。"[②]贝利对全纳教育的界定包括两个要义：①将残疾学生安置在普通学校中，与其他学生做同样的事情；②社会接纳和归属。其所暗含的假设，相信所有的学习需求都应该作为一般的社会安置受到关注。

这一定义与20世纪90年代以前广为流行的"一体化教育"概念相对应，似乎只是一个接纳的过程，在这个过程中，现行的学校课程、教学、组织等方面没有根本的变化，而只是作些微调，基本上意指所有学生去适应一种静态的学校体系。可以说，贝利对全纳的界定追求的是时间、空间和内容上的全无二致，反映的只是个体的身体回归到主流学校，而主流学校的组织结构、课程结构、教学方式等不作根本的改革。

2. 基于全纳和排斥

英国著名全纳教育专家布思指出："全纳教育就是要加强学生参与的过程，主张促进学生参与就近地区的文化、课程、社区活动，并减少学生被排斥的

[①]　黄志成，等.全纳教育——关注所有学生的学习和参与[M].上海：上海教育出版社，2004.

[②]　Harry Danniels. Special Education Reformed：Beyond Rhetoric？［M］. London：Farlmer Press，2000：8.

过程。"①在布思的这个定义中,全纳包括两个相互联系的过程:①促进学生参与主流学校和社区的文化、课程;②减少学生遭主流学校和社区的排斥。很明显,这样的概念界定主要是从社会学角度出发的。其所暗含的假设,在教育实践中每一个体都需要特殊的供给和辅导,它作为一种看待教育的新视角,应该是全社会人们不言而喻的共同认识,而不能冠以"特殊的"。由此可见,布思所要探讨的不是"一体化"和"隔离",而是探究全纳和排斥,已经走出特殊教育的范畴,涉及整个普通教育。

另外,布思还与英国著名全纳教育专家、曼彻斯特大学教授爱因斯卡一起确定了全纳的四个维度:①没有终止的过程——理想的状态;②与排斥相连——与排斥分离;③局限于一些理所当然的排斥——应用于所有类型的排斥;④适应于有限的群体——适应于所有学生的参与。这四个维度呈现的是两分法的选择。布思等学者认为,全纳是一个与排斥相连的没有终结的过程,而且适应于所有类型的排斥,而不局限于残疾人和学习困难的学生。

3.教育体系上的全纳

英国牛津大学学者汤姆林森认为:"全纳教育意味着教育体系是全纳的,但学生不一定非要在一个一体化的环境内,这与将学生完全纳入主流中的概念不完全一致。"②汤姆林森在全纳教育研究方面颇享声誉,作为一名教育社会学家,她运用社会学框架在全纳教育领域所做的富有洞见的分析引人注目。汤姆林森曾受委托组织一个委员会,就学习困难者和残疾人的继续教育起草一份报告,而这份报告,主要是从政策角度界定全纳教育和全纳学习。她在此给出的解释是,"完全纳入意味着一个资源充足的教育体系,如果像口号宣传的那样,为了所有学生的公正,所有学生在同样的环境下受教育,就需要部署相对数量的教师和专家,以及需要足够范围的技术帮助,这样的花费将比现在资源集中的情况昂贵"③。在汤姆林森看来,教育体系应该是一个整体,但教学和学习可以在一个特殊的环境下。我们可以把全纳看成是一个层次化的过程,这个过程由低层次到高层次,选择哪一个层级依赖于资源和个人的学习需求,而"完全纳入"只作为目标,并不是唯一的选择。

汤姆林森主要是从特殊教育的角度来定义全纳教育,其所暗含的假设,我们应该最大限度地帮助有残疾的和有学习困难的儿童,使他们获得独立学习

---

① Peter Clough, Jenny Corbett. Theories of Inclusive Education: A Students' Guide[M]. London: Paul Chapman Publishing Ltd. , 2000:62.

②③ Harry Danniels. Special Education Reformed: Beyond Rhetoric? [M]. London: Farlmer Press, 2000:10.

与生活的能力。这种援助和辅导应该作为主流安排的一部分,使每个残疾儿童和有学习困难儿童都能够获得。从一定意义上说,它顺应大多数人的心理认知和接受程度,提供了一种便于操作的实践样式,因此,尤其受到决策者的广泛欢迎。但是,如何才能确保一种教育实践既能保证教育体系的整体,同时又不拘泥于一种完全纳入的环境,这似乎是极为困难的。

4.关注所有学生的学习与参与

中国著名的全纳教育专家、华东师范大学教授黄志成提出:"全纳教育是这样一种持续的教育过程,即接纳所有学生,反对歧视和排斥,促进积极参与,注重集体合作,满足不同需求。"做出这样的界定,其主要理由是:①根据全纳教育的本义,"inclusion"(接纳)主要表达了学校要接纳所有的人,是针对其反义"exclusion"(排斥)的,所以第一层意思就要表达"接纳所有的人,不排斥任何人"。②根据全纳教育的理念,不仅要接纳所有的人,更重要的是如何对待他们。全纳教育主张促进所有学生积极参与学校的学习和生活,主要是通过集体的合作和相互的帮助。③根据全纳教育的目的,人是有差异的,教育必须适应学生的不同需要,而不是要求不同的学生去适应固定的学习过程。因此,满足学生的不同需求是全纳教育的主要目的。④根据全纳教育的性质,它是一种持续的教育过程。全纳教育不可能是一种短期行为,不是将所有儿童纳入到学校中就完事,而是要为所有儿童提供高质量的教育,并且要改变社会上的歧视和排斥现象,创造受人欢迎的社区,建立全纳社会。

虽然至今为止对全纳教育还很难下一个准确的定义,全纳教育的确切含义究竟是什么,至今仍众说纷纭,莫衷一是。但从以上定义,贝利主张残疾人要与其他人一样在同样的地方学习同样的课程;汤姆林森则认为教育体系是整体的,但不一定是在同样的地方学习同样的课程;布思提出全纳教育不是一种状态,而是一个不断促进全纳的长久过程;而黄志成关注的是所有学生的需求;等等,我们或多或少已经对全纳教育有了一定的认识。从宽泛的意义上说,全纳教育的对象是所有学生,不管其残疾、种族或任何其他差异如何,都享有作为普通教育成员的权利,参与到学校和社区生活的方方面面。

第二节　全纳教育兴起与发展

作为一种国际教育思潮,全纳教育兴起于20世纪90年代,由联合国教科文等国际组织在西班牙召开的世界特殊需要教育大会上首次提出。进入21世纪,全纳教育理念日益为世界各国所理解和接受,许多国家已进行了深入的探讨,并纷纷落实到行动之中。世界性的全纳教育专题研讨会时常举行,一些大学还建立全纳教育研究中心,专门论述全纳教育的著作也不断增多。可以说,全纳教育已然成为国际教育研究中的一个重大课题和新的研究领域。与此同时,我国的研究者们也对全纳教育迅速做出反应,从各个角度探究全纳教育理念,积极介绍与引进全纳教育思想及其具体做法,思考如何在我国全面实施全纳教育。

一、全纳教育产生的社会背景

全纳教育作为一种教育思潮,产生于 20 世纪 90 年代。在联合国教科文等国际组织的大力推动下,以教育促进和平、人权、民主、平等作为主要任务,倡导和传播了一系列的教育新思想和新理念,形成影响巨大、意义深远的国际教育思潮,引领国际教育的发展走势,推动世界各国的教育改革和发展。其中,有四次国际性教育大会发挥了直接的作用。在这些会议中,围绕某一主题、提出某个观念或思想,最终促成全纳教育的产生与发展。

1. 全纳教育立足于人权观

全纳教育是以人权的视角和方法来看待社会关系和社会条件,并由此进一步分析教育问题。全纳教育思想的渊源与西方国家争取民主平等、维护人权尊严等社会运动有着深刻联系。在 1948 年,联合国大会通过了《世界人权宣言》,制定该宣言的目的是为了使人权和基本自由能广为社会所接受。随后世界各国涌现出一股巨大的潮流,就是争取民主平等和维护人权尊严。其表现形式为:一是反对种族隔离,争取民族平等运动;二是反对性别歧视,争取妇女权益运动;三是反对残疾人被排斥,争取残疾人平等融合运动。这些潮流和运动迅速地影响到教育领域,引起教育界的巨大反响和呼应。20 世纪 70 年代,特殊教育领域开始对此予以关注,旨在确保有特殊需求的儿童能融入其他儿童群体,享有同等的受教育权利,后来逐渐发展成为全纳教育的基本精神之一。全纳教育思想也由此跳出残疾人教育甚或特殊需求教育的狭窄范畴,扩大到整个普通教育,其核心就是人人有受教育的权利,普通教育不应该排斥任何人,而是要接纳所有儿童,满足所有人的不同需求。

2. 全纳教育基于全民教育思想

1990 年,世界全民教育大会在泰国宗迪恩召开,由 155 个政府、20 个国际组织和 150 个非政府组织参加,并通过了《世界全民教育宣言》和《实施全民教育的行动纲领》。全民教育会议指出,目前世界教育存在以下几个问题:

①1亿多儿童，包括6000万女童，没能接受基础教育；②有9.6亿成年人，其中2/3是女，还是文盲；③世界上1/3的成人无缘接触书本知识、新技能和新技术，因此他们生活质量无法提高，也无法适应社会和文化的发展；④有1亿多儿童和无数成年人没能完成基础教育的学业，有千百万人虽到校上课却没有掌握基本知识和技能。因此，"人人都有受教育权利"的理想并没有得到实现。尽管世界各国在经济、科技等领域都取得了许多成就，但在发展中国家，却仍有许多儿童没有获得适合他们的教育。而全民教育的主要内容就是要满足所有人的基本学习需要，以及普及入学机会并促进平等。因此，"世界全民教育大会"是世界教育发展史上的一个里程碑，它确立了世界教育的发展方向，这就是从"精英教育"走向"大众教育"。可以说，全民教育奠定的教育基调，为全纳教育的发展搭建了舞台。

3.全纳教育始于《萨拉曼卡宣言》

1994年，联合国教科文组织在西班牙萨拉曼卡召开"世界特殊需要教育大会：入学与质量"，共有来自92个国家、25个国际组织和机构，以及一些非政府组织的近400人出席会议，大会通过《萨拉曼卡宣言》，首次正式提出全纳教育，号召世界各国广泛开展全纳教育。

（1）重申全民教育的承诺。"世界特殊需要教育大会"的宗旨，就是通过促进全纳教育，以进一步实现全民教育目标。而落实全民教育，就是要对全纳教育所需要的政策做出根本性的调整。这次大会是在此前召开的几次区域性特殊教育会议的基础上进行的，其中包括1993年2月在中国哈尔滨市召开的亚太地区特殊教育研讨会，会上通过《哈尔滨宣言》。这个宣言就实施全民教育，形成全纳学习观念等问题形成意向性建议。如果说1990年的"世界全民教育大会"为全纳教育搭好舞台，那么1994年的"世界特殊需要教育大会"则拉开全纳教育的序幕。而崭新响亮的"全纳教育"则取代了以往被频繁使用的其他词汇，全纳教育思想因此不断深入人心，掀起整个国际教育界对全纳教育的探究热潮。在20世纪90年代，国际教育界对全纳教育的讨论空前热烈。例如，英国的"一体化教育"、美国的"回归主流教育"、中国的"随班就读教育"以及其他一些国家的"特殊需要教育"等，所有这些，为全纳教育的发展奠定良好的基础。

（2）明确全纳教育的发展方向。《萨拉曼卡宣言》明确了全纳教育要以特殊教育需要作为自己的发展方向，其具体内容可表述为：①每个儿童都有受教育的基本权利，必须获得可以达到的并保持可接受的学习水平之机会；②每个儿童都有其独特的个性、兴趣、能力和学习需要；③教育制度的设计和教育计

划的实施应该考虑到这些特性和需要的广泛差异;④有特殊教育需要的儿童
必须有机会进入普通学校,而这些学校应以一种能满足其特殊需要的儿童中
心教育学思想接纳他们;⑤以全纳为导向的普通学校是反对歧视,创造欢迎残
疾人的社区,建立全纳社会以及实现全民教育的最有效的途径。此外,普通学
校应向绝大多数儿童提供一种有效的教育,提高整个教育系统的效率,并最终
提高其成本效益。

由此可见,1994 年的"世界特殊需要教育大会"以实施全纳教育作为目
标,确立了未来特殊需要教育乃至整个教育改革的方向,拉开全纳教育的
大幕。

4.全纳教育发展于 21 世纪

进入 21 世纪,全纳教育发展的势头更猛,数次召开的国际教育大会,都聚
焦于全纳教育。

第一,2000 年 7 月,第五届国际特殊教育大会在英国曼彻斯特大学召开,
来自全球 98 个国家的 1200 多名代表参加了这次会议。这次大会关注的焦点
就是全纳教育,在幕布上醒目地打出大会标题,即"容纳被排斥者"。会议在检
查和总结十年来"全民教育"的发展情况的基础上,提出一系列的问题,如我们
已取得了多大的成就,未来的发展又存在哪些障碍,有哪些措施会有助于促进
全纳教育的发展,各国有哪些好的经验,等等。参加这次大会的代表们主要围
绕全纳教育的政策、全纳教育的不同观点、特殊教育功能的转变、全纳教育的
实践、全纳教育的质量和效益等 5 大主题进行交流与研讨。所有这些,正是全
纳教育发展过程中所亟须解决的问题。

第二,2004 年 9 月,联合国教科文组织在日内瓦举办第 47 届国际教育大
会,包括中国在内的 137 个成员国的教育部长、14 位政府组织机构的代表出
席了会议,围绕"面向所有青年的优质教育:面临的挑战、趋势和优先事项"这
一主题展开广泛而坦诚地讨论,其目的是为了提高青少年教育的质量。

第三,2008 年 11 月,由联合国教科文组织在瑞士日内瓦召开第 48 届国
际教育大会,主题为"全纳教育:未来之路"。此次会议就是希望国际教育能够
认识到,现有的社会和教育体制仍存在多种形式的排斥现象。目前最为重要
的是,我们应从长远角度进行观察与反思,通过制定与实施新政策、切实变革,
从而建立全纳社会,以实现全民教育及终身教育的目标。各成员国在本届大
会上达成共识、做出承诺,由此掀起世界范围内一股实施全纳教育的热潮,也
宣告了全纳教育时代的到来。在 21 世纪的今天,国际教育界的理想是要实现
全纳教育,让所有的人都能够平等地接受适合其独特需要的高质量的教育。

然而,全纳教育在各地区的发展还存在很多问题,主要是对全纳教育思想的理解、全纳教育的政策、资源、课程与教学、评价等。

总之,多方面保障全纳教育的实现已经成为全人类的共同目标。在联合国儿童基金会《2013年世界儿童状况》报告中指出,全纳教育的第一步应该从家庭早期教育开始。在实现全纳教育的过程中,教师是非常重要的因素,同时需要家长、社区和儿童的共同努力。从国家层面来看,政府和教育部门要明确自己的责任,并承担起让所有适龄儿童入学的责任。[1] 联合国教科文组织发布的《2014—2017年战略规划:保障每个儿童的权利,尤其是弱势儿童》提出,联合国教科文组织将一如既往地着眼于初等教育的入学机会和学习,为弱势和被排除在外的儿童,包括残疾儿童和女童提供多样化、可选择的学习成果评价系统。[2]

二、全纳教育兴盛的范畴转换

从全纳教育产生与发展的历史脉络看,其在特殊教育领域具有深厚的渊源和实践根基。不可否认,"全纳教育"最早出现在特殊教育领域,这也正是为什么当前的有些研究还停留在特殊教育的范畴和平台上,也仍旧有少部分人误把全纳教育等同于特殊教育。但事实上,在1978年英国的《沃诺克报告》中已经对特殊教育的范畴进行了批判,认为把特殊教育局限于特殊学校教育是狭隘的,特殊教育应该涉及普通教育,因为特殊教育只是整个教育体系中的一个内在组成部分。因此,我们必须进行由特殊教育向普通教育、再到全纳教育的范畴转换。

1. 全纳教育突破特殊教育的范畴

全纳教育与美国的"回归主流"和英国的"一体化教育"是一脉相承的。因此,有人将全纳教育理解为是将残疾儿童或有特殊教育需要的儿童安置在主流学校中或实施"一体化教育",甚至于以为全纳教育就是"一体化教育"的一种发展。英国全纳教育专家托尼·布思指出,全纳教育是要加强学生参与的一种过程,主张促进学生参与就近学校的课程、团体和氛围,并减少学生被排斥。这一观点突破了将全纳教育局限在特殊教育的范畴,所要探讨的不再是"隔离"和"一体化",而是"全纳"和"排斥"。

---

[1] UNICEF. The State of the World's Children 2013[R]. http://www.unicef.org/sowc2013/report.html,2014-10-10.

[2] 乔鹤、沈蕾娜.国际教育发展最新趋势研究地——2012—2014年度国际组织教育政策文本解读[J].比较教育研究,2015(1).

（1）特殊教育由"隔离"走向"回归主流"。在美国,基于不同的情境对全纳和全纳教育的发展进行了梳理,其主要分为三个时期:首先是隔离时期。美国早期的普遍做法是,把"智力迟钝"和患有"精神病"的儿童及成年人安置在比较大的寄宿制机构中,这些机构的特征就是隔离。其次是去机构化时期。在20世纪60—70年代,很大程度上是由于残疾人权利运动的推动,形成一种系统化的驱动力量,促成"去机构化"的社会运动,就是把残疾儿童及成年人从特殊的机构中解放出来,重视与社区、家庭、普通学校等亲密接触。最后是回归主流时期。在这个时期,教育就是要不断促进更多的学生,更大程度地参与到主流教育之中。残疾人逐渐成为社区内的真正公民,拥有与社区成员相同的完全的公民权益,社区根据残疾人的需求,办一些小型化的设施,社区内的残疾学生在社区内就近入学。

（2）特殊教育由"医学—心理学模式"转向"社会学批判模式"。英国学者克拉夫曾经把全纳教育思想的演变过程看成是不同思想互动的结果,从中我们可以窥见,全纳教育正逐渐由特殊教育领域扩大至普通教育领域:①医学—心理学模式。所谓医学—心理学模式,是一种宽泛的医学化观念,其本质上是把个体看成有某种缺陷的人,进而设想这些人需要特殊教育。特殊教育的源头就是通过医学研究以及其后的心理学探究发展起来的一种差异病理学。在20世纪70年代之前,大多运用医学,借助于诊所对残疾人进行诊断。到20世纪70年代之后,诊断的中心逐渐转移到学校。因此,教育心理学所起的作用变得越来越大。而心理学诊断的核心,就是把孩子看成是有缺陷的人。②社会学批判模式。这种以社会学为立场的批判模式,对传统的医学—心理学模式提出了挑战,主要关注的是特殊教育需求的社会结构,其中心不再是围绕狭窄的特殊教育需求和残疾人概念,而是把特殊教育作为一个领域和平台,通过差异结构和文化、不平等和处境不利等问题,探究机构在复制差异中的关键角色。相比于心理学把特殊教育需求看成是源于儿童的个人特征,社会学则主要把特殊教育需求看成是社会发展的结果,从社会中寻求特殊教育需求的缘由。

2. 全纳教育推动普通教育的改革

全纳教育促进教育体系从普特分隔的"二元制"转向普特融合的"一元制",这就对普通教育提出新的挑战与要求。我们只有对普通教育进行重构,才有可能使之在面对所有学生的多样化需求时做出积极应对。普通教育的全面、系统改革提上议事日程,目的就是为了创建一个公平、民主的社区教育体系。因为教育是社会系统的一部分,它所持有的目的和价值观是整个社会价值观的一部分。为建设一个民主公正的社会,教育被赋予的责任便是使教育自身成为创造全纳社会的手段。

(1)教育体系从"二元制"转向"一元制"。全纳教育首先是一种人权观,所有学生都有权在一起学习,孩子们不应该由于残疾或学习困难而被排斥或遭到贬低、歧视。所有的学生都需要一种教育来发展完整的关系网络,为能在主流社会中生活做好准备。因此,全纳教育要求"二元制"的教育体系向"一元制"转换。在"二元制"的教育体系下,特殊教育与普通教育相隔离,有特殊教育需求的学生主要是在特殊学校和普通学校的特殊班里学习。这就创造和强化了一个与其他人界限分明的群体,他们只在同质群体里组成关系网络,在一个封闭的环境下进行社会化。而"一元制"则是所有的学生都在普通学校接受教育。这一转向带来的益处是每一个人,即使是严重残疾者,都有可能正常地在普通教育环境下受到"正常化"的教育,这就为学生进入未来社会、适应一个完整的生活世界,做好了充分的准备。

(2)教育功能从"适应学校"转向"个性化与社会化"。全纳教育并不是仅仅把有特殊教育需求的学生安排到普通学校就读,而是要对他们在普通学校的学习与生活进行重构。全纳教育关注的是一系列的问题,有关我们如何教育所有学生、这些学生在哪里受教育、为什么要接受这样的教育、这种教育会有什么结果,等等。因此,普通学校原有的教育功能就要随之发生变化,从学生学会适应学校的课程、教学和生活,转向学校视学生的多样性为一种资源,通过进行不断地调整和改革来满足学生的多样性,以帮助学生实现"个性化与社会化"。我们甚至可以把这种转变看成教育走向服务功能的转化。

(3)教育目的从"培养精英"转向"全纳社会"。从世界范围来看,教育经历了一个从"精英主义"到"机会均等"的思想转变过程,而全纳教育所关注的正是所有学生的学习与参与。全纳教育的目的是建设一个公正、平等、民主、参与的全纳社会。由此看来,全纳教育是达到全纳社会的手段。《萨拉曼卡宣言》明确宣布:"以全纳为导向的普通学校是反对歧视态度,创造受人欢迎的社区、建立全纳社会以及实现全民教育的最有效的途径。"当今的社会以文化多样和价值多元为重要特征。因此,未来的学校教育也应该在功能上有新的转变,而不能纯以"精英主义"为导引,要走向"机会均等"。

三、全纳教育发展的国际走势

自 1994 年《萨拉曼卡宣言》首次提出全纳教育以来,世界各国开展了广泛的全纳教育研究与实践。到了 21 世纪,国际教育界将全纳教育的课题带入新世纪。在对全纳教育进行深入探讨的过程中,全纳教育的理念日益为各国所理解,许多国家纷纷落实到行动中,进入实验研究阶段。专门论述全纳教育的著作日渐增多,全纳教育专题讨论会时常进行,一些国家的大学还建立全纳教育研究中心,并出版《国际全纳教育杂志》等。可以说,全纳教育已成为 21 世纪国际教育研究的一个重大课题和新的研究领域。

1. 全纳教育在欧洲

由于对"全纳"这一术语的不同理解,欧洲各国在全纳教育的形成和内容上均存在着差异。少数国家,如西班牙,并不使用"全纳"这一术语,而是将"全纳"定义为"关注多样性",其全纳教育也更多地关注教师如何满足多样化的需求,以及如何在多元文化课堂中进行教学。正因为如此,欧洲各国全纳教育的总体质量呈现出了参差不齐的现象。为保障全纳教育质量,欧洲层面以及各国家层面的整体立法,能够确保全纳教育与其他政策措施之间的一致性。因而,制定一个整体和相互关联的政策迫在眉睫,其中决定机构间的协调合作则是保障全纳教育能够实现为所有学习者提供高质量教育的关键。

随着欧盟逐渐走向一体化,欧洲各国认识到"有必要建立一个更持久和系统的组织,致力于整个欧洲在全纳教育领域的合作,以提高质量为视角,促进各国之间乃至各国之内信息和经验的交流"。在此背景下,1996 年成立了"欧洲特殊教育发展署"。为更好地反映当前和今后工作的目标和重点,2014 年该组织正式更名为"欧洲特殊需要和全纳教育发展署"。作为一个独立自主的全纳教育组织,它收集、处理和传递欧洲层面和各成员国家的具体信息,研制并实施各种全纳教育项目,促使欧盟全纳教育政策和实践的一体化,构建全纳教育交流与讨论的平台,并展示欧洲全纳教育的最新进展。

2. 全纳教育美国之行

美国全纳教育的发展始于特殊教育改革,随后对普通教育提出全面改革的要求,由此全纳教育逐渐成为美国教育改革的热点。美国全纳教育的发展前后大致经历四次变革,在教育观念和教育模式上都发生了重大的变化。尤其值得注意的是,每一次的改革运动,都大大地推进美国特殊教育与普通教育的融合。

(1)回归主流教育运动。回归主流教育是描述特殊需要学生与其他学生共同接受教育的专用术语,其含义是最大限度地将残疾学生安置在普通班级接受教育,与正常儿童一起学习和生活。回归主流教育虽然是对特殊教育与普通教育完全隔绝的反思,但依旧没有很好地解决普通教育与特殊教育的关系问题,普通教育也只是在一定范围内接纳有特殊教育需要的学生,缺乏主动为学生服务的意识和有效措施。

(2)普通教育主动性运动。针对特殊教育存在的许多弊端,美国教育界开展了有关教育思想和观念的辩论。通过辩论得出的结果是,普通教育应加强其主动性,以接纳有特殊教育需求的学生,从而开始了一场普通教育主动性运动。但是,普通教育主动性运动仅依靠特殊教育的一厢情愿是无法达到整个教育体系改革的目的,特殊教育很难号召普通教育者积极主动地承担更多的责任、主动参与特殊教育的研究和改革。因此,人们认识到,必须有一种新的思想才能真正解决特殊教育与普通教育的问题。在这种情况下,一个新颖的特殊教育改革概念——全纳教育应运而生。

(3)第一次全纳教育。第一次全纳教育的指导思想是,呼吁特殊教育与普通教育的新型合作关系,把特殊学生变成普通教育计划的一部分,最大限度地满足所有学生的需要,使每个学生都能成功地完成预定的学习任务。其核心是:特殊学生按照就近入学的原则在普通学校接受教育;特殊学生在与其年龄和年级相应的普通教育班级接受教育;教育者在普通教育班级为特殊学生提供特殊教育支持与服务。第一次全纳教育主要是将新的方法附加到已有的教学形式中去,这种做法受学校现有组织体系的限制,因为现在的普通教育与特殊教育相分离。所以说,全纳教育改革的深化和延伸势在必行。

(4)第二次全纳教育。第二次全纳教育涉及整个学校教育体系的改革,是对特殊教育本质的再认识和对教育体系的一次再建构,是一次由表及里的根本性变革。这次全纳教育关注的是,所有存在能力缺陷学生的利益,提倡教师要为差异而教。学校教育价值取向的核心是为所有存在差异的学生,包括能力缺陷学生,提供全面的服务,所有学生的利益都应得到关注和保护。第二次全纳教育呼唤普通教育界和特殊教育界齐心协力,共同对学校进行再建造,使学校更好地适应和接纳学生的各种差异。

美国的全纳教育之行,从让有残疾的儿童进入普通教育的课堂学习,到在普通教育中创造更多的个别教学的机会以更好地适应轻度能力缺陷儿童的需要,再到对普通教育的课堂乃至整个学校教育体系进行组织建构以充分照顾学生的差异性,使所有儿童都能较好地完成学习任务。其自始至终坚持教育"以儿童为中心",重视特殊教育与普通教育的融合,使每个儿童都能得到适合其特点的平等教育权,并进一步适应社会生活。美国的全纳教育观点和实践体现了社会教育发展的共同规律,也促进了其他国家教育的发展。

　　3.全纳教育的中国足迹

　　到目前为止,中国已经有地区性全纳教育研究中心,如华东师范大学全纳教育研究中心,也有大量的学者致力于全纳教育的理论和实践研究。但遗憾的是,中国还缺乏国家级的机构来进行专门的全纳教育政策研究。就中国的全纳教育中心而言,应该借鉴欧洲特殊需要发展署的积极经验,不仅要"定期召开全纳教育研讨会,还要建立全纳教育网站,共享经验、资源和信息"。① 并且,还要尽可能地促进所有相关伙伴就构建全纳社会的共同愿景达成共识,研究并实施相关项目及具体步骤。同时,将这一愿景转化为现实。

　　黄志成教授曾指出,对于全纳教育在中国的未来之路,便是制定专门的政策和法律规定,只有这样,才能在实施过程中具有充分的保障。眼下中国已经制定了与全纳教育相关的一系列政策和法规。但是还没有专门的全纳教育政策或法规,在政府的正式文件上也还没有出现过全纳教育的词汇。在全纳教育的管理和发展上,"最好的做法是由政府委托一个中介机构来做形势分析报告,这个团体既要得到政府的委派任务,同时也要保持独立性。这种机构对于教育政策发展有很重要的作用"。②

　　总之,全纳教育是一个循序渐进的过程。首先要有明确的目标与原则;其次要鼓励并吸引多样的人员及团体参与,如医疗机构、社会服务机构、行政管理机构,而不仅仅是教育机构;最后,通过政策制定者、教育工作者和其他相关各方的积极协作,通过地方社区成员,如政治和宗教领袖、地方教育官员和媒体的积极参与,以推动发展。

第三节　全纳教育核心理念

　　从罗尔斯的正义论出发,公平有三个层次:一是平等;二是尊重差异;三是补偿缺陷。当前,特殊需要儿童构成世界上最大的弱势群体,与正常儿童相比,他们拥有较少的机会与更差的成就。因此,公平对于有特殊需要的儿童而言尤为重要。在21世纪,国际教育界的理想是试图通过全面实施全纳教育,让所有儿童都能平等地接受适合其独特需要的高质量教育。全纳教育的首次提出是在20世纪90年代,其背景和价值基础来自西方社会的变化与转型,是西方教育发展的产物。虽然对全纳教育理论的建构不过20余年,但由于全纳

---

①　彭正梅.理解与放飞:聚焦首届中国全纳教育大会[J].世界教育信息,2009(6):22.
②　陈云英.全纳教育共享手册[M].北京:华夏出版社,2004:6.

教育的兴起有着深厚的历史渊源，以及全纳教育的发展受到举世瞩目。因此迄今为止，全纳教育的基本理念已初步形成。而全纳教育的核心理念则是关注所有儿童的学习和参与，具体表现为保障权利、关注平等、尊重差异和补偿缺陷等四个方面。

一、保障权利：全纳教育的内在精神

1948年颁布的《世界人权宣言》，制定了一系列有关人权议题的公约、宪章等，对世界人权保障做出了巨大的贡献。伴随着人权理念在世界范围的普及与深入，儿童与儿童教育问题越来越受到世界的关注并成为国际组织的重要议题。儿童是重要的教育对象，入学是儿童所拥有的一项基本权利。教育即人权，人人具有受教育的权利，我们不应排斥和歧视任何人。

1. 保障权利的实践依据

全纳教育的产生及其在各国的实践，对于保障与实现所有儿童的受教育权利具有非常重要的意义。保障儿童受教育的权利源于诸多国际宣言和建议，联合国教科文组织从成立之日起，就把维护、发展和推广人权作为核心工作。自20世纪40年代的"基本教育"运动，到90年代风靡全球的"全民教育"思想，以及"全纳教育"理念，教育均被作为人的一项基本权利，保障每个儿童的受教育权，已成为联合国教科文组织内在的精神追求。

实践是基于确保所有儿童接受公平教育权利的国际立法而发展起来的。从1945年的《联合国宪章》、1948年的《世界人权宣言》，以及1959年联合国大会通过的《儿童权利宣言》，进一步明确儿童的受教育权。自20世纪60年代起，联合国又先后通过《反教育歧视公约》（1960）、《智力落后者宣言》（1971）、《残疾人宣言》（1975）等国际条约，同时还开展了"国际残疾人年"（1981）和"残疾十年"（1983—1992）等国际活动，一直致力于保障残疾儿童的教育需要和权利，并提出具体措施与建议。所有这些，旨在通过发展积极的态度，提供适宜的物质、社会、经济和教育机会，促进所有人的充分参与。

从1924年的《日内瓦儿童权利宣言》、1945年的《联合国宪章》、1948年的《世界人权宣言》，1959年联合国通过的《儿童权利宣言》和1989年的《儿童权利公约》，逐步明确了儿童的受教育权。在这段较长的历史发展过程中，逐渐体现的"儿童第一性"原理，最终成为一种保护儿童的国际标准，在这一标准的指导下各缔约国制定出自己国家有关保护儿童的法律文件与教育政策，从而影响着当今的教育实践。其中的每一个转折与巨变，都是儿童观念及人权观念的集中反映，对国际社会产生了极其深远的影响。如今，人

权概念历经数个世纪的演变和发展后,被赋予全新的内涵,儿童权利的呼声成为新时代最为本质的要求。儿童保护与儿童教育必须以尊重儿童为前提,没有尊重就没有真正的保护与教育,而儿童权利就是以这一理念为基础提出并发展起来的。[①]

我国政府也于 1990 年在联合国《儿童权利公约》上签字,成为该公约第 105 个签字国。1992 年,该公约对中国正式生效。为了进一步履行联合国《儿童权利公约》,国务院先后颁发《九十年代中国儿童发展规划纲要》和《中国儿童发展纲要(2001—2010)》《中国儿童发展纲要(2011—2020)》等重要文件,坚持"儿童优先"原则,保证儿童享有基本权利,即生存权、保护权、发展权与参与权。由于我国政府认真履行联合国《儿童权利公约》,在儿童基本权利的保障方面,目前已经有了显著地改善。

2. 保障权利的理论内涵

首先,在《世界人权宣言》中,确立了平等、自由权利的基调。1948 年联合国大会通过的《世界人权宣言》指出,人生来是自由的,有同等的尊严,同等的权利;每个人都有工作的权利;每个人都有休息和娱乐的权利。其第 26 条对教育有专门论述,人人都有受教育的权利;教育的目的在于充分发展人的个性;父母对其子女所受教育的种类有优先的选择权利。在 1975 年的《残疾人宣言》中又表明,残疾人生来就有人格受到尊重的权利。残疾人,无论他们是什么血统、什么性格、什么样的残疾程度,都有与处于同年龄段公民、相同的基本权利。之后联合国世界法规纲领对这一平等观念作了进一步阐述,残疾人与非残疾人具有平等权利的原则,意味着每一个人的需求都同样重要,每一个人都应该获得相同的参与机会。

其次,在《儿童权利公约》中,确立了儿童权利的四项指导原则。联合国大会于 1989 年 11 月通过的《儿童权利公约》提出,一个智能上或体质上的儿童应该享有美满的生活,要有受到尊重的条件,促使他们自立,为他们积极参加社会活动提供条件。同时又进一步指出,了解残疾儿童的特殊需求;帮助并促使残疾儿童成功地受到教育、接受培训;指导儿童最大可能地与社会相结合,使他们的个性健康发展;残疾人的学习应该得到特殊重视,要采取行动为各类

[①] 叶慧.20 世纪历史进程中"儿童权利"的演进——从《日内瓦儿童权利宣言》到《儿童权利公约》[D].上海师范大学,2012.

残疾人提供属于整体教育体系中的相同教育途径。并且，确立了有关儿童的四项指导原则，无差别原则、儿童最大利益原则、生存与发展权和参与表达意见的权利。所有这些，均与全纳教育思想息息相通。其中，首要的一项"无差别原则"，要求不以任何理由歧视儿童，最后发展成为全纳教育的基本精神之一。

3. 保障权利的行动指南

保障权利的行动指南，在国际上有《儿童权利公约》，这是一部有关保障儿童权利且具有法律约束力的国际性约定，旨在为世界各国儿童的茁壮成长创建良好的社会环境。公约规定了世界各地所有18岁以下的儿童都应享有的数十种权利，其中包括最基本的生存权、全面发展权、受保护权和全面参与家庭、文化和社会生活的权利，并通过确立卫生保健、教育以及法律、公民和社会服务等多方面的标准来保护儿童的上述权利，明确国际社会在儿童工作领域的目标和努力方向，强调各国应确保每一个儿童均享有公约所载的权利。《儿童权利公约》包含了一整套普遍商定的准则和义务，在追求一个公正、彼此尊重以及和平的社会过程中，将儿童放在中心位置，由此成为世界上最广为接受的公约。

根据联合国《儿童权利公约》和我国的教育方针，在2008年颁布的《中国爱生学校标准（试行）》，为的是要在学校层面创建以学生发展为中心、以保障儿童教育权利为根本的教育质量模式，确保学校能够吸纳全体学龄儿童，在教育教学过程中平等地加以对待。中国爱生学校为所有学生提供安全、健康、有保障的学习环境，通过渗透生活技能教育的课程和有效教学，促进学生获得有用的知识、技能与态度。并且，联合师生、家庭和地方共同参与到学校的民主管理之中，使学校成为一个和谐的、学习型的小社会。中国爱生学校的终极目标，就是所有学生的全面发展和个人潜能得到充分展现，使每个学生都能自信而成功地学习和成长。中国爱生学校的学生要学会学习、学会做事、学会做人、学会共处，在德、智、体、美、劳诸方面都能得到长足地发展（见图5-1）[①]。

---

① 中国爱生学校标准（试行）[EB/OL]. http://wenku. baidu. comviewc6e30153ad02de80d4d840a8. html

维度1：全纳与平等
1. 确保儿童平等上学权利
2. 尊重学生的差异性和多样性
3. 建设性别平等的教育教学环境

维度4：参与与和谐
1. 创造儿童参与途径与方法
2. 形成保障师生参与的管理制度与文化氛围
3. 发展和谐的家、校、社区伙伴关系
4. 不断提升学校的领导力

学生全面发展

维度2：有效的教与学
1. 拥有爱岗敬业、关爱学生、专业化水平不断提高的教师
2. 开发渗透生活技能教育课程
3. 实施以学生为中心教学过程
4. 建立开放、互动、持续、基于ICT的教学支持系统

维度3：安全、健康与保护
1. 营造安全的物理环境和友善的心理氛围
2. 开展技能为基础的安全教育
3. 采取促进学生健康成长的策略
4. 组织有质量的体育活动

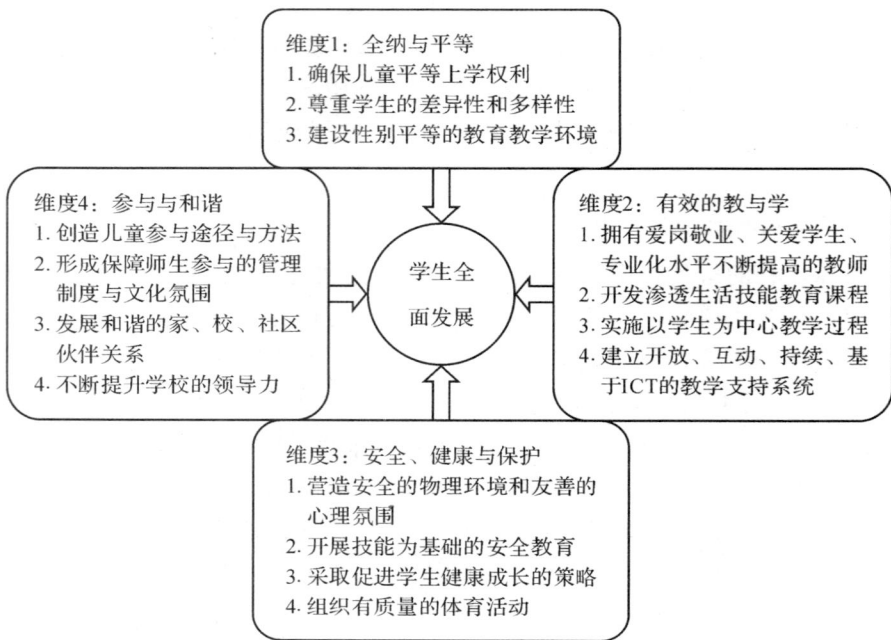

图 5-1　中国爱生学校框架

二、关注平等：全纳教育的价值追求

全纳教育的最终目的，期望创造一个公正和民主的全纳社会，以解决所有人怎样共同生活在一起的问题。由此可见，全纳教育是一种倡导平等的教育，它是公平的、符合伦理的和公正的。基于平等的价值观，我们必须让所有的人都能融入主流社会、成为其中的一分子，这也是全纳教育矢志不渝的信念。作为民主社会教育理念建构的基石，全纳教育是一种无生理、心理与社会差别的教育，既关注儿童的入学机会与起点平等，同时亦对处境不利儿童给予特别关照。

1. 关注平等的实践依据

关注平等的教育实践，在不同时代背景下伴随着新教育理论的诞生，而逐渐付诸实践。马丁·路德认为，儿童是具有天赋的个体，既要保护这种天赋，又要发展天赋，而要实现这一目标就必须确保儿童平等地接受教育。他极力

主张:"全国儿童,不分贫富、男女都应入校学习。"①夸美纽斯在《大教学论》中也表示:"不仅有钱有势的人的子女应该进学校,而且一切城镇乡村的男女儿童,不分富贵贫贱同样都应该进学校。"②这种教育面前人人平等的儿童入学观念,表达了义务教育的思想,无疑是倡导儿童接受学校教育的最早呼声,为后来的义务教育普及与发展奠定良好的基础。而18世纪的启蒙运动提出自由、平等、人权的口号,尤其是卢梭的教育思想,使人们真正意识到儿童时期的特殊性和重要性。然后是《义务教育法》的颁布与实施,由国家强制要求所有适龄儿童都要接受初等教育,为儿童入学提供强有力的法律保障。目前全球绝大多数国家实行免费的基础教育,只有太平洋地区的3个国家仍对小学教育收取学费。而免费教育能够保证所有儿童都拥有均等机会接受学校教育。许多国家的经验表明,削减教育杂费能够让更多未成年人就学,尤其是女孩。③

为了保护所有儿童(不论残疾与否)的利益,使其拥有平等受教育的机会。一些发达国家,如美国、英国、西班牙、澳大利亚等国家政府,以促进全纳教育作为教育发展的原则与目标,通过制定一系列教育法和教育政策,来促进全纳教育的发展;确立全纳教育立法框架,对全纳教育的发展进行指导与规范,并予以法律与制度上的保障。这些法案包括《反歧视和残疾服务立法》、《教育法案》和《健康和安全立法》等。在美国,联邦和州的法律保证所有儿童享有平等接受教育的机会,当然也包括残疾儿童的教育。通过立法提出并确立了一些重要而崭新的观念,这对改变人们以往的旧观念起到非常积极的作用。如"零拒绝",指教育行政部门或各级各类学校,不能以任何理由、任何形式,拒绝任何儿童接受教育的要求。④

2. 关注平等的理论内涵

平等是一个内涵非常复杂的概念,人们很难对其进行准确的定义。一般情况下,平等包括起点平等、过程平等与结果平等。其中,教育起点平等通常也称之为受教育或入学机会均等。它含有两方面的意思:一是教育对象的平等,即儿童到了一定年龄阶段就会受到其生理、心理以及社会差别的影响,都能享有平等地接受教育的权利;二是教育资源享用的平等,即在儿童所接受教育的学校中,其校舍、设施、师资及办学经费等资源相对平等,并能为每一个儿

---

① 单中惠.西方教育思想史[M].太原:山西人民出版社,1996:120.
② 夸美纽斯.大教学论[M].傅任敢,译.北京:人民教育出版社,1984:52.
③ 陈丹,俞可.儿童发展呼唤公共政策——《改变儿童的机遇》报告解读[J].上海教育,2013(14).
④ 李霞.美国全纳教育之研究[D].南京:南京师范大学,2007:16.

童平等地享有教育资源提供充分、有效的条件。关注平等体现在全纳教育层面，就是"让学校为全体儿童服务"。具体来讲，学校要接纳所有儿童，不因儿童在某些方面有缺陷或存在学习困难而排斥与歧视他们，让每一个适龄儿童都有机会来到学校、接受最适合自己的教育，这也是全纳教育的根本宗旨。

在《萨拉曼卡宣言》中，进一步重申了儿童所具有的基本受教育权利，提倡普通学校要给有特殊教育需求的儿童提供平等入学的机会，容纳所有的儿童。这里的特殊需要儿童受教育权包含两层内涵：一是特殊需要儿童有权利接受正规的学校教育，二是每一位特殊需要儿童都有受教育权利。后者强调的是教育的平等性。"学校应该接纳所有儿童，不应该由于身体、智力、社交、情绪、语言或者其他身体状况的问题把某些部分儿童拒之门外；无论是残疾儿童或天才儿童、流浪儿童、童工、边远地区的游牧民族儿童、少数民族儿童，或者来自其他弱势群体和社会边缘群体的儿童，都应该得到受教育机会。"①

因此，学校为儿童提供的是"最少受限制环境"，即具有最大程度的自由、非控制性和侵犯性、最大限度地适应与尊重。这一环境的创造取决于儿童的个体需要，也考虑到儿童生理、心理的特征，以及各种环境因素的影响。它包含影响教育活动的实物的、人员的、情感的和区域性的因素。目的是尽可能地减少周围环境中的不利因素对儿童发展的制约，充分发挥周边环境中有利因素的作用。

3. 关注平等的行动指南

关注平等的教育理念，在全民教育的运动中得到十分清晰的体现。全民教育的目标，就是为了满足所有人的基本学习需要。在第二次世界大战结束初期，全世界半数以上的人群仍处于文盲状态，这不仅严重阻碍了战后重建工作，而且还有可能直接危害世界和平。针对战后各地文盲泛滥的问题，联合国教科文组织提出"基本教育"的概念，即要为所有人提供最起码的教育，消除教育上的不平等。从 1959 年的《儿童权利宣言》到 1966 年联合国通过的《公民权利和政治权利国际公约》，还有 1989 年的《儿童权利公约》，先后提出"受教育权利涉及儿童的平等""在法律面前人人平等，人人有权平等享受法律的保护，而没有任何差别""儿童的受教育权应以机会均等为基础"等。而 1990 年提出的"全民教育"，更加凸显教育平等的理念，由此促进了"儿童利益的最大化"。在《世界全民教育宣言》中，对普及儿童的入学机会并促进平等做了具体

---

① 黄志民.基础教育均衡发展与人的受教育权——全纳教育的视角[J].现代基础教育研究,2012(3).

地阐述。第一,要向所有儿童提供基础教育,不断扩大高质量的教育服务,始终如一地采取措施以减少或消除差异;第二,所有儿童都能获得达到和维持必要的学习水平的机会,以实现基础教育的机会均等;第三,确保女童的入学机会以改善其教育质量,消除一切障碍、摒弃教育中任何有关性别的陈规陋习;第四,给予特殊需要儿童以特别的关注,不应使其在获得学习机会上受到任何歧视。[①]

联合国教科文组织在 2000 年的《达喀尔行动纲领》中,制定了教育平等的发展目标和原则,明确 2015 年全世界要努力实现 6 大发展目标,其中 4 大目标与教育平等相关。如确保所有儿童,尤其是女童、处境不利的儿童和少数民族儿童,都能接受和完成免费、高质量的初等教育;消除初等教育中男、女生人数不平衡的现象,重点确保女童能充分、平等地接受和完成高质量的基础教育。而 2014 年的《马斯喀特共识》再次重申了平等的原则,所颁布的 7 项目标有 4 项都强调,要特别关注性别平等问题及边缘化人群。经过多年的努力,在世界各国已取得显著成绩,但普及仍然是 2015 年后国际教育发展的一项核心原则。因为各国之间的教育不平等现象,将是未来国际社会关注的另一方向。

三、尊重差异:全纳教育的实践原则

联合国教科文组织在 1994 年 6 月 10 日召开的"世界特殊需要教育大会"上通过的《萨拉曼卡宣言》,在提出全纳教育这一概念的同时,又十分鲜明地指出:"每个儿童都有其独特的特性、志趣、能力和学习需要,教育制度的设计和教育计划的实施应该考虑到这些特性,以及不同儿童需要的广泛差异。"[②]并要求根据特殊需要儿童的不同类型,分别进行有针对性的教育,如盲童教育、聋童教育、智力落后儿童教育,等等。由此确立"尊重差异"的核心理念。

1.尊重差异的实践依据

在我国,尊重差异的教育实践可以追溯到孔子。孔子在教育实践的基础上,创造了因材施教的方法,并以此作为其教育原则,贯彻于日常的教育工作之中,取得了显著的成效。因材施教的提出,有其客观的历史条件。孔子为适应社会变革对人才的需要、开办私学,但其众多学生的背景颇为复杂。不仅年龄差距大、社会成分也各式各样,而且来自不同的国家和地区。个体的文化水平、道德修养与性格特征差异很大,再加上对求学的要求不一,跟随老师的

---

① 黄志成,等.全纳教育——关注所有学生的学习和参与[M].上海:上海教育出版社,2004:27-28.
② 黄志成,等.全纳教育——关注所有学生的学习和参与[M].上海:上海教育出版社,2004:30.

时间有长有短,最终所得也就参差不齐。在这种情况下,要进行集中统一的教学当然是不太可能,只能是根据个性特点和具体要求来进行教育,以达到一定的教育目的。[①]

所谓"因材施教",指针对学习者的兴趣、能力等具体情况实施不同的教育。实施因材施教的前提条件是承认学生间的个体差异,并了解学生的特点。基于共同的培养目标,对不同的受教育者提出不同的要求,采用不同的教育方法。从学生的实际情况、个体差异出发,教师有的放矢地开展有差别的教学,使每个学生都能扬长避短、获得最佳发展。我国在 1958 年由中共中央国务院发出的《关于教育工作的指示》中,明确提出教师在对学生进行教育时,要把全面发展和因材施教结合起来。随后因材施教越来越受到重视,逐渐发展成为一项重要的教学方法。在教学中,教师根据不同学生的认知水平、学习能力以及自身素质,选择适合每个学生特点的学习方法、有针对性地开展教学,通过发挥学生的长处、弥补其不足,以激发学习兴趣与树立自信心,促进学生的全面发展。

在西方教育中,因材施教也得到很好地执行,其具体表现为个别化教育原则。教育者根据每个学生的身心特点,制订相应的教学计划,通过调动学生参与的积极性,实现建构式的学习,加强对学生的个别指导,根据学生参与教学活动的情况对其做出相应评价。在充分把握学生个体差异的基础上制订合理的、详尽的个别教育计划,有助于解决学生之间差异极大的现实问题。现代教育手段和信息技术的广泛应用,使我们更有条件针对学生的特点施以个性化的教育。

2. 尊重差异的理论内涵

由于全纳教育是开放的、具有广泛包容性,其生源不是经过选拔和特意挑选的,而是更多地具有异质的特点。因此,不同学生所接受的信息在质和量上都是有很大差距,所需要的学习时间和额外辅导的时间也各不相同。尊重差异就是在全纳教育背景下,根据特殊需要儿童的差异性和多样性的特点提出的。从表面上看,似乎所有的儿童都遵循发展的基本规律,行为表现存在一定的相似性。但从生理与心理角度看,每个人都是特殊的,即便是同卵双胞胎也不例外。所以,要求教师理解儿童生理和心理上的个别差异,了解每一个特殊需要儿童的障碍或优势,根据个别的情况制订教学计划,以利于其学习并最终达到教育的目的。人的差异性是普遍存在的,且这种差异性通常以多元的方式体现,它带给我们的不是负担和包袱,而是一种可促进环境调整和改变的资

---

① 孙培青.中国教育史[M].3 版.上海:华东师范大学出版社,2009:39.

源。如果在教育中加以合理利用的话,就有可能创建出一个更加和谐、包容的氛围。通常在教育上,我们要尊重儿童的个别差异以及各个儿童的自我特性中的差异。根据每个儿童的本身特性来设计教育,本着尊重各类儿童的身心特点,采用特别设计的设施、教学、教具和教法,由经过职前培养(或在职培训)的专业人员来对儿童进行教学。当教育能按儿童的特性进行教学与设计时,每个儿童的潜能就都有可能得到最好的发挥。一言以蔽之,教育并不是要求不同的儿童去适应固定的学习过程,而是努力满足不同儿童的不同需要。

3.尊重差异的行动指南

在全纳教育的实施建议中,已经为尊重差异指明了行动方向。例如,在教育制度方面的改善,要能容纳所有儿童,而不论其个体差异或个人困难如何;在法律或教育方针上,规定普通学校要招收所有儿童,除非有令人信服的不这样做的理由;在国家之间建立示范性项目,鼓励开展全纳学校经验交流;在教育设施的规划、监测和评价上,综合考虑有特殊教育需要儿童的要求,全面促进家长、社区和残疾人组织积极参与决策;在早期鉴别和干预策略乃至职业的全纳教育方面,做出更大的努力;确保职前和在职师范教育计划,均能涉及全纳学校中的特殊需要教育内容。

在日常的教育、教学实践中,国内外都在主动践行尊重差异的"个别化教育"。个别化教育(individualized education program,简称 IEP)植根于对学生个性的尊重,使教育从以教材、教师为中心转向以学生为中心,真切关照所有学生的潜能开发与个性发展,通过制订有针对性的"个别化教育方案"来进行因材施教。遵照儿童自身的能力以及在教育、教学方面的实际需要,设计出不同的方案,以达到求同存异的目的。由此形成书面的教育计划,引导儿童系统地学习或发展技能。通常这是由地方教育主管部门,组织教育学、心理学及其他相关学科的专家、任课教师、家长共同参与制订,"首先是系统地评估特殊需要儿童目前的身心状况及成就水平;其次是确定期望达到的长期目标和短期目标;然后是明确每一阶段的教育学内容与方法、提供的相关服务与设施,以及完成的时间;最后是确定教育效果评价的标准、手段和时间。通过制订与实施个别教育方案,能够使教育教学更为满足特殊需要儿童的需要,全面推进每一个特殊需要儿童最大限度的发展。"[①]在制订个别化教育方案时,应尽可能地体现儿童的学业能力、特殊需要、当前的适应性行为和目前的基本技能等。

---

① 余小红.关注特殊儿童:受教育个体均衡发展实证研究[J].东北师范大学学报(哲学社会科学版),2013(3).

四、补偿缺陷：全纳教育的根本措施

特殊需要儿童构成世界上最大的弱势群体，与正常儿童相比，他们机会较少，成就更差。而全纳教育的终极目标则是为每一位适龄儿童，提供全纳的、高质量的教育，终止所有形式的歧视、增强社会的凝聚力。因此，我们必须对弱势群体予以特殊关照，运用一切方法探索如何对这些儿童实施补偿教育。缺陷补偿是促进特殊需要儿童身心健康发展、融入主流社会的必要环节，既能杜绝一些障碍的发生、降低特殊需要儿童的出现率，又可防止已有疾病或伤残的恶化、减轻障碍程度，还会尽早发现功能缺陷以采取有效措施、实施补偿，在全纳环境下为儿童获得相应的发展创造条件。[①]

1.补偿缺陷的实践依据

目前我们对特殊需要儿童实施的早期干预就是一种非常好的缺陷补偿方式，根据儿童的自身情况提供最适合其需要和特点的教育。通常，早期干预指针对低年龄的、可能或已经偏离正常发展水平的儿童所实施的预防、鉴别、治疗和教育。在这里，"早期"包含有两方面的意思：一是针对 7 岁以前的儿童所实施的干预；二是在儿童出现特定症状的早期甚至是在症状出现以前就进行的干预。

早期干预首先建立在关键期理论之上。关键期指个体发展过程中环境影响所能起到最大作用的时期。处于关键期的个体，行为习得特别容易，个体发展非常迅速，对环境影响极为敏感，只要细微刺激即能做出反应。但如果这一时期缺乏适宜的环境影响，也可引起病态反应或发展变异，甚至阻碍日后的正常发展。"关键期"这一术语的产生，可追溯到奥地利生态学家昆拉多·洛伦茨的研究。洛伦茨发现，刚出生的小鹅有印刻现象，并且印刻现象只能在个体生命中一个短暂的"关键期"内发生，在这一时刻所印刻的对象，可以使该个体对它接近并发生偏好，而不会被忘却，由此形成一种对它的永久约束性依恋。洛伦茨的研究引起心理学界对关键期的关注，通过大量的研究提出有关儿童各方面发展的关键期（见附录三），又称敏感期或者最佳年龄期。研究证明，儿童虽然具有巨大潜力，教育要遵循儿童身心发展的规律，才能发挥其主导作用，而充分有效地发挥教育的主导作用，就必须掌握心理发展的关键期，并且科学地实施关键期教育。

---

① 王雁.早期干预的理论依据探析[J].中国特殊教育,2000(4).

蒙台梭利在长期与儿童相处的过程中,发现儿童成长的敏感期,即在某一特定的年龄时期,儿童对某种知识或者行为十分敏感,学习起来非常容易。一旦错过这个时机,学习就会遇到各种困难,甚至影响终身。她强调说:"正是这种敏感性,使儿童以一种特有的强烈程度接触外部世界。在这时期,他们容易学会每样事情;对一切都充满活力和激情……儿童不同的内在敏感性使他能从复杂的环境中选择对自己生长适宜的和必不可少的东西,造成儿童对某些东西敏感,却对其他东西无动于衷。"① 当儿童在出生时或在婴幼儿时期出现身心障碍,若能抓住其尚处于关键期而施以积极的干预,往往可以在一定程度上克服其身心缺陷所带来的困难。

其次,早期干预建立在遗传与环境相互作用理论之上。心理学家的研究表明,在儿童心理发展过程中,作为自然物质前提的遗传因素和作为心理反应源泉的环境因素并不是孤立地起作用,二者之间相互制约,若想把遗传的作用和环境的作用精确地区分开来是不可能的。遗传对心理发展作用的大小依赖于环境的变化,而环境作用的发挥,也受遗传限度的制约。如果假定每个儿童都有一个范围相当广阔的智力潜能,这个范围的上下线是由遗传基因决定,而智力的实际表现则是被多种多样的内部或外部环境因素以复杂的形成促成。

2. 补偿缺陷的理论内涵

补偿的基本意思就是弥补缺陷,抵消损失。许多学科都研究缺陷补偿问题,但由于研究目的和侧重点不同,对缺陷补偿的理解也各有差异:①生理学上的缺陷补偿。当人体的某一器官发生病变或功能障碍时,有机体经过训练,可以发挥受损器官的残余能力或利用其他器官的能力来加以代偿。首先,人体器官的完全发育及功能的完善离不开对其适度的使用。正如拉马克所说:"在不超越其发展界限的每一种动物中,任何器官的比较频繁的持续使用会逐渐增强这个器官,使之发达、扩大起来,并且给它一种跟它的使用期成正比的能力。"② 其次,当身体的某一器官产生病变或有缺陷时,另一些器官的功能会相应加强,这是一种生理适应机制。②心理学上的缺陷补偿。其实就是一种"心理移位",即为克服自己生理上的缺陷或心理上的自卑而发展自己其他方面的长处。在现实生活中,有很多成功人士把生理缺陷的自卑感转化为成功的动力,成了超越自我的"涡轮增压"。这种心理补偿在程度上因人而异,而作用力往往很强大。③医学上的缺陷补偿。利用医学的手段和措施对因缺陷而

---

① 蒙台梭利. 童年的秘密[M]. 马荣根,译. 北京:人民教育出版社,2005:54.
② 刘泽先. 早期教育——使每个孩子成才[M]. 北京:知识出版社,1989:69.

109

造成的功能受损现象进行治疗、保护、补偿等一系列活动,以减轻残疾的影响、最大限度地改善功能,最终达到康复的目的。④社会学上的缺陷补偿。基于人权和社会公平,对社会上包括残疾人在内的弱势群体通过政策、制度上的优惠,进行资金、技术、实物上的补偿,以防止他们被社会边缘化。"为了平等地对待所有人,提高真正的同等的机会,社会必须更多地注意那些天赋较低和出身于较不利的社会地位的人们,按平等的方向补偿由偶然因素造成的倾斜"。① ⑤教育学上的缺陷补偿。根据学生的身心特点,在教育、教学活动中综合利用一切有利的因素,通过各种途径替代、改善和恢复因障碍造成的功能性损伤,进而促进学生充分地发展。它是以生理代偿为生理基础、心理补偿为重要内容、医疗补偿为主要手段,以及社会补偿为政策支持。在这里,我们主要是基于教育学,通过一系列的教育活动进行缺陷补偿。

3.补偿缺陷的行动指南

美国保障教育公平、补偿弱势群体的措施,主要体现为20世纪60年代以来实行的"肯定性行动计划"。肯定性行动计划是在实施《平权法案》的背景下,美国联邦政府推行的旨在消除弱势群体在就业、教育等领域中的歧视,而制定的各种政策和措施。在实施中逐渐变成一项补偿性计划,从升学、就业和晋升等方面给少数民族和妇女以某些照顾和优先,以补偿他们在竞争能力上的不足,保证弱势种族和人群上学和受教育的权利。②

英国面向2020年的教育规划,以及新一届政府有关"自由学校"改革所提出的目标,主要是以质量补偿和发展提升为核心、以公平促进优质均衡。为缩小教育质量方面的"两极"差距,英国制订长远规划以指明前进方向。如"早期教育均衡计划""教育优先区""教育行动区计划""城市卓越计划"等已取得一定成效,基本形成教育均衡发展的良性局面。而弱势群体既是教育均衡的难点,也是解决教育均衡问题的关键。从2003年布莱尔政府发布的绿皮书《每个孩子都重要》,2007年底出台的中长期教育规划纲要《儿童计划》,到2009年《儿童、学校与我们的未来》白皮书的发布,所有这些政策,均将改革重点指向关注儿童个体发展、补偿弱势群体、提高公共部门效率与保障教育服务质量等,确保每个孩子都能上优质学校,以个性化协助的方式保障每个孩子成功的目标。③

---

① 约翰·罗尔斯著.正义论[M].何怀宏,何包钢,廖申白,等译.北京:中国社会科学出版社,2014:101.

② 杨东平.补偿弱势群体:美国大学的"肯定性行动计划"[N].教育时评,2011-07-16.

③ 王小飞.英国促进教育均衡:补偿弱势群体 关注全体学生[N].中国教育报,2011-06-14.

我国教育部、发展改革委、民政部、财政部等七部委在 2014 年 1 月 20 日,联合发布《特殊教育提升计划(2014—2016 年)》,提出三大任务。其重点是解决未入学适龄残疾儿童、少年的就学问题,建立健全覆盖全体残疾学生的资助体系。为了使不同家庭的孩子都能获得良好的发展,进一步加大对弱势家庭孩子的倾斜程度。"教育公平应是在保障所有人享受最基本的教育资源基础上,让更多的人接受优质的教育资源,促使他们达到自己最佳的发展水平。"[①]在 2014 年教育部教政法 1 号文件中,明确我国将出台《国家贫困地区儿童发展规划(2014—2020 年)》,对集中连片特困地区的农村儿童的健康和教育,实施从出生开始到义务教育阶段结束的全过程保障和干预,由此大大地减少由于家庭社会经济文化地位所带来的个体差异。正如维果茨基所强调,社会、文化对儿童认知发展的影响很大,我们必须处理好大社会与小家庭的关系,形成一种良性循环。

---

　　① 李宜江,朱家存.均衡发展义务教育的理论内涵及实践意蕴[J].教育研究,2013(6).

第六章　以全纳教育体系为目标的"整体变革"

第一节　全纳教育体系的价值取向

全纳教育所要进行的是一场基于整个教育系统的变革。实践证明,任何一种整体性的教育变革,都蕴含着某种价值取向。所谓价值取向,就是对行为方向的选择和对行为过程的把握。价值取向决定实践活动的方向和性质,也决定着实践活动的成败。没有一定价值取向的理性思考,教育发展就会发生偏差、走向混乱。实施全纳教育变革,同样要有清晰的价值取向意识,需要在价值观指导下开展整体的变革。全纳教育强调人的平等的受教育权,注重所有人的教育需要的满足,可以说代表了一种新的价值取向,那就是关注人的主动发展、关注集体合作、关注社会民主,其最终所要凸显的是"人的个体生命价值"。

一、关注人的主动发展①

社会在不断发展,现代人在追求物质领域和专业领域目标的同时,往往忽视了人的精神领域和人文方面的东西,造成人的发展危机,从而产生全社会的危机。人类的全球危机在一定程度上受人的本身危机的制约。

1. 人的主动发展的提出

自启蒙运动以来,人们渐渐认识到:人类是主体,是行动者;人类完全有可能掌控自己的命运。人并不仅仅只是对来自外部的刺激做出反应,而是主动地对刺激做出选择,并以与其目标或目的相一致的方式做出反应。从有关动物基于本能的"教"与人类有意识的"教育"的区别中,我们不难发现,人具有特别的能力,即人的主动发展,且只有人能够获得这种主动发展的能力。人的主动发展所带来的巨大潜能是令人难以想象的,由此人类逐渐征服了整个地球、甚至宇宙。正如杜威所言:"当我们用比较的术语,即从儿童和成人生活的特

_____

① 余小红.论教师教育的时代转向.宁波大学学报(教育科学版)[J],2009(1).

征来解释发展时,所谓发展,就是将能力引导到特别的渠道,如各种习惯,这些习惯含有执行的技能、明确的兴趣以及特定的观察和思维的对象。"①在这里,杜威对有关"人的发展"的阐述,主要是基于一个"自然人"逐渐成长为"社会人",也可以看作是从"被动"到"主动"的过程。

2. 人的主动发展凸显生命价值

全纳教育的提出,有赖于"人"的因素的凸显,以及对"人"的认识的不断深化。自 20 世纪 90 年代起,"发展"与"转型"成为最重要的主题。新时期的发展观在视野和思维方式上有着深度的变化,对发展的价值认识从重物质走向"以人为本",其追求的是人的发展与社会发展之间的良性互动。因此,有关"人的主动发展"问题,也就成了人们关注的焦点。② 在全纳教育构成中,作为最重要的基质性要素的"人"——教师和学生,将共同度过一段重要的旅程,这是生命的、有意义的组成部分。所以,全纳教育对于参与其中的"人"应具有个体生命价值。就特殊需要儿童而言,需要从只是把他们看作认知体,转向看作生命体的本源回归,需要在全纳教育中提升人的生命质量。可以这么说,全纳教育是一个载体,为的是成"全纳教育"之事。在成事中成人,通过成人来实现成事;同时,要在成事的过程中,促使参与其中的"人的主动发展"。反之亦然。全纳教育所要培养的是,具有自主性生长能力的人。

3. 实现人的主动发展的路径

作为一种价值追求,人的主动发展的实现路径有很多。第一,生活与环境是人的主动发展的培养基。因为生活不仅仅意味着消极的存在,而是一种行动的方式,环境或生活条件进入人的活动之中,成为一个起着支持或阻碍作用的条件。人的许多主动的和特殊的功能,都是在其生活或对付环境时所发生的适应或改造中发展起来的。我们从来都不是直接地接受教育,而是间接地通过环境受到启发。由于每个人都生存在特定的生活或环境条件下,这将引导其看到或感受到某件东西,与别人所意识到的完全两样。生活或环境条件在他身上逐渐产生某种行为系统、某种行动的倾向。第二,教育、指导或控制是促使人获得主动发展的手段。通过正规或非正规的教育,人的主动发展便有了可能。指导是一个比较中性的词,它不是无目的地分散注意力,而是把被指引的人的主动趋势引导到某一连续的道路上;控制是一种断然的权力指导形式,包括个人通过他自己的努力所得到的调节,这和别人领导所带来的调节

---

① 杜威. 民主主义与教育[M]. 王承绪,译. 北京:人民教育出版社,2001:58.
② 余小红. 论教师教育的时代转向[J]. 宁波大学学报(教育科学版),2009(2).

完全相同。① 因此，一切指导或控制在某种程度上都是活动的向导，可以集中和固定某个动作并使之真正成为一个反应，也是激发主体内在持久发展的契机。第三，兴趣与生长是已获得主动发展的人的具体表现。兴趣表现为既对未来结果表现出关心和渴望，又有采取行动的趋向，以保证得到较好的结果。这是一种积极、主动的精神状态，我们要善于了解和发现能够激发起儿童兴趣的事物或活动，使其乐于从事，并始终如一地、连续地坚持下去，这样一来儿童就获得了主动地发展。而生长的含义，就是朝着后来结果的行动的累积运动。学校教育的价值，就是要看它创造生长的愿望到什么程度，继续生长的力量能达到什么高度或水平。

二、关注集体合作

全纳教育关注所有人的学习和参与，提出要满足每一个儿童的需要，因此更需要团体的合作精神，依靠团队的力量来达到目标。从客观上看，世界各国的教育都在强调合作，人类今后所面临的问题越来越复杂，要解决这些问题，光靠个人力量已很难实现，学会集体合作的重要性日益凸显。

1. 集体合作的提出

21 世纪正处于工业时代向信息时代过渡的时期，两个时代的特征都将对21 世纪的教育产生深远的影响。表 6-1 显示了工业时代和信息时代教育的特征。

表 6-1　工业时代与信息时代教育的特征②

教育特征	工业时代	信息时代
教学法	知识传播	知识构建
主要的学习方式	个体学习	合作学习
教育目标	少数人掌握概念，多数人掌握基本技能	所有的人都要掌握概念和构建知识
多样性	固有的，绝对的	相互作用的，基于事实的
多样化方法	选拔少数杰出人才，大众掌握基础知识	为大众建立终身教育模式
未来工作场所	企业、事业单位	合作学习组织

① 杜威.民主主义与教育[M].王承绪,译.北京:人民教育出版社,2001:31.
② Harry Daniels, Philip Garner. World Yearbook of Education：Inclusive Education[M]. London：Kogan Page，1999:19.

从表中可以看出,在工业时代向信息时代发展的过程中,教育将会在目标导向、教学方法与手段、学习方式与结果等方面发生较大的变化。尤其表现在:从关注"少数人"的发展转向关注"所有人"的共同进步;从关注"个体"的学习转向关注"集体"的合作;从关注"知识"的掌握转向关注"技能"的应用。因此,在教育中特别重视合作精神的培养。

2. 集体合作凸显个体价值

合作是个人与群体及其之间为达到共同目的,彼此相互配合的一种联合行动。在合作中考虑更多的是行动的总体收益,因而合作超越"为我"还是"为他"的思维模式,使"利己"或"利他"的思维习惯不复存在。由于不同个体之间有着共同的目标,只有当团体中所有的人都能达到目标时,合作才算得上成功。若团队中有一个人不能达到,其他人也达不到最终的结果。在这种情况下,个体必定会与同伴形成积极的相互促进的关系,寻求一种既有利于同伴成功又有利于自己的活动方式。合作使得团体成员之间的交往更为频繁,相互帮助、相互鼓励,每一名成员都更大程度地感受到自尊和被其他成员所接纳,并使得他们在完成任务的过程中表现更为积极,成就水平也更高。所以说,合作的成功最终凸显的是参与其中的每个人的价值。

3. 集体合作的实施路径

集体合作的实施路径,首先表现为学生之间的合作。学生与学生之间存在着差异,每个学生都有其长处和短处,在共同学习的过程中互相合作、相互补充,由此所产生的作用不可估量。通过讨论学习内容、阐明不充分的推理、解决认知冲突,既能达到对知识的深入理解与掌握,又能创设学生之间良好的同伴关系。由于合作学习大多采用异质分组,每个学生的学习能力、兴趣与知识面并不一致,在学习的过程中相互启发,促使学生的思维导向新的领域,出现新的视角、提出值得研究的问题,形成知识不断生成、建构且具有创造性的过程。其次是教师之间的合作,这是一种普遍而重要的学校实践。在实施全纳教育的学校,教室里往往有一名教师和若干辅助人员,构成多种组合形式的合作小组,共同承担班级所有儿童的教育教学工作。特殊需要儿童的成长需要团队支撑,以便于更好地诊断和解决他们的学习与行为问题。团队中的每个成员承担不同的职责,共同完成各项任务,以保证工作的顺利进行。再次是与家长之间的合作。特殊需要儿童的父母是孩子的主要照顾者和养育者,可以提供一对一的教导,且不受时间和空间的限制。学校除了要加强家长参与的力度外,还得建立和加强合作意识,开阔合作视野,平等地看待、接纳与尊重特殊需要儿童的所有家庭成员,共同制订与实施以家庭为核心的早期干预方案和个别化教育计划,与家长一起为儿童创造一个积极的成长环境,建立和完善多渠道的支持系统。

三、关注社会民主

随着经济社会的快速发展,民主意识不断增强,社会民主进程切实加快。而政治上的民主必然要求教育的民主。正如杜威所言:"民主社会必须要有一种民主的教育,使每个人都能对社会关系和社会控制有个人兴趣,都有能促进社会变化而不致引起社会混乱的心理习惯。"[①]

1. 社会民主的提出

"民主"一词源于希腊字"demos",意为"人民",指在一定的阶级范围内,按照平等和少数服从多数原则来共同管理国家事务的国家制度。因此,民主首先被作为一种政治体制。"社会"的汉字本意指特定土地上人的集合,而现代意义上的社会是为了共同利益、价值观和目标的人的联盟,是共同生活的人们通过各种各样的社会关系联合起来的集合。社会是一个有机体,作为社会公民的个体是这个有机体中的一部分,社会通过某个共同的目标或意志将每个成员凝聚在一起,并形成一个统一的意志体,个体成为社会的缩影而不再是社会生活的局部,其所呈现出来的是社会有机体的某些趋向。[②] "社会有机体"理论是对传统民主观的全新解释和突破,将社会与个体视为统一体,通过个体意志的实现达成整个社会意志,在某种程度上调和了个体与社会的对立。并且,社会性和个体性的统一,只有在民主社会或共同体中才有可能实现。

2. 社会民主凸显人的价值

当然,民主的内涵并非止于政治领域,"民主不仅仅是一种政府的形式,它首先是一种联合生活的方式,是一种共同交流经验的方式"[③]。而"社会"也是个多义名词,是人们为了不同目的、以不同的方式彼此建立联系的群体。通常共同利益和相互作用被作为衡量民主社会的两个标准。社会的民主将促使个体拥有自由发展、相互帮助、利益互惠、情感交流、互换思想与知识的机会,个体由此在各种利益相互渗透、并特别注意不断进步或不断调整的生活方式中,实现自身作为"人"的价值。随着个体越来越多地使自身的行动与他人产生联

---

① 约翰·杜威.民主主义与教育[M].王承绪,译.北京:人民教育出版社,2001:109-110.
② 约翰·杜威.民主伦理学[M].张国清,等译.上海:华东师范大学出版社,2010:183.
③ 约翰·杜威.民主主义与教育[M].王承绪,译.北京:人民教育出版社,2001:97.

系,并对他人的行动予以考虑,这样就打破了原先曾使他看不到自身行动全部意义的多种屏障。在接受来自各方面的、更加多样刺激的过程中,个体的行动也变得多样而开放。

3. 社会民主的实现方式

社会如何才能实现民主,杜威认为,教育是社会进步与改进的基本方式,一个民主的社会比其他任何社会都更加需要审慎的和有系统的教育。"社会的改良,全赖教育",[①]而其他部门在改良社会方面都不如教育。因为它们管理的是习惯已经固定、不易改变的成人,另一方面,社会环境存在着多方面的不良影响,会消减这些部门的努力。而儿童的习惯则没有形成或固定,可以在良好的学校中形成新的习惯,从而将来长大后可以改造社会。因此,促进教育的民主被看作是实现民主社会的主要方式。教育民主的核心是要保证每位儿童、少年都能接受基本均衡的义务教育,既要不断扩大各级各类人群的受教育机会,使更多的社会低收入家庭子女能够上学,还特别强调自身的民主,将这种精神和原则一以贯之到教育实践中,并能按照民主的思想来重构学校中的教育关系。[②] 这种教育关系,首先是体现在师生关系上的民主。教师与学生都是相互独立的人,在人格上是平等的。他们之间的关系"亦师亦友"。其次是学生自治中的民主,将民主看成是实现学生自治——自我认识、自我管理、自我教育的一种主要机制。学生由此习得民主观念、态度、信念和行为模式,不仅获得有关民主的程序性知识,还进一步理解了民主的价值原则,即诚信、友谊、爱、责任、和平、平等和正派等。第三,学校管理中的民主。每一个教职员工都有参与学校管理、监督学校各级管理人员的权利,而学校要集中群众的智慧来管理学校,充分发挥全体教职工的工作积极性,使他们真正成为学校的主人。

第二节　全纳教育体系的建立

全纳教育首先突破普通教育与特殊教育隔离的"二元制"教育体系,逐渐转向普通教育与特殊教育融合的"一元制"。紧接着,其又对传统的"一元制"提出质疑,要求全面而彻底地分析现有教育体系所存在的问题,从社会转型与推崇人文精神的时代背景出发,对整个教育进行系统更新式变革。以全纳为目标的教育体系呈现出差异性、多样性、理解性和不确定性,其依据国家、当地

---

① 约翰·杜威.杜威五大讲演[M].胡适,译.合肥:安徽教育出版社,1999:107.
② 石中英.教育中的民主概念:一种批判性考察[J].北京大学教育评论,2009(4).

政府或教育部门、各级各类学校的具体要求,针对特殊需要儿童的实际情况而定。

一、全纳教育体系的形成基础

在全纳教育体系的形成过程中,围绕"全部"还是"部分"纳入有过一些分歧与争论,其焦点在于,是否所有的特殊需要儿童都应该进入普通学校学习?就目前世界范围来看,全纳教育的实施程度参差不齐,要完全追求统一模式这是不现实、也不太可能的。因此,全纳教育不用拘泥于一种教育体系,既可以建立"完全"或"部分"纳入的环境,又能够实现更高层次上的、保证教育系统内外的整体一致性教育体系。

1.全部纳入的体系

所谓全部纳入,指所有的特殊需要儿童都要就近入学,他们的全部时间都应是在普通学校的普通班级里接受教育,无论这些儿童有着怎样的需要,任何学校和教师都要无条件地给以满足,并对他们的学习与生活完全负责。持社会学立场的学者大都赞同全部纳入的教育体系。他们认为,全纳教育就是要"全部纳入",让所有儿童都有机会接受同样的学校教育。因为"残疾是一个社会创生的结构,与社会制度、文化、语言等呈现出一种依赖关系,是一个与社会互动相关的概念"[①]。

2.部分纳入的体系

英国牛津大学学者汤姆林森曾指出,全纳教育并非一定要将学生完全纳入一体化的主流环境内学习与生活,可以是有条件的"部分纳入"。部分纳入是指特殊需要儿童的安置与服务是一个有选择性的连续体,其一端是隔离的特殊学校,另一端是普通学校。部分纳入的教育体系是一个整体,但教学和学习可以在一个相对特殊的环境之中。比如说,那些严重残疾的儿童可以选择在特殊学校接受康复或治疗,而部分在正规班级里有学习和行为困难的儿童,由于很难达到普通教育班级的要求,也可以暂时性地转入特殊学校或班级里学习。经过一段时间的个别化教育,在各方面都有所好转时,又重新回到普通学校,接受既定课程的学习。之所以要对特殊需要儿童做出如此灵活的调整,为的是充分满足他们的需要,以保证这些儿童能够始终是在最少受限制的环境中学习与生活。

---

① 黄志成,等.全纳教育——关注所有学生的学习和参与[M].上海:上海教育出版社,2004:55.

3.全纳教育体系

作为一种思维方式,一种看待问题的视角,全纳教育掀起思维范式的转变。所谓思维范式,是指立足于一种世界观、认知体系和信念,由此形成固有的、稳定的、反复使用,且具有范例特点的思维规范、模型或模式。人们对世界的认识和理解都是在一定的思维范式中进行,当某些范式被固定化的时候就容易形成定式甚至是刻板,使人们难以接受和适应新的范式。因此,全纳教育面临的首要任务,就是要对人们固有的思维范式进行解构,这是建立全纳教育体系的关键所在。

从前面的分析不难看出,全部或部分纳入教育体系的提出与实施,都有一定的合理性。全部纳入更多地基于政治、伦理的范畴,而部分纳入则多半是对现实的考量。但各自都存在一些问题。全部纳入如果脱离现实的场景、排斥经验的论证而陷入一种理想化的说教,就会对实践丧失推动力和吸引力;部分纳入如果仅仅停留从现实中寻求证据以反对全部纳入,这本身就不太合理。在这里,我们基于全纳教育核心思想提出第三种观点,以发展为价值取向、转型为目标的整体一致性的教育体系,即全纳教育体系。我们可以把全纳教育体系看成是一个层次化、渐进性的过程,这个过程由低层次到高层次,或由高层次暂时性地进入低层次,选择哪一个层级依赖于资源和个人学习的需求。全纳教育体系作为一个理想的终极目标,就是要全面改革和重构当前的普通教育实践体系。

二、全纳教育体系的发展进程

重大的教育改革大多先从宏观的教育体制入手,再到微观的教育实践的改进,而教育观念的转变贯穿始终。基于全纳教育观念和价值取向,在 20 世纪 60—70 年代,西方福利国家的发展和人权运动的兴起,呼吁有残疾的特殊需要儿童回归正常生活,与普通儿童一起接受教育。到 20 世纪 70—80 年代,一体化运动促成有残疾的特殊需要儿童从原来的教育机构中走出来,回归到主流学校,从而取消了特殊学校。在教育体系上,打破普特隔离的"二元制",转向普特融合的"一元制"。从 20 世纪 90 年代起,又专注于普通学校的范式转换,使之能够适应所有学生的不同教育需求,促进每一个学生的学习和发展,并减少任何学生的被排斥,由此逐渐走向全纳教育体系。

1."从无到有"的渐进式发展

在全纳教育方面,从全世界范围来看都已经积累了一定的经验。自 18 世纪末开始首先有了聋童学校和盲校,先后将聋童和盲童纳入教育体系之中。19 世纪初到 20 世纪中期,又陆续发展了对智力落后、精神障碍、肢体残疾、学习障碍等儿童的教育。20 世纪 60 年代以后,开始倡导让轻度残疾儿童进入普通学校随班就读。而到了 20 世纪 90 年代,全纳教育的提出则要求关注所有特殊需要儿童的学习和参与。从两个多世纪来,人们对特殊需要儿童教育意识逐步地增强,以及学校类型与教育范围地不断扩大,从中能够很清晰地把握住全纳教育的渐进式发展脉络,即特殊教育体系与普通教育体系并行发展。这一教育体系,主要是基于特定的时代背景和人们对特殊需要儿童的认识不断加深的基础上,其优越性与局限性都是有目共睹的。

值得肯定的是,在这一阶段特殊教育与普通教育都获得不同程度地发展。尽管在普及义务教育以前就有一些特殊教育机构,如慈善组织、地方机构或个人为残疾人创办的特殊学校,但这些机构是零散的、不系统的。大规模的特殊教育是在普及义务教育以后产生的,而且很大程度上是为了解决普通教育中存在的问题。因为随着义务教育的普及,大量的学生涌入学校,包括有特殊需要的残疾学生。而当时的普通学校在准备方面严重不足,由此产生一些问题:残疾儿童不遵守学校规则,干扰正常的课堂教学秩序;普通老师不能为特殊需要儿童提供适当的教育。为缓解普通学校的压力,需要建立专门的机构来容纳这些儿童。因此,以特殊学校为主导的特殊教育逐渐脱离普通教育,形成另外一套独立的运行机制,包括鉴定与安置、课程与教学、治疗与康复等一系列特殊教育措施。此后,普通教育与特殊教育朝着各自不同的方向越走越远,二者相互隔离,互不往来。这种普通教育与特殊教育相互隔离的教育体系产生未曾料想的后果。比如,为鉴定特殊需要儿童而产生的"标签效应",以及在特殊学校接受完教育的这些儿童,一旦离开学校就无法融入主流社会等。

2."从二到一"的突破式发展

这里的"二"是指普通教育与特殊教育相隔离的"二元制"教育体系,"一"是指普通教育与特殊教育融合的"一元制"教育体系。全纳教育主张,教育应该尽可能地促进所有儿童的学习和参与,不应该给某一部分儿童贴上"特殊"的标签,然后将其排斥在普通教育之外;更不应该使这部分儿童远离正常生活,以至于将来无法融入主流社会。因此,首先要从体制入手,重构学校教育的组织形式;其次增加新的资源、对现有的教育资源进行重新调配。20 世纪 70—80 年代的一体化运动(或回归主流、正常化运动)的主要目标,就是要改变普通教育与特殊教育的分离状况,实现体制上的合二为一。而改革的主要措施,将所有的特殊需要儿童重新安置到普通学校中接受教育。从"二元制"

到"一元制"，表面上重构了普通教育和特殊教育。而实质上却是解构了特殊教育，专门的、隔离的特殊教育机构如特殊学校或特殊班要么被取消，要么转换职能；同时又重构了普通教育，在欢迎所有学生入学时（当然也包括有特殊需要的儿童），不得不从制度、设施上做出相应地调整，以便于所有人的发展，尤其是有残疾的特殊需要儿童。

在突破式发展阶段，以普通教育为基础、特殊教育为重点，把特殊教育"统合"到普通教育之中，其原有的生源、师资、设施、资金也被转移到普通教育，而特殊教育自身仅作为普通教育的服务支持系统。这样一来，从特殊教育领域发展起来的一体化运动，其结果并不是发展了特殊学校，反而是加速特殊学校的消亡。长期致力于特殊教育的机构，将不再履行教育教学职能；一直在教育上发挥着重大作用的特殊学校或班级将不复存在。因此，工作的难度可想而知，面临的阻力相当大。因为我们既不能否定特殊学校在实施全纳教育中的作用，完全取消特殊学校也是不现实的；也不能无视普通教育本身存在的种种弊端，把特殊需要儿童简单地放在一个还没有完全做好接纳准备的教育环境中。专家们认为，如果只注重从机构上变革特殊教育，忽视对普通教育的变革，只能是将特殊需要儿童放到毫无改变的普通学校中，造成"轮椅仍在，人已远去"[①]。

3."从一到多"的更新式发展

全纳教育体系不会仅仅停留在特殊教育运作方式的变革，也不止是在体制上使普通教育与特殊教育一体化。虽然这种基于让特殊需要儿童从特殊学校回归到普通学校，与正常儿童一起在同样的教育环境中接受教育的平等观念是有进步意义的，它同时也是实施全纳教育的一个必要前提。但仅有体制上的一体化是不够的。从20世纪90年代开始，对一体化教育"注重形式、忽视内容"的批评越来越多，这就把改革的矛头指向普通教育，要求变革整个学校教育。从排斥到全纳，目的不是让特殊需要儿童适应普通学校教育，而是要通过变革普通学校的教育与教学，以满足所有特殊需要儿童的不同教育需求。这就意味着，普通学校教育的"范式革命"：既要求变革现有的普通教育体系，还要转变普通学校的教育观念，以及改革课程与教学。从体制到课程、从观念到具体的日常教学等，都必须进行"范式"的转换，使变革深入到教师的每一个细胞，遍布到学校的每一个角落。

在更新式发展阶段，我们面临的最大困难——如何从"同一性"转向"多样

---

① 黄志成,等.全纳教育之研究——访英国全纳教育专家托尼·布思教授[J].全球教育展望,2001(2).

性"。自夸美纽斯提出班级授课制以来,我们主要是根据学生的年龄和学习水平,将他们分成不同的班级,由一个教师采用同一本教科书,用同一种教学方法对全班学生进行同样的教学。这种以学生的"同一性"为标准划分班级乃至学校的做法,渗透到学校教育的各个核心领域——课程、教学和评价,严重忽视学生的差异性,不把学生的多样性视为教育、教学的一个可利用的资源,而是把它作为有待克服的障碍。这种"同一性"最初是为了教育和管理的整齐划一、便于操作与掌控,为的是"出好人才、多出人才",但随着社会的不断发展与进步,对人才的质量提出越来越高的要求。全纳教育恰恰就是把学生的差异与多样看作是教育的资源,是教育丰富性的具体表现。并从学生能力差异的视角,要求教育关注所有学生的特殊需要,促进每一个学生的学习和发展。

三、全纳教育体系的框架结构

以全纳为目标的教育体系,呈现出差异性与多样性,根据国际社会的主流价值:教育不是少数人的特权,是所有人的基本人权;要让所有的儿童,都能够平等地接受适合其独特需要的高质量教育;特殊需要儿童教育的"零拒绝",即所有的儿童都应该接受免费的、适当的义务教育。[①] 基于此,我们将全纳教育体系划分为五个层次的连续体,视特殊需要儿童的实际情况,考虑具体的安置方式。而不同层次之间,可以随机地进行短期或长期性地转介或流动。

1. 框架的建构依据

在全纳教育体系中,我们需要解决的主要问题是,关注每一个儿童的学习和参与。借用埃德加·莫兰的复杂思维来加以描述,那就是,在具体、真实、完整的情境中满足所有儿童的需要,从多层面、多视角、多纬度入手,一切根据教育对象的具体情况而定。全纳教育不仅仅是将特殊需要儿童安置到普通学校,而是有关如何处理他们的多样性和差异性。"差异既是全纳教育的分析视角,也是全纳教育的出发点和前提,更是全纳教育的归宿,全纳教育的最终目的是使人们正确认识差异、评价差异、对待差异。"[②]全纳教育正是基于人与人之间的差异和多样来考虑教育问题,从对差异的认识到对差异的评价、对差异原因的分析,再到对待差异的态度等,差异渗透于全纳教育的方方面面。

首先,人与人之间存在差异,不仅个体与个体之间存在差异,而且群体与群体之间也存在差异。相比而言,群体之间的差异是巨大的、本质的差异,因

---

① 彭霞光.全纳教育:未来之路[J].中国特殊教育,2008(12):3—6.
② 黄志成,等.全纳教育——关注所有学生的学习和参与[M].上海:上海教育出版社,2004:109.

此,在全纳教育体系的设计上,要正视群体差异,设立专门服务于某些差异的教育或非教育机构,以处理好群体差异性问题。如盲童、聋童和智力落后儿童,虽然都是有残疾的特殊需要儿童,但在教育上的处理却是千差万别,且残疾程度不同安置方式各不相同。在这里,差异与某一群体的特殊和缺陷联系在一起。而同一群体内部不同个体之间的差异就比较小,似乎可以忽略不计。其次,任何一个具体的人首先是他自己,是个体,而不是群体。我们要着眼于每个个体的独特性和特殊需要儿童的不同需求,全纳教育观照下的每一个体,都是活生生的、有着自己独特教育需要的具体的人。不管其种族、肤色、性别和残疾与否,都具有人最起码的尊严和价值,每一个儿童都应该被安排在全纳教育体系中,接受各种形式的教育,而不是被隔离或排斥在外。再次,所有的儿童都是独一无二的,都能做出不同的贡献,以此弥补他人的不足,使教育呈现出丰富性和多样性,让每一位儿童都能从中获益;所有的儿童都能学习,且获得成功,尽管这种学习、成功并不是以同一方式或在同一时间内完成的;所有的教师都有责任教好每一位学生,不管学生之间存在多大差异,好的教育方式、技巧、策略和观念对学生都是有效的。教师还可以集体合作,以满足学生不同的教育需要,并充分挖掘其最大的潜能。

2.框架的主要结构

全纳教育体系划分为五个层次的连续体,构成金字塔形,如图 6-1 所示。

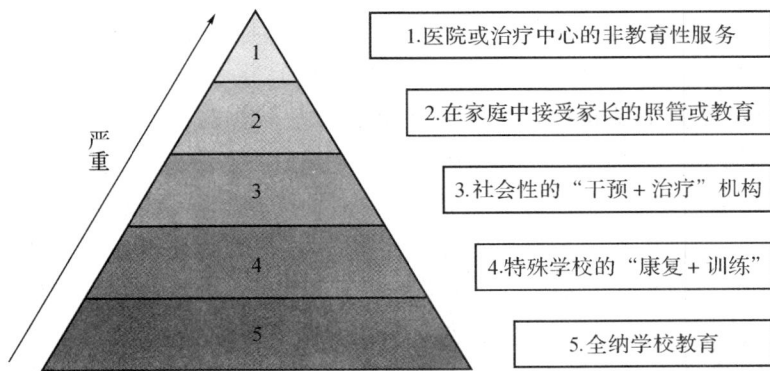

图 6-1　全纳教育体系

根据特殊需要儿童面临问题的严重程度,从顶层到底层分别是:医院或治疗中心的非教育性服务、在家庭中接受家长的照管或教育、社会性的"干预+治疗"机构、特殊学校的"康复+训练"、全纳学校教育。从上至下,即从第一层到第五层,特殊需要儿童受环境限制的程度依次降低,由专门的医院或治疗中心、在家庭中,到社会或学校教育机构,特殊需要儿童的严重程度依次减轻,数量也逐渐增加。因此,在第五层的全纳学校教育中接受教育的特殊需要儿童为最多且最为普遍。

第一层以非教育性服务为主,由医院或治疗中心照料、监管有严重残疾的特殊需要儿童,如重度或极重度的各类残疾儿童,他们的生活不能自理,由于病情严重或不稳定,随时需要药物或治疗。而主要的教育活动是床边教学,因为这些有着极严重身心问题的儿童,多半不能正常地行走或长时间的坐立,整日卧床。医护人员在完成日常的护理、医疗任务后,用听音乐、讲故事等形式丰富他们的生活内容,让他们享受到同正常儿童一样的生活乐趣。

第二层是在家庭中接受教育,由家庭成员来照顾有较严重问题的特殊需要儿童,这些儿童暂时性或长期生活不能自理,时时刻刻都需要有专人负责看护。家庭教育的重点,对特殊需要儿童进行生活自理能力的训练和社会适应行为的培养。由于家长通常缺乏适当的、科学有效的教育和训练方法,社区服务中心就可以起到一定的作用,通过派一些有特殊教育经验的专业人员到家庭中进行指导,组织社区工作者或志愿者定期上门服务。这一阶段的干预、训练、教育与特殊需要儿童的未来发展有着非常密切的关系,因此,家长要及早发现问题,尽快把握干预的有利时机,坚持不懈地进行长期而艰辛的特殊教育和训练。

第三层以"干预＋治疗"为主的社会性教育机构,既有个人兴办的干预、治疗机构,但主要还是以福利事业为主的社会机构,如民政部门管理的儿童福利院,专门收养孤儿、育婴、残儿。早先的儿童福利院主要采用"教养结合"的办院模式,而全纳教育视野下的儿童福利院,转向"供养与康复并重",因为其中的大部分儿童都需要进行早期干预和康复治疗。在这些以"干预＋治疗"为主的社会机构中,一般配有1/3以上的医护人员,设置医务室、抢救室、化验室和药房,对儿童所患疾病进行定期检查与及时治疗;还有1/2左右的是能够为特殊需要儿童提供干预、治疗的专业人士,由于这些机构通常集治疗、康复、教育于一体,所以这里的教育既有别于学校教育,又不同于家庭教育,"以功能训练为主,文化知识的学习为辅",通常是一边接受干预治疗,一边进行适当的文化知识普及,找到干预训练和基本认知能力培养的结合点。即在训练中不仅要关注特殊需要儿童功能的改善,还要促进他们认知能力、社会适应能力的提高。这种教育性的干预训练对专业人士来讲是一个极大的挑战,因为他们必须要从专业与教育等多角度来考虑儿童的特殊需要。

第四层以"康复＋训练"为主的特殊学校教育,提供生活、教育、就业一条龙服务。多数特殊需要儿童在生活上能够自理、具有一定的学习能力,长大后也能够从事一些适宜的工作。因此,我们要以"学会生活、学会做人、适应社会、回归主流"为目标,对特殊需要儿童进行一体化的教育。由于特殊需要儿童的教学要求有很大差异性和灵活性,在全面评估特殊需要儿童的功能状况和认知水平后,根据类型与程度将他们编成不同的班级或小组,进行有计划、有目的、有针对性地教育与训练。不同班级或小组有不同的教学要求,且同一班级或小组又因为年龄不同,特殊需要儿童的身体状况、情绪等因素的变化,需要随时做出相应地调整。在这一类别的学校里,主要以具有特殊教育资质或经验的教师为主,能够给特殊需要儿童提供更多的个别化教育和大量的康复训练。如肢体残疾儿童的功能训练、智力落后儿童的生活自理能力培养、盲童的定向行走练习、聋童的言语训练等,所有这些,为特殊需要儿童将来走上社会或自食其力做好充分地准备。

第五层属于真正意义上的全纳学校教育,特殊需要儿童与正常儿童在一起相互学习、共同进步。由于大多数的特殊需要儿童都能够适应学校的学习与生活,因此可以选择在全纳学校接受教育。全纳学校立足于教育发展的新理念,探求特殊教育与普通教育融合的新思路,"以人为本"努力为特殊需要儿童提供无障碍的教育环境和公平发展的机会,使每一位儿童都能得到充分地发展,将来能够更好地融入社会。在教学上,主要采用全纳式的班级集体授课,走班制的资源教室小组训练,以及个别化的单独辅导。因此,特殊需要儿童在课内和课外都能得到全纳教师或特殊教育专家提供的教学或指导,其大部分时间是在全纳课堂中接受集体教学,少部分时间到资源教室接受资源教师或特殊教育专家的小组学习或个别指导。

3. 框架的内容说明

针对全纳教育对象的多样性和差异性特点:

第一,在教育体系上实施终身教育。终身教育从生命的长度,即人的一生这个维度强调人不断受教育、不断学习的重要性;同时从生命的广度和深度强调教育发生在生活的各个场所,如家庭、学校和社会等;另外教育也是为了生命潜能的充分发展,包括身体的、认知的、情感的和技能的等各方面的发展。在当前制度化教育的背景下,以终身的、全面的观点来思考教育问题,则对制度化教育提出挑战,以及提升制度化教育之外的教育活动地位,它意味着从封闭的、等级化的教育系统转向开放的、灵活的教育体系。

第二,在教育环节上将学校教育与医学康复、心理干预,以及职业技能培养等有机地统一起来。在学校教育中,通过综合地和协调地应用医学的、心理的措施,对特殊需要儿童进行治疗、干预、康复和训练,使其某一或多方面能力接近甚至于达到正常水平。借助于医学尽可能地改善由疾病或外伤所引起的身体上的损伤,尽早治疗并逐渐恢复功能性的障碍,不论是躯体上还是精神上都能获得最大限度地康复,为特殊需要儿童进行正常的学习与生活提供强有力的保障;运用系统的心理学理论与方法,从生物—心理—社会角度出发,对特殊需要儿童进行心理干预以提高心理健康水平,这对于帮助其恢复身体功能、克服障碍,以健康的心理状态充分平等地参与社会生活具有十分重要的意义。另外,还为部分特殊需要儿童如盲、聋、弱智等残疾儿童,提供 15 年的"教育、康复、就业"一体化教育,如图 6-2 所示。

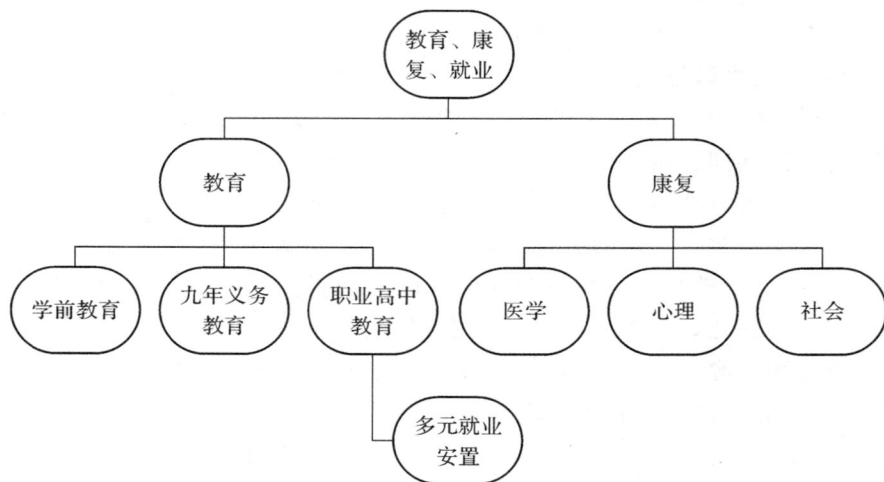

图 6-2　15 年"教育、康复、就业"一体化教育模式

第三,在教育安置上,从学校、家庭、社会多条途径来满足不同对象的特殊需要。全纳教育要求对所有学习者应一视同仁,为所有的学习者提供平等的学习机会,并且根据学习者各自的身心特点实施相应的教育,使所有的儿童都能获得适合其水平和需要的发展。因此,全纳教育体系不是给一部分人贴上"特殊人"的标签,然后以人道、民主、关爱的名义将其安置在专门的机构里,而是着眼于在一体化的环境下满足所有儿童的需求,对每个儿童的发展进行有针对性的、系列化的教育或管理。每一种安置方式都是基于特殊需要儿童的具体状况,如果情况有所好转或变化,可以随时做出调整、进入另一种安置,且同一层次的安置,根据特殊需要儿童的类型不同,采取不同的教育形式。总之,全纳教育体系所要形成的是一个有机的教育网络,它不仅要求将特殊学校和普通学校融合起来,而且确保所有学习者不受限制地达到他自身力所能及的教育程度。

第三节　世界各国的全纳体系

全纳教育是衡量一个国家与社会的政治、教育、文化、经济、科技、卫生等方面水平的重要标志之一，也是一个社会公正实现程度的试金石。从世界各国来看，愈是发达的国家，如英、美等国，其全纳教育体系形成的愈早，发展的也较为完备；而发展中国家，如中国的全纳教育实践仍步履缓慢，由于在经济发展及社会福利保障制度等方面与西方发达国家之间存在较大差距，其全纳教育体系就显得相对单一。

一、英国的全纳教育体系

英国是世界上在教育领域改革动作较多的发达国家，为确立在国际教育体系中的竞争力，英国政府逐渐形成以缩小差距、补偿弱势群体及关注全体学生为主，注重过程与结果的全纳教育模式。自 20 世纪 90 年代以来，英国政府更是"把增加教育投入、改革教育体制、提高教育质量作为首要目标"[①]，全面实施"每所学校都成功，每个孩子都优秀"的全纳教育目标。

1. 政策立法

英国全纳教育体系的形成与发展，与政策立法的不断完善有着十分紧密的联系。英国政府以促进全纳教育作为教育发展的基本原则，通过制定一系列教育政策与法案，以明确全纳教育的立法框架，对全纳教育的发展进行指导与规范。首先，英国的教育立法保障特殊需要儿童具有接受公正、合理、全面评定的权利。在 1976 年教育法中，第一次明确提出把残疾儿童置于普通学校接受教育；1981 年教育法又正式认可"特殊教育需要"这一概念，凡是有特殊教育需要的儿童可以通过评估与鉴定，获得一份"特殊教育需要诊断报告"，随即享有特殊教育服务的权利；到 1993 年，教育法更是强调所有学校必须建立鉴别与促进有特殊教育需要儿童教育的工作系统。其次，英国通过教育政策落实特殊需要儿童的全纳教育。1998 年以工党为代表的英国政府制订并实施"确保开端计划"，旨在使所有儿童都能有一个良好的开端，为接受基础教育做准备；随后又制订"儿童保育十年"战略项目和"早期奠基阶段"规划，为所有儿童提供免费早期教育或获得部分免费学习时间；[②]在 2007 年又出台《儿童

---

① 李春霞.英国"城市教育优异计划"(EIC)研究[D].重庆:西南大学,2011.
② 潘发勤.21 世纪英国教育政策及其进展[J].世界教育信息,2004(9).

计划:构建更加美好的未来》,进一步明确 2020 年的基础教育发展目标;[1] 2011—2013 年英国政府的 113 项拨款计划中,有 18 项是服务于"特殊教育需要与残疾人群"。

2.主要特点

如何为每个有特殊教育需要的儿童提供最好的特殊教育服务,英国在这方面的做法具有独到之处,即借助于需求评估来妥善安置有特殊教育需要的儿童。从 1978 年起,英国有了对特殊教育需求儿童的专门评估,在经历多次改革之后,逐渐形成统一的需求评估方式。英国教育部在 1994 年颁发的《特殊教育需要鉴定与评估实施章程》中,阐明学校和地方教育当局在评定与满足儿童特殊教育需要时应遵循的程序和准则。表 6-2 分别列出学校和地方教育当局,为特殊教育需要儿童提供的特殊教育服务。[2] 值得注意的是,每所学校至少有一人专门统筹协调有特殊教育需要学生的教育,即特殊教育需要协调员。一旦发现学生有特殊教育需要,即可启动学校行动计划,通过调用额外的师资、学习材料、特别设备或教学策略为其提供支持与帮助。甚至于学校还可从地方教育局、卫生机构或社会服务机构获得援助。[3] 2011 年英国教育部发布的绿皮书《支持与期待:针对特殊教育需求与残疾儿童的咨询提案》,建议统一健康、教育与服务机构,采用统一的需求评估方式。[4]

表 6-2　特殊教育服务具体内容

特殊教育服务	内　容	组织者
一	教师或辅助人员确定儿童的特殊教育需要,收集信息,与特殊教育需要协调人协商,采取早期行动	学校
二	特殊教育需要协调人协调特殊教育需要,与教师一起拟订个人教育计划	学校
三	特殊教育需要协调人向特殊教育需要方面的专家征询意见与建议	学校
四	地方教育当局考虑当前评估的需求,如果合适,即制定一个多学科评估制度	学校与地方教育当局
五	地方教育当局考虑"诊断报告"的需要,如果合适,即做出声明和安排,调控并监督特殊教育服务	学校与地方教育当局

① 马宇.英国 2020 基础教育发展目标与政策实施[J].教学与管理,2013(1).
② 黄志成,等.全纳教育——关注所有学生的学习和参与[M].上海:上海教育出版社,2004:188.
③ 于志涛.英国特殊教育需求支持服务体系改革与启示[J].外国教育研究,2011(7).
④ 陈时见,施祖毅,杜琳.英国特殊教育服务体系改革及其主要经验[J].外国教育研究,2014(4).

3.具体举措

目前,英国已经形成以全纳学校为主体,特殊学校为支撑,康复机构、医院和资源教室为协同的全纳教育体系。在英国,为满足特殊教育需要儿童发展的需要,全纳学校进行了诸多改革,以吸引大量的特殊教育需要儿童自愿或主动到全纳学校学习。2006年统计数据表明,已注册的特殊教育需要学生在全纳学校接受教育的占比达到34.9%,之后的每年都呈不断上升趋势。① 全纳学校接纳不同类别的特殊教育需要儿童,对每一个不同身心障碍的残疾儿童都有着开放的接纳态度,通常会配备"资源教师""助教""康复师"等来协助教师进行教学,或者用额外时间帮助特殊教育需要儿童进行康复训练或行为矫正。伴随全纳学校的产生与发展,特殊教育学校逐渐减少,由于有特殊教育需要儿童的居住地较为分散,无法就近进入全纳学校学习,因此部分特殊学校还继续保留。当特殊学校的在校总人数锐减后,部分教师被调到全纳学校,或者兼任全纳学校的特殊教育指导教师。

而医疗康复机构主要是面向重度的身心残疾儿童,凭借医疗手段,结合心理与教育咨询进行特殊治疗。这种机构一般附设于大型医院,拥有雄厚的资金支持,聘请医学专家、特殊教育专家等进行临床诊疗。但在教育方面还是依赖于全纳学校,要么运用信息化网络、电信等通信设备,采用网络特殊教学服务模式、移动可视电话教学视频,为特殊教育需要儿童提供教学资源;要么针对那些所居地没有现代化远程教育服务设备,或因个体障碍影响设备使用的儿童送教上门。

二、美国的全纳教育体系

美国是实施全纳教育最早的国家之一,特别注重保障特殊需要儿童平等的受教育机会,对特殊需要儿童的分类较细,包括十四种类型和不同的程度,他们大多是在普通班级中接受教育。并且较早地提出特殊需要儿童的"瀑布式"全纳教育体系,即根据儿童的不同残疾类型、程度与教育需要,提供从最少限制的普通班级到最多限制的医院等六个层次的教育或服务。

1.政策立法

在美国,法律至上的精神广泛渗透于美国的政治、经济、文化和人民的日常生活领域,教育作为社会的一个重要部分,自然无一例外地受到来自法律的

---

① 何茜·商秀梅.英国全纳学校的发展特点及变革走向[J].外国中小学教育,2008(6).

强大影响。残疾儿童的教育,作为美国教育体系中一个相对薄弱的环节,更是借助于法律的强制作用得以蓬勃发展。自 1975 年以来,美国政府有关特殊教育的立法有 10 项之多,其中,1975 年的《所有残疾儿童教育法》(即公法 94—142)规定,所有 3～21 岁的残疾儿童和青少年都有权接受免费的,且适合其需要的公立教育或相应的服务,这是美国关于残疾儿童教育最完整、最重要的立法,标志着联邦政府开始全面介入残疾儿童教育;[①]1986 年的《残疾婴幼儿法》则要求各州逐步建立全州范围的、综合的、多学科和多部门合作的早期干预计划,以满足 0～2 岁残疾婴幼儿及其家庭的特殊需要;[②]这两部法令在 1990 年被合并为《残疾人教育法》,采用结果取向的方法为所有年满 16 岁的残疾学生提供一系列的转接服务;1997 年的《残疾人教育法修正案》,目的是为每一位残疾学生提供高质量的教育;在 2004 年获得美国国会通过并更名为《残疾人教育促进法》,对特殊教育教师的质量与标准、残疾学生过多的作业与纪律惩戒等问题做出调整。[③] 从以上几部重要的法令中,可以清晰地透视美国全纳教育体系的形成与发展脉络,由最初的所有残疾儿童均有机会接受教育到每一位都能享受到满足其自身独特需要的高质量的特殊教育。

2. 主要特点

美国联邦政府较早地进行了发展特殊需要儿童良好"社会适应行为"的探索和尝试,主要是通过贯彻"回归主流"的教育思想、制定完善的教育诊断和评估机制、推行特殊需要儿童个别教育计划、拓展转衔服务的范围等,旨在调动各方面的社会资源,建立起完善的教育服务体系。社会适应行为通常是指个体为适应外在的社会环境、文化要求和内在身心发展需要,在生活、学习和交往等实际活动中学会选择和回避的行为,也表现为个体独立地处理日常生活和承担社会责任。[④] 社会适应行为发展的关键是把特殊需要儿童置于正常的社会环境中,因为正常的社会环境对锻炼和提高特殊需要儿童的适应性至关重要,有助于其个体社会功能的完善和发展,既在同伙伴的交往中提高了人际交往能力,又在平等和谐的社会环境中获得个性的健康发展,也为顺利步入社会,更好地适应新生活与新环境奠定基础。[⑤]

---

① 杨柳.从隔离到全纳——美国残疾人教育研究[D].重庆:西南大学,2009:85.
② 路得·特恩布尔,等.今日学校中的特殊教育[M].方俊明,等译.上海:华东师范大学出版社,2004:79.
③ 杨柳.从隔离到全纳——美国残疾人教育研究[D].重庆:西南大学,2009:95.
④ 郑溪璐.青少年社会适应行为及其培养[J].基础教育研究,2009(4):3-5.
⑤ 楚琳,王栩.美国联邦政府促进特殊需要儿童社会适应行为发展的教育对策研究[J].内蒙古师范大学学报(教育科学版),2014(6).

3.具体举措

根据儿童不同的残疾类型、程度与教育需要,美国联邦政府为特殊需要儿童提供丰富多样的"瀑布式"全纳教育体系,从最多限制的医院到最少限制的普通班级,即在家或医院、看护机构、特殊学校、普通学校特教班、资源教室和普通班级等六个层次的教育或服务。确保每个残疾儿童都能找到适合自己的安置方式,且都有机会接受与残疾程度相适应的教育或服务。这一体系以最少受限制环境为原则,进行的是一种有弹性的架构,常会因人、因时而有所不同,但尽可能地使特殊需要儿童从隔离的环境向主流环境过渡。

首先,美国多数有残疾的特殊需要儿童是在普通班级中学习,据美国教育部公布的数据,1990—2008年,美国政府为6～21岁的特殊需要儿童提供教育,1990年的人数是432万,占在校中小学生总数的10.48%;2005年最高为601.4万人,占在校中小学生总数的12.25%;2008年是578.3万人,占在校中小学生总数的11.74%。[1] 特殊需要儿童在普通班级中,基本上与普通学生上一样的课程,教师使用相同的教学方法,只是对某些特殊需要儿童或在某些情况下实施个别化教学方案,让他们到辅导班接受辅导,或在班级接受个别辅导。

其次,有较大占比的特殊需要儿童被安置在资源教室和普通学校特教班中。资源教室和特教班是在正常学校的教学环境中,特殊需要儿童在课间和课外可以与普通学生在一起,但在学习课程时要回到自己的资源教室或特教班。这种安置有的是同一类残疾,也有的是各类残疾的混合班,如智力落后、多重残疾、自闭症和特殊学习障碍类的学生等。因此其课程和教学与普通班级不同,要根据一个班成员的情况来决定。

再次,仅有少部分的特殊需要儿童被安置在完全隔离的环境中,如特殊学校、看护机构、在家或医院等。在1990年颁布的《能力缺陷者教育法》(IDEA)中规定"只有当残疾的性质或严重度已达到在正常班级教育中使用补充帮助仍不能令人满意时"才能被安置在隔离的环境中。[2] 特殊需要儿童在家或医院、看护机构中,多以治疗为主,但在可能的条件下,会有巡回教师到家中辅导或进行床边教学,其课程仅是义务教育或自理教育的一部分内容,教学方法多为一对一的个人教学或模仿。当儿童在学习时,常常将残疾儿童和家长一同作为教学对象,以便于巡回教师走后家长可以承担起辅导的任务。

<hr>

① 张朝,于宗富,方俊明.中美特殊儿童融合教育实施状况的比较研究[J].比较教育研究,2013(11).
② 刘春玲,江琴娣.特殊教育概论[M].上海:华东师范大学出版社,2008:6.

三、中国的全纳教育体系

全纳教育主张,有特殊需要的儿童能真正地和正常发展的同伴一起参加学前教育、基础教育,甚至于高等教育,最大限度地发挥特殊需要儿童的潜能。在我国,1988 年 7 月 11 日由国家教育委员会等七部委发布《中国残疾人事业五年工作纲要(1988—1992 年)》,在这个纲要中,明确提出"随班就读"这一术语,这在中央政府的文件中是第一次出现,随班就读很快成为我国推行全纳教育的主要形式。由此形成以随班就读为主体、特殊学校为骨干的全纳教育体系。

1.政策立法

我国《宪法》《教育法》《义务教育法》等法律法规明确规定国家保障公民的受教育权,为实施全纳教育提供法律依据和保障。从改革开放以来,中国的特殊教育法制建设工作迅速发展,与特殊教育相关的一系列法律、法规和文件等相继出台。1982 年颁布的《中华人民共和国宪法》第 45 条规定,"国家和社会帮助安排盲、聋、哑和其他残疾公民的劳动、生活和教育",确立国家和政府对残疾人教育的责任。在国家根本大法中写入残疾人教育问题,对我国而言是空前的,在世界上也是少有的。[①] 为保障宪法规定的实施,我国又先后制定《中华人民共和国残疾人保障法》(1990 年制定,2008 年 4 月修订)和《残疾人教育条例》等专项法律法规,再次宣布"国家保障残疾人受教育的权利"。毫无疑问,我国现行的特殊教育政策法规在推动特殊教育发展上发挥了重要作用,虽然与特殊教育的发展要求、残疾人的教育需求,以及发达国家相比,还存在着明显的不足和巨大改善与提高的空间。[②] 总之,我国的特殊教育立法处于快速发展、不断完善的阶段,强调国家、社会、学校和家庭要对特殊需要儿童实施义务教育,并根据他们的身心特点,满足其特殊教育的需要,在办学形式上越来越多样、办学质量也在逐步提升。从法律、法规和行政规章各个层次,构建起初步的体系框架,为全面实施全纳教育体系做好充分地准备。

2.主要特点

我国从 1993 年开始全面实施"随班就读",可视作本土全纳教育的雏形。"中国的随班就读"是指普通教育机构中对有特殊教育需要的儿童实施教育的一种形式,主要是针对视力残疾、听力残疾和智力残疾等 3 类儿童。尽管在较

---

① 陈云英.中国特殊教育学基础[M].北京:教育科学出版社,2004:60.
② 汪海萍.论加强特殊教育立法的必要性和可行性[C]//特殊教育国际论坛论文集,2007:154-156.

为发达的地区,如上海、北京、广州等地区,已扩大到 6～9 类特殊需要儿童,但从全国来看,特殊教育的政策法规督促推行的主要还是 3 类,大量其他类型,如学习障碍、言语或语言障碍的特殊教育需要儿童都没有纳入教育服务对象的范围。而美国法定的特殊需要儿童有 14 种残疾类型,日本有 9 种,韩国也有 8 类,我国台湾地区也规定了 12 种身心障碍类别儿童。[①] 多年来,"随班就读"的确解决了一部分残疾儿童的入学问题,但从实际情况来看,还只是停留在初级的形体式随班就读层次,要想全面进入中级的社会融入式和高级的教育效果式随班就读,还有很长的路要走。因此,我们需要不断完善对特殊需要儿童的鉴定与评估标准,制定出科学而严谨的教育或服务程序。

3. 具体举措

中国为特殊需要儿童提供的可选择教育环境非常有限,根据 1994 年教育部正式下发的《关于开展残疾儿童少年随班就读工作的试行办法》,我国将逐步形成"以随班就读为主体、特殊学校为骨干"的全纳教育体系。与正常儿童一起随班就读的特殊需要儿童,通常具有一定的学习能力且基本适应普通学校的学习。由于普通学校的教师通常要面对 40 多个孩子,又面临着考试与升学率的压力,时常无法顾及特殊需要儿童。因此,家长更倾向于把特殊需要儿童送入特殊学校,2001—2009 年间,我国在特殊学校就读的儿童出现上升趋势,而随班就读人数却逐年减少。从 2001 年的 28.51% 升到 2006 年的38.88%,2007 年有所下降,2009 年为 37.12%,9 年共上升 8.61%。[②] 就特殊学校类别而言,主要是盲校、聋校和培智学校,招收生活能够自理的中、重度残疾儿童,所采用的教育形式也较为整齐划一,规定统一的课程、统一的教材,以及在班级中进行集体授课。无论随班就读,还是特殊学校都存在一个共同的问题,那就是特殊教育师资紧缺,特别是诊断评估和康复方面的教师稀缺,导致难以实施有针对性的个别化教学。

另外,在家中或被福利院所收养的特殊需要儿童还有不小的占比。虽然中国传统文化中扶弱济困的优良美德源远流长,然而对残疾的偏见、歧视和无知还普遍存在。残疾人这一群体仍然处于被边缘化的地位,有残疾的特殊需要儿童的教育权利,并没有得到很好地保护。在我国,残疾孩子的早期筛选、早期发现、早期干预还不普及,通常是孩子两三岁时,父母发现其异常,去医院诊断,确诊为残疾孩子,然后就走上了漫漫的求医之路,最后才到教育机构来

[①] 彭霞光.中国特殊教育发展面临的六大转变[J].中国特殊教育,2010(9).

[②] 中华人民共和国教育部网站.http://www.moe.edu.cn.

求学。相反,在美国当一个孩子被医学诊断、鉴定为特殊需要儿童,随后就有相关的特殊服务机构对孩子进行详细的评估并建立档案。接着由特教顾问、家长、教育工作者一起合作,设计一套最能满足孩子需求的教育计划。同时提出适合这一孩子的教育环境,由作为监护人的家长进行自主选择。

第七章 以全纳学校为重点的"多元开放"

第一节 全纳学校

以全纳理念为导向的范畴转换,首先就是要基于全纳教育体系,重构学校教育的组织形式,除了增加新资源,以及对现有的教育资源进行重新调配外,更重要的是努力建设"多元开放"的全纳学校,在校园文化、课程与教学等方面形成全纳的氛围,以充分地满足所有儿童的特殊教育需要。

一、全纳学校的内涵

全纳学校基于所有儿童都应该一起学习,而不论他们有何困难或差异,并从中意识到学生有着不同的需要,对此做出反应。通过开设合适的课程、组织安排合理的教学策略,以及有效利用社会资源,满足学生不同的学习风格,确保每个人受到高质量的教育。

1.全纳学校的重要性

全纳教育是一种新的教育理念,需要有固定的机构来加以具体落实,而全纳学校恰恰就是能够实施全纳教育思想的重要场所。全纳学校的建立,无论在教育上、社会上,以及经济上都具有重要的意义。首先,全纳教育要求所有的儿童在一起接受教育,而全纳学校正是突破了单纯在普通学校增加特殊教育方法和资源的做法,采用更积极的、寻求更为行之有效的操作方式,为具有各种差异的学生提供所需的服务,通过开发多种教学方法来适应个体的不同需要,使所有儿童都能从中受益。其次,全纳学校为的是要形成全纳社会。全纳教育理念和全纳学校实践的目的是要促进形成一种追求社会公正、机会平等和民主参与的全纳社会。全纳学校可以通过让所有儿童在一起接受教育,以改变人们对待个体差异的态度,形成一个公正的、无歧视的社会基础,促进人们在和谐的氛围中共同生活。全纳教育的理念指导我们实施全纳学校,全纳学校的实践促使我们走向全纳社会。再次,建立所有儿童在一起接受教育的全纳学校,要比建立专门为特殊群体儿童的不同类型学校要经济得多。当然,如果这些全纳学校对所有的学生提供一种有效教育,那么全纳学校也是实现全民教育的一种最有成本效益的途径。

2. 全纳学校的定义

早在1994年,联合国教科文组织在西班牙萨拉曼卡召开的"世界特殊需要教育大会"上就正式提出了全纳学校的概念:"以全纳为导向的学校是反对歧视态度、营造融洽社区、建立全纳社会、实现全民教育的最有效途径;此外,全纳学校应向绝大多数儿童提供一种有效教育,以及提高整个教育系统的效率,并且最终提高其成本效益。"①而美国全纳教育学者苏珊·斯坦贝克和威廉·斯坦贝克夫妇曾经说过:"全纳学校是每个学生都有归属感,每个学生都被接受认可,每个学生的教育需要都被了解,而且都能尽可能得到满足。在教育过程中,每个人既为别人提供支持又得到他人的帮助。"②

综合以上两个定义,全纳学校的目的就是要为所有的学生提供服务。也就是说,全纳即意味着创建欢迎所有学生的学校,而不在意学生的各种特点、不利条件或困难,不考虑其身体的、智力的、社会的、情感的、语言的或其他的问题。所有的学生一律都被学校全部接纳,并自始至终努力寻找能够成功地教育所有儿童的方法。全纳学校承认并赞同个体的差异,且不把这种差异看作是其自身存在的问题。相反,这是学生不同生活方式和学习速度的具体表现,代表着他们具有多样性与丰富性。为了满足学生在学校内不断遇到的特殊需要,我们可以借助于特殊教育的支持服务,这些服务配合班级的教师以及家长,保证课程安排适合有特殊教育需要的儿童。的确,有特殊教育需要的儿童应该得到他们可能需要的各种额外支持,以保证对他们的教育效果,而且这种支持与服务应该是连续的。

3. 全纳学校的基本特征

(1)全纳学校是民主学校,它尊重每个人,并对学生的多元文化和各种需要做出响应。那么,全纳学校到底具有哪些特征? 在这里,我们首先来看看1994年美国十大全国组织召开的"全纳学校工作论坛"会议上总结出的全纳学校所具备的特点③:①社区感。全纳学校的哲学理念是"自由平等和多样

---

① 黄志成. 全纳教育:建设和谐社会的教育之路[N]. 中国教育报,2005-03-04(6).

② Definitions of Inclusion: What is an Inclusive School[EB/OL]. 2005-02-17. http://www. bristol-lea. org. uk/services/eit/definitions. html.

③ Reston. Creating schools for our students: What twelve schools have to say? [J]. Council for Exceptional Children,1995:37.

性"的人本主义思想。每个儿童都能平等地享有在主流学校共同学习和生活的权利。每个个体都是全纳学校的重要成员,都能获得他人的认同和支持。②领导。校长在全纳学校中是一位关键的人物,他负责规划、实施全纳教育的策略,并与全体教职员工共同承担教育所有学生的责任。③高标准。在全纳学校里,所有学生达到与他们的能力相符的、高水平的学业成就。④协作与合作。全纳学校鼓励生生之间与师生之间的互相合作,例如:同伴辅导,合作学习,小组教学等。⑤角色和责任的改变。全纳学校改变了旧的教职员工角色。教师讲解减少而支持增多,学校心理辅导人员在班级里与教师开展更为紧密的合作,教学楼里的每个人都积极参与到学习过程之中。⑥多种服务。全纳学校提供一系列的服务:与教育人员相互协调,确保学生的身体健康、心理健康,以及提供各种社会服务。⑦与家长的合作。家长被认为是子女教育中同样重要和平等的搭档。⑧弹性的学习环境。全纳学校里的学生可以根据自己的特点确定学习进度与方式,在必要情况下对学生进行少量、单独的辅导。学习策略主要是运用已经为研究所证明的有效学习与教学策略,如合作学习、课程调整、同伴辅导、直接指导、相互教学、社会技能训练和掌握学习等。⑨新的责任制度。减少对标准测试的依赖,增加新的责任制度与评估方法的使用,保证每个学生都能获得进步。⑩准入。全纳学校确保并使用适当的辅助技术帮助学生能够最大限度地获得学校生活。⑪可持续的专业发展。全纳学校鼓励教职员工对自己的专业发展进行规划,并提供多种机会对他们的知识与技能进行训练。[①]

(2)综合英国全纳教育研究中心和其他组织,以及全纳教育专家的观点,全纳学校有以下一些特征,它与美国所提出的全纳学校所具备的特点有相通之处[②]:①以社区为基础,面向整个社区。在全纳学校,人人都是受欢迎的、积极的、不同的,不存在筛选、排斥或拒绝。②确保每个学生都有获得知识、技能和信息的机会。全纳学校降低了学生入学的"门槛",排除各种障碍,对所有人开放。其中,在物质方面包括校舍和场地,教育方面包括课程、支持系统和交流方式等。③注重集体合作,注重与其他学校的合作而不是竞争。全纳学校要面对各种不同的学生,教师需要得到同事的帮助,且教授不同领域的专业知识和技能的教师也需要共同合作。④把多样性看作新的事实,进行因材施教。全纳学校促使每个学生用已知的、力所能及的,以及适合自己的最好方式向高

① 杜晓萍.全纳学校比较研究[D].上海:华东师范大学,2006:27.
② 艾丽.英国全纳学校研究[D].上海:华东师范大学,2006:13—14.

标准挑战,每个学生都能发挥其最大的潜能。⑤对学生的成功抱以较高的期望。全纳学校必须相信、承认并重视每个学生的贡献和天分。运用多种方式记录和展示学生的学习成果,如学业成绩、课程测评、选择性评价、学生组织的会议、展览会等,都是分享学生学习成就的创新方式。⑥弹性地组建学校,并加以不断地改进。全纳学校的发展是一个动态的探索过程,教育者要有弹性地适应学生的多样性。⑦注重与家庭、服务机构和其他社区的合作、共建全纳社区。全纳学校能变得更全纳、更能有效地为学生服务,就必须与其他机构合作,得到必需的健康与社会服务。同时,全纳学校倡导的是平等的理念,有助于建立全纳社区。

(3)有研究者[①]通过文献研究,收集了国外有关全纳学校应该具备什么特征的论述,如1992年美国全纳教育学者斯坦贝克夫妇和杰克逊最早提出成功的全纳班级和学校需要具备的特征,1995年美国全纳教育学者丽塔·霍克·伊诺斯和玛丽·安妮·奎格利指出的所有成功的全纳学校都有的13个共同特征,1997年英国全纳教育学者托尼·布思、梅尔·安思科和阿伦·戴森通过现场观摩得出的全纳学校应该重视的内容,2003年英国全纳教育学者艾明·海伊所指出的全纳学校至少应该有的六个特征,等等。在此基础之上,她认为全纳学校至少应该具备如下特征[②]:①富有支持性的环境;②领导要有愿景;③教师对每个学生都怀有高期望,让学生对自己的能力充满信心;④积极的同伴交往关系;⑤以合作教学与合作学习等为主的教与学的形式;⑥给每个学生尽可能多的平等参与机会;⑦以真实的、注重个体内在差异的教学评价手段为主;⑧学校内各个团队之间的密切合作;⑨来自社会多方面的参与。

二、全纳学校的形成

全纳学校的形成是根据全纳教育的假设,积极革新当前学校教育的价值取向,并在学校改革的各个方面反映这种转变,通常会涉及现有的学校体系和管理模式、师资基础设施的配备、资金、社区的服务以及家长等因素。全纳学校没有固定的教育模式,每个学校依据自身的特点以及实际发展的需要,选择适合于自身改革的模式。根据美国全国州教育局协会的相关资料,全纳学校的形成过程可归纳为以下四种模式。[③]

---

① 杜晓萍.全纳学校比较研究[D].上海:华东师范大学,2006:38—39.
② 杜晓萍.全纳学校特征探析[J].外国教育研究,2008(10).
③ 陈淑娟.美国全纳教育研究[D].上海:华东师范大学,2006:21.

1.逐个案例式

逐个案例式是指学校从纳入一个有特殊教育需要的学生,发展到在学校范围内的全面纳入,它是一种由点及面的渐变方式,这种方式最初开始于个别残疾学生父母的个人意愿和要求。这些残疾学生的父母希望他们的孩子可以和正常的同龄人一起接受普通教育。由于起初要求的是个体的零散小部分,所以学区和校方抱着一种尝试的心态而欣然接受。逐个案例式的优点在于:切入点较小、不会让学校和普通班级教师感到无所适从,是一种温和平滑的渐进转化过程,为学校及普通教师提供了接受多样化学生的缓冲阶段。而逐个案例式的缺陷就在于:①由于改革是以平滑渐进的方式进行,对学校现有的结构和系统以及教师的冲击和挑战不大,所以容易导致学校不去思考及调整自身的结构和系统来适应全纳教育的开展,同时也会因为缺乏对全纳教育的深入探究而浮于表面。②特殊需要儿童家长与学区和学校间的沟通交流较少,关系也过于轻疏。家长将学区和学校的官员视为不可冒犯的权威,所以家长会很少甚至放弃他们表达意见的话语权,使家长不能很好地参与到学校和孩子的教育中。③学校并不是在真正意义上接纳特殊需要儿童和开展全纳教育,只是将它视为一种广告性的宣传。

2.试点项目式

联邦政府为推动各州和地方的全纳教育的实施,创设一些试点项供学区和学校进行选择。而部分学校选择一些切合于自身发展的试点作为全纳学校改革的起点。这种形式的学校优势在于:

(1)试点项目既能为学校开展全纳教育指明方向,同时也能为学区的管理者提供评价的参数。

(2)试点学校为学区中的其他学校提供了示范的典型,增加学校间的交流合作,从而完善全纳教育计划。但这种方式也存在一些无法被忽略的问题:①试点项目的基金并不掌握在具体实施试点项目的学校手中,从而造成全纳教育在普通学校中开展的被动局面,很难将试点项目推广开来;②学区和学校会遭到一些莫名其妙的试点项目的干扰,从而形成学校引进项目却又将其弃置的怪圈,导致这种怪圈产生的原因是没有持续不断的基金补充和支持;③依附于试点项目来开展全纳教育,不能让普通学校在结构上产生根本性的转变。

3.逐步引入式

在美国的部分学区,选择逐步引入的模式来开展全纳学校改革,这是一种较为全面的方式。但由于每个学区都有自身的特点,所以具体的实施途径存在较大差异。其主要的实施途径可以归纳为以下几种：①有的学区以幼儿园作为学校全纳教育改革的起点，然后采取逐年纳入的方式。②另一些学区选择从每年新入学的年级开始，所有新入学的特殊需要儿童在学习开始就进入全纳班级中，这种多样性的学习环境将会伴随他们整个学习生涯。这种方式可以促使普通儿童和特殊需要儿童之间形成相互共存的意识，易于让彼此接受与自身存在差异的个体，消除排斥和歧视，让特殊需要儿童更好地融入主流社会。③还有的学区采取新建全纳学校的形式，来完成全纳的转变。

4. 完全转变式

完全转变模式指的是在整个学区范围内全面推行全纳教育，用较短的时间完成全纳教育的完全变革的一种实践方式。这种方式充满激情和挑战，它的实施等同于在全学区内大规模的变更学生的编制。若要想在一处较大的学区中推行这种方式，而学区内的各学校都需开展全纳教育的整体变革，那无疑是痴人说梦，这种理想很难完全实现。所以选择这种模式的学区往往是那些较小的乡村学区，因为这些学区的特点是管理机制小而集中，便于管理，且其运作起来也灵活多变，接受和适应能力较强。在这种完全转变中，对每一位特殊需要儿童的安置，都需要进行教育评估，并依据评估结果，为其制订适合发展的个性化教育计划。可见，促成这种转变方式的实现需要诸多的前提条件，不可一蹴而就。

三、全纳学校的发展

从英美国家的经验来看，全纳学校体系得以建立，并逐渐地趋于合理与完善，其背后的推动力来自于不断发展的全纳教育思想，全纳学校算得上是人们长期追逐的一个美好愿景，也是教育的理想国度。我们应该善于认识、接纳、尊重和合理利用教师、学生的差异，努力将每一所学校构建成和谐、全纳的社会组织。为了能够早日建立起真正意义上的全纳学校，很多国家都为此付出诸多的实践和努力，也已形成各具特色的、处于不同形态或发展阶段的全纳学校模型。

1. 全纳学校的发展模型

每个国家或地区在发展全纳学校时，首先所选取的起始年级各不相同，基本涉及各个不同的年级，其差异性很大。总的来看，选取低年级作为全纳学校改革的切入点的学校占更大的占比。通常在启蒙班或者某单一教室进行，随着实验的成功或学生升入高一年级，这些实验也会随之在新一阶段加以展开。其次，全纳学校选取何种类型及程度的学生作为进行全纳改革的开端，与选取起始年级一样都不存在固定的模式。一种情况是,为了减少学校改革的阻力和降低改革的难度,部分学校选择那些轻度和中度的特殊需要儿童作为最早接纳的教育对象。另一种情况正好相反,这些学校将接纳的对象定位在某一类型或重度特殊需要儿童的身上,以他们作为学校进行全纳改革的开始。对比以上两种方式,从中不难发现,后一种的改革力度更大,所以取得的效果也更加显著。再次,不同学校进行全纳教育改革的幅度和力度的大小,以及选取的侧重点都存在一定的差异。而造成差异的主要因素是学区规模的大小、社区的支持程度、领导与管理的类型、可利用的资金规模等。一般而言,学校都是根据自身的状况,考虑选取何种方式来进行改革,且每种改革的方式都存在利与弊。总之,全纳学校要求不断地提高和优化自身的发展,如提高自身的教学质量和效率,促进及保障学生的学业标准和水平;或是对学校课程的设置趋于多样化和有趣性,满足学生方面的需求,完善学校的设施建设等。

2.全纳学校与其他学校的区别

全纳学校既不同于以往的普通学校,也有别于特殊学校,它是一种新型的教育模式,把对学校的整体一致性改革看成是实现全纳教育的主要方式。在追求普通教育与特殊教育真正意义上的融合时,形成一个系统化的结构。而全纳学校的改进策略就是要探讨怎样使学校变得有效,按照什么样的标准来建设好的学校。在很大程度上,由于认识和观念上的分歧,学校被赋予不同的含义,衡量学校的标准也产生分歧。我们可以把学生通过全国性综合考试的分数等级作为好学校的标准,或者把学生学术成就和个性发展定为标准,也可以把好学校的标准列成一个结构化的体系,如学校文化、课程内容、教学过程等,与社区的联系、与社会价值的联结、与资源的投入和分配等的结合,全纳学校正是这样的一种学校,它与其他学校的区别见表7-1。

表7-1　全纳学校与普通学校、特殊学校、一体化学校的主要区别

类别	全纳学校	普通学校	特殊学校	一体化学校
关注对象	所有学生的权利	学生的相似性	学生的障碍	学生的特殊需要
改革内容	学校内部的整体一致性改革	提高教学工作效率	诊断与鉴定	补充学习科目
教学重点	所有学生融合在一起,共同解决问题	知识与技能	康复与治疗	特殊需求学生能被融合
外界支持	建立合作的关系、创建全纳的氛围	教师、学生相互学习	制订个别教育方案	特教专家和专业人员提供帮助
目的手段	形成融洽的、相互帮助的、对所有人实施良好的教学	集体教学统一进度	置于适当的计划中	技术性干预(特殊教法和疗法)

由此可见,全纳学校实践着全纳教育理念,它是从社会学角度来分析教育的现状,以人权观来批判现行的普通学校与特殊学校相互隔离的状况,提出有关人的受教育的基本权利问题,主张所有学生都应有机会在一起学习,而不管学生具有怎样的特殊性。在学校教育、教学过程中,教师与教师之间、学生与学生之间、教师与学生之间、教师与家长之间、家长与学生之间,以及学校与社区之间都建立起一种合作的关系,共同创建一种全纳的氛围。在这种氛围中,每个人受教育的权利都得到充分的保障,学校和社会欢迎每一个人,每一个都属于集体的一员。

3.全纳学校文化的创建

全纳学校是一个体系化的结构,包括文化、政策和实践三个维度。当然,这三个层次是一个互动的体系,无法做截然的分离,文化靠政策来创造,政策引导实践,保障实践的顺利进行,实践体现政策。其中,政策是保障学校运转的主轴,全纳政策应成为学校发展的一个内在部分,是综合性的和明确的。制定全纳学校政策时,要基于以下考虑:政策为的是保证学校能够接纳社区或辖区内所有的孩子,并尽最大努力满足其需求;政策要能够帮助新教师、新学生在学校里得到良好的安顿。制定政策本身就是所有人民主参与的过程。

而文化常体现为一种氛围、一种团体的信念和价值观,也体现为一种情感上的关系。全纳学校所要创建的文化模式如同家庭的关系,以一种互相信任的态度为纽带,大家都会感到有责任帮助别人、关心别人和爱护别人,并与他人合作。有效的全纳学校文化倡导宽容,学校的环境氛围给人的感觉是人人都受欢迎,这进一步增强身在其中的每个成员原本已经感受到的"认同感"。因此,创建全纳学校就是要营造一种积极的学校文化,并把它塑造为学校组织内部生活的理想规则。

(1)学校文化创建中存在的阻力。学校文化的建设中会存在一种阻力,那就是相互之间的敌意和偏见。这种阻力或存在于学生之间,或存在于学生和不同群体之间,还可能存在于师生之间以及教师之间等。敌意导致偏见,反过来又因偏见而增强,偏见阻止了一个人接受群体外部意图的诚实的可能性。例如,普通教育体制下的人员和特殊教育体系下的学生,由于制度的隔离造成彼此间的偏见,这种偏见拉大两者之间的心理距离,造成相互之间不必要的怀疑、反感和恐惧。特殊需要儿童的进入对普通教育的传统秩序和运作方式提出挑战,由于偏见和担心对方给自己造成伤害而形成的心理距离,可能加剧两者之间的差异。这也恰恰说明了隔离给双方造成的伤害,从中窥见实施全纳教育的必要性。建设全纳文化,就是要消除彼此之间根深蒂固的认知偏见和猜忌。

一个学校中还会存在一些小的文化群体,例如,由于种族亲近、性格相投等结成的群体。在一个全纳的环境下,这些群体与其他群体的关系不应该是严格的对立,而应呈现开放性,而且,各个群体要从学校文化及班级文化中寻求支持和养分。在主流教育中,由于身心的体验较为深刻与敏感,残疾人会自然形成一个群体,构建出一种"残疾文化",这种文化可能是一种自然态的东西,而不是因为受到主流文化的排斥。因此,问题不在于要不要这种文化,而是要寻找形成该文化的原因,在共同的学校文化和班级文化中帮助与引导残疾人的所有群体成员找到依托和归属,使"残疾文化"更具有开放性。

(2)全纳学校文化的创建。在学校内部,首先,要建立一个尊重、合作、互助的情感氛围和学习与教学的氛围,使学校中的每一个人都感到自己是受欢迎的。学校中的每个人都应该相互尊重,教师与学生之间,教师相互之间,教师与管理人员之间,家长、教师与管理人员之间,学校与当地社区之间,都是一种合作、参与的关系。其次,要以全纳的价值观武装学校,学校教师、管理人员、学生和家长或监护人,都应具有全纳的哲学观。所有学生的价值都是平等的,在学校中消除歧视性的语言和行为等,这些都可以作为学校全纳建设的指标体系。另外还有很重要的一点就是期望,教师和管理人员要对所有学生都抱有高期望。

全纳教育以创建综合性的社区教育为导向,因此,要注重外部的社区文化建设,主动与当地社区互动,把所在社区的文化和资源作为学校的一部分。学生是学校的一分子,同时又是社区的一分子,而理想的社区是一种扩大了的家庭概念。但事实上,社区不同于学校。学校文化具有可控性和易塑性,而社区内的情感纽带是松散的,学生全面参与社区文化的结果可能不全都是正面的,完整的生活世界包括正反两个侧面,无法完全回避。这也并不是说,教育无力影响社区文化,学校教育和社会教育应该在社区的平台上互动,在互动中推进功能的完善。

第二节　全纳课程

全纳学校的成功与否,首先取决于课程的全纳程度。为所有学生提供适合其发展的课程,这是全纳教育的基本要求。"为所有人"的课程改革,将所有的学生涵盖在内,其课程内容必然是丰富多样,且具有一定的弹性,使所有的学生都能够学习并掌握。通常课程在应对和导致学习困难中,扮演着重要的角色,具有不可估量的作用。不同的课程概念、对课程的不同理解,将直接影响着学校对课程的取舍。因此,全纳学校的课程就是要根据每个儿童的个体差异建构其经验体系。这种课程的范围十分宽泛,针对每个学生进行专门的和个性化的任务分析,建立个别化的课程方案。

一、全纳课程的内涵

全纳学校的课程观认为,我们应该向所有的学生提供相同的课程,让他们在同一个课堂里接受同样的教育,而不是为其设置特殊的课程、进行隔离的教育,因为特殊需要儿童应该与普通儿童在一起学习。最重要的是,在学生遇到困难或问题、当学生有特殊的教育需求时,及时地提供额外的支持与帮助,且学生一旦取得进步或良好的成绩,就应该给予赞赏和鼓励。由于每个学生都有其独特的特性、兴趣、能力和学习需求,因此,课程为的是适应学生的需要,而不是让学生去适应课程本身,全纳学校应该为学生提供学习各种课程的机会。

1. 全纳课程的重要性

全纳教育是一种新的教育形式,但更是一个从隔离逐步走向融合的过程,全纳可以表现为不同的程度。多数的特殊教育专家,如 Booth 和 Ainscow 以及我国的陈云英博士都认为,全纳可分为三个层次,即物理空间的全纳、社会性的全纳和课程的全纳,而课程的全纳是最高、也是最难达到的目标。[①] 全纳学校若要实现全纳教育理念所倡导的,让所有儿童在一起接受高质量,且适合他们独特学习需要的教育,就必须重新调整课程的形式、内容与实施策略,使特殊需要学生能够和同伴一起充分且平等地参与普通学校的课程活动。为了能够容纳不同种族、语言群体、文化、家庭环境、社会经济地位,且有着不同兴趣、学习目的、能力、学习风格的学生,全纳学校不能再按照一种课程、一种教学方式来适应大部分的学生。取而代之的是,教师以灵活的角色,采用多种教学方法,学生用不同的学习方式,来追求共同的课程目标,但掌握的程度又是有一定的弹性。在这样的环境下,教师根据每个学生的学习能力、风格、需要、目的和喜好的不同,采用各种方法和策略促进学生的个性化学习。

2. 全纳课程的定义

全纳课程指所有学生在任何形式的教育机构中获得的所有学习经验,以及课堂以外如家庭和社区中的非计划性的学习经验。当然,主要还是以在普

---

① 邓猛.关于全纳学校课程调整的思考[J].中国特殊教育,2004(3).

通学校的课堂上获得的、有计划和有目标的教学课程为主。全纳课程继承并体现了全纳教育的理念和宗旨,要求每一位学生有平等享有接受课程的机会;教师为了使所有学生都能接受和掌握课程的内容,完成课程设置的目标,必须采取灵活多样的教学方式和手段进行施教。在世界范围内,对全纳课程的关键要素已经达成一些共识:"为所有人确定广泛的共同目标,包括应获得的知识、技能和价值观;设立灵活的结构,以便于应对多样性,为内容、方法和参与程度方面的实践和执行提供多种机会;根据个人进步情况进行评估;承认学生的文化、宗教和语言多样性,以及使内容、知识和技能同学生的环境相联系。"①由此可见,全纳课程要建立起校内外、课堂内外和书本内外的广泛联系,建立学科课程、活动课程和潜在课程相结合的课程体系。

3. 全纳课程的基本特征

(1)全纳课程的设置灵活而多样。为了充分适应所有学生的需要,国家或中央不对课程做出刻板规定,而是找到国家课程标准与地方课程需要之间的平衡点。并且最为关键的问题是,如何使学校有权修改课程,以及采取何种措施来鼓励这种做法。全纳学校不仅可以对全纳课程进行改编和调整,还可以为满足个别学生的需要,以及适应每个教师的教学风格而进行改编和调整,使之满足当地环境或者某个学生的需要。在设计课程的过程中承认多样性与尊重差异;在编制课程时采取适当措施,以确保课程将各种不同的社会和文化群体包括在内,而不要疏远某些社会和文化群体。

(2)全纳课程以学生自主发展为目标。从适应学生多样化发展的需求出发,把学生的人格、情感、审美和行为等的发展纳入课程目标范畴来加以设计与实施。在课程的目标结构中既有"达成目标",还有"提高目标"和"体验目标"②。在"提高目标"和"体验目标"的实现过程中采取开放的弹性管理方式,要求老师创造各种条件,为每一个孩子精心设计适合其个性发展的课程,让每一个孩子在其天赋所及的一切领域里展示并发展自己的个性。

(3)全纳课程从学生的经验出发促进学生自我建构知识。课程资源贴近学生的生活,它不仅是现成的教科书,还是教师为学生提供的学习机会,是师生在互动过程中产生的经验。换言之,课程不仅包括知识,而且包括学生占有和获取知识的主体活动过程,课程知识是在"鲜活的"社会性交往中建构生成。

① 联合国教科文组织.通过全纳教育做法消除排斥——挑战一构想:概念文件. http://unesdoc. unesco. org/images/0013/001347/134785cb. pdf
② 钟启泉.现代课程论[M].上海:上海教育出版社,1989:295-312.

作为经验的课程,从本质意义上说,就是强调自然、社会和人在课程体系中的有机统一,使自然、社会和人成为课程的基本源泉。这就意味着,自然即课程、生活即课程、自我即课程,让学校课程重返生活世界,超越课堂和教科书的宰制,真正建立起主体意识。当把课程作为经验来处理,就要求学生充分利用校内外的教育资源,扩展自己的学习空间,丰富自己的生活世界,最大限度地获得多方面的发展。[①]

(4)全纳课程重视学生的问题解决能力。在制定学科课程时,既要确保课程给学生提供有组织的概念结构,并与学生的认知发展水平相符,还要强调各种学习策略与思维技能,并把它们作为常规课程中的重要成分,结合具体的学科内容进行教学。同时,也不能忽视概念与原理等学科内容的学习不可能脱离具体的活动方式,课程除了体现该学科的基本知识结构外,还应该体现学生参与活动的类型与方式,在课程中给学生提供各种机会,使学生通过实践探究、合作、自主的学习方式,如应用课程的专业术语来提出问题、建构假想、提供证据、进行解释或讨论等,由此将真实的问题解决过程,与学生的探究能力与实践活动能力的培养紧密地结合在一起。

二、全纳课程的形成

从 20 世纪 80 年代以来,为提高学校教育的质量,很多国家几乎同时兴起了课程方面的改革运动,如英国强调国家课程、美国则倡导国家课程标准,而两者的核心思想都是追求提高教育公平、质量、标准与效益,这样的改革背景对全纳课程的形成与发展产生非常重要的影响。[②]

1. 全纳课程的提出

"全纳教育"试图解决的首要问题是形成全纳课程。课程,即"教什么",这是任何教育过程都会涉及的基本问题,也是学校实践过程之中的永恒课题。广义的课程是指学生在学校应学习的学科总和及其进程与安排,而狭义的课程是指某一具体学科。随着终身教育观念的出现,人们逐渐认识到教育并不局限于课堂,课程的定义也由此发生了变化,课程变成是人生的全部经历。从历史上看,课程概念经历从教学大纲到文化设计的变化,学校全纳课程的整体历史也可以按照这个变化来划分。有关学校全纳课程,早在"全纳教育"这个概念正式提出之前,就进入了部分教育研究者的视野,20 世纪 80 年代,Emily

---

① 张华.经验课程论[M].上海:上海教育出版社,2000:61-78.
② 王伟.全纳教育实践研究:英、美两国的经验分析[D].上海:华东师范大学,2007:71.

Dmitracopoulos、Victoria、Kathie Gardner 和 Penny Parcha 等学者开始主张全纳课程的开发，以消除残疾歧视、性别歧视和种族歧视，号召学校教育要为残疾学生、女性和少数民族学生提供与普通学生平等的课程，如艾米丽的《接纳女生：性别全纳课程综述》等。[①] 这些学者不仅推动了全纳课程的初创与发展，更为当今世界各国全纳课程体系的建设提供一定的研究基础。

2. 全纳课程的形成

1994 年，世界特殊需要教育大会结束后，全纳课程体系的构建成为世界各国教育专家讨论的热点问题，这类研究成果非常丰富，不仅涉及特殊教育课程体系，还有大量文献深入到普通教育开发与构建全纳课程体系，其课程内容贴近学生不同的特殊学习需求。Tom、Smith、Rena 和 Donald 等学者的著述分析了全纳教育背景下，针对学生特殊需求的课程设置方案；[②] Michelle LaRocque、Sharon Darling、Deborah Voltz、Michele Jean Sims 和 Betty Palmer Nelson 等学者根据不同阶段学习者的特点，制定适合其不同发展需要的全纳课程；[③] Laverne Warner、Marquita Grenot-Scheyer 和 Mary Fisher 等学者则统合学习者的需求，规划不同主题的全纳课程体系。[④] 以上所有这些，既促进了全纳教育的发展，又为世界各国全纳课程的开发提供思路。

进入 21 世纪以来，全纳课程得到进一步完善，随着课程内容的多元化和课程模式的多样性，全纳课程的质量受到前所未有的重视。因此，对全纳课程体系的评价研究逐渐增多，各国学者采用不同的评价手段、技术和方法，对现有的全纳课程进行诊断与评估，分析现行全纳课程体系的目标、特点、价值和有效性，并做进一步地修正与改进。如 Wayne Sailor、John Salvia 和 James Ysseldyke 等学者通过开发全纳课程评价的方式方法，建立起评估与问责机制。[⑤] 既对全纳课程体系进行监测与评价，又对整个课程体系构建做了有效地补充与完善。

---

① Emily Dmitracopoulos；Victoria. Including Girls：An Overview of Gender Inclusive Curriculum[M]. Curriculum Branch，Ministry of Education at Channel 7，1986.

② E. Tom，C. Smith. Teaching Students with Special Needs in Inclusive Settings[M]. Boston：Allyn and Bacon，1998.

③ Michelle LaRocque. Blended Curriculum in the Inclusive K-3 Classroom：Teaching all Young Children[M]. Boston ：Pearson/Allyn and Bacon，2008.

④ Laverne Warner. Themes for Inclusive Classrooms：Lesson Plans for every Learner[M]. Beltsville，MD ：Gryphon House，2008.

⑤ Wayne Sailor. Whole-school Success and Inclusive Education：Building Partnerships for Learning，Achievement，and Accountability [M]. New York：Teachers College Press，2002. John Salvia，James Ysseldyke. Assessment in Special and Inclusive Education[M]. Boston：Houghton Mifflin，2004.

3. 全纳课程的主要内容

全纳课程要适应所有学生的共性，首先是一种"共同课程"，即提供同样的、高质量的课程给所有儿童，要求特殊需要儿童也要达到和正常儿童一样的课程目标。这种课程亦称为发展性课程或功能性课程，既重视学生的学业发展领域，又包含学生的行为、情感、社会交往、人际关系等目标，它是"为所有人确定广泛的共同目标，包括应获得的知识、技能和价值观"。"共同课程"是以儿童生理、心理发展的一般规律为基础，确定某一年龄阶段儿童应该达到的基本技能与学业水平，由此制定学校的课程目标与教学内容，为儿童将来顺利过渡到成人生活做好准备。因为处于发展中的儿童，无论其有无特殊需要，他们之间的共性还是多于特殊性。只不过在具体的教学过程中，要给那些有特殊教育需要的学生更多的时间与个别的指导，以及在条件允许的情况下提供较多的辅助支持。

其次，全纳课程还要兼顾学生的特殊教育需要，是一种"弹性课程"，即体现在学生学习能力的多样性，反映出不同学生的特点与学习需要。例如，有些特殊需要儿童需要在学校里学习基本的卫生习惯、培养生活自理能力，以及进行语言训练等，而对于普通儿童而言，所有这些技能只要在校外通过自我探索、模仿、非系统的口耳相传就能够习得。由于特殊需要儿童有着很大的个体差异，既体现在类型上的差异、又表现为程度上的不同。因此，"弹性课程"要能够照顾到具体学生的能力和特性，通过调整课程的内容，或是调整学生应该达到的成绩水平的期望值，以满足所有儿童的需求。

三、全纳课程的开发

全纳学校的课程开发，就是要使普通课程与特殊课程进行沟通，构建一种为"所有人的课程"。同时，这种课程又不是僵硬的，而是能够根据学生的个体化需求及时做出调整。即全纳学校的课程首先应该适应所有学生的共性，同时兼顾有特殊教育需求学生的特殊性，促进所有学生的整体发展。作为一种综合性的课程框架体系，全纳课程有着明确的目的导向，为的是满足所有学生的需求。在课程开发中，既要考虑一些共有知识及技能要求，又要兼顾不同学生的需求和不同教师的专长发挥。通过良好的课程开发，培育出一个更加全纳的学校。

1. 特殊教育的课程开发

在全纳课程开发的早期，主要是受这样一种观念的影响，即特殊教育需求来源于儿童内部的因素。因此,课程开发便是事先对儿童进行分类,根据儿童表现出来的或是研究者想象的特征,给他们贴上各种标签,如"发育迟缓的""天生愚蠢的""肢体残疾的"等。在给学生如此定性的基础上,然后分门别类地设置各种不同的课程,以便于进行有针对性的教学。特殊教育的课程开发,支持对学生进行分类,并实行同质教学,对课程的要求自然降低了标准。其教学组织根据能力是可以测量的观点,按照学生年龄、性别和能力进行同质分组教学。实际上,这就是一个大打折扣的弱化的普通学校课程,一些特殊需要儿童经过一段时间接受个人化的照顾,可能会重新转到普通学校、接受既定的课程。这类课程存在的隐患是,容易仅仅停留在对特殊需要儿童某些缺失的特殊技能的训练上。当然,针对缺失技能的特殊训练,在不同程度上的确能够提高学生的某些技能。但是,当学生在隔离的情况下接受这些技能训练时,人们发现这些技能几乎不能被迁移到其他学习领域或将来的生活之中。特殊教育就是"治疗教育",课程在本质上就是一种形式的治疗,它有力地维持了特殊教育与普通教育的分离。于是,人们越来越怀疑隔离背景下的技能训练的效用。可以这么说,仅仅"盯住"有特殊教育需求学生的身心障碍(即他们的弱项或不足)进行治疗或补偿的做法,显然是不恰当的;而让特殊需要儿童在普通学校"随班就读"又容易"忽视"他们的身心障碍,这也是不妥当的。

2.行为主义目标的课程开发

当人们对围绕儿童缺陷的课程开发越来越感到不满时,行为主义目标的课程开发逐渐占据主导地位。它不再只强调儿童的自身因素,而是关注儿童学习特殊任务所需掌握的技能以及获得的结果。因为教育的困难并非来自学习者内部,更重要的是,表现为与教学情境的相关性。根据行为主义的观点,人的所有行为都是通过某些方式在后天习得的,且始终受到行为产生的环境和相应结果的强化作用,学习是可以观察到的行为的变化。行为主义目标应用于课程开发是泰勒确立的原则,即将目标和教学所预期的学习结果进行非常精确的界定,教师直接通过观察来评价是否达到这些目标和预期的结果。这一课程开发模式,发端于美国,设想课程是一个需要掌握的知识和技能的层次化体系,其顶端是基本的领域,每个领域都有一些目标,每个目标被进一步划分成一些教学目标,这些目标再被继续划分为学生目标,达成了这些目标,则说明学生已经掌握教学内容。因此,把评价与课程直接关联起来,在"教学—评价—教学"的循环中牢固确立课程的框架体系,且详细的计划和明确的目标有利于教师与同事、家长之间在对学生的期望、教学的过程和结果方面达成共识。但是,仅仅把课程看成是一套围绕行为目标的教学计划,如此看待课程中目标的作用是有缺陷的。这种把学生学习后显现的行为变化作为中心，比较适合于特殊需要儿童的技能训练，而缺少关注过程，以及他们学习的内在体验和认知策略，无疑是帮助维持了特殊教育与普通教育的分离。

3.综合学校的课程开发

由于行为主义目标的课程开发对学生的内在学习体验和认知策略缺少关注，一种综合学校的全纳课程逐步确立。依据多元智能理论，我们所面对的教育对象差异极大，传统学校的课程体系虽然有一定的系统，但却与儿童经验不相符，很难满足学生的具体要求。比如，课程是由国家设计的，非常严格死板，由当地进行调整或教师进行新方法试验的余地很小；课程内容可能与学生现实生活相去甚远，因此很难为学生所理解，无法对学生产生吸引力。相比传统的普通学校，全纳学校为实现所有儿童都能获得成功的目标，其课程就必须针对所有儿童，以满足教室内多样的学习需要。这样一来，全纳课程比前面两种模式的内容要更为丰富、范围更广、要求当然也更高。具体到特殊需要儿童，课程应该考虑到其个人生活自理能力、社会适应能力，以及职业技能等方面的特殊需求与目标。特殊需要儿童的课程不仅包括传统的语文、数学等学科，更包含自理能力、社会交往、职业技能等方面的内容。它是一种广义上的理解，泛指有特殊教育需要的学生根据自己的需要在学校学习的学科、参加的各种活动，以及在家庭、社区开展的各种有针对性的训练、辅导与活动安排。

综合学校的课程开发，基于每一个学生的需求与发展，对每个学生的成绩和发展过程进行一系列的档案管理，将其信息作为评估依据，对课程计划做出判断，并将评估作为制定新课程决策的依据。在这样的一个课程开发过程中，对教师提出很高的要求。教师专业发展成为一个重要因素，因为课程开发的质量依赖于教师素质的不断提高。所以说，教师拥有充分的课程决策权，既要参与当地的课程编写，还要擅长在自己的课堂中进行课程改编。此外，教师还得管理一系列复杂的课堂活动，熟练安排所有学生的参与，并且要知道如何在不给出预先确定答案的情况下支持学生的学习，以及如何跳出传统学科的羁绊，以具有文化认同感的方式开展工作。课程开发还要充分考虑学校和社区的资源，对社区特点和学生的家庭背景做出合理的建设性分析，并欢迎社区人员和家长的参与，公平地分配资源，并进行充分合理地流动。因此，全纳学校的课程开发是在更为宽广的整体教育，以及社会历史和结构中加以考虑，把课程的设计同基本的教育问题紧密地联系在一起。

第三节　全纳教学

全纳教育要求学校对行政管理、课程、教材、教学方法和社区合作等方面进行全面的革新，以满足每一个儿童的学习需要。以全纳视角看学校教育，不仅要设置多样化的课程，还要实施灵活的多元教学。科学、合理、有效的全纳教学是实现全纳教育的重要保障。如果一个学生在校面临困难，首先要考虑的是，这所学校是否能够调整教育内容、教学方法和组织形式，以便于更好地适应儿童的发展、满足其自身的需要。

一、全纳教学的内涵

全纳学校必须根据学生的不同特性，开展多样化的教学，才能满足学生的不同需求。全纳教育的实施有赖于教学过程是否重视基于平等和尊重的人际交往。面对教学对象自身的不同特点，教师要掌握灵活的方式进行教学，而且能够根据学生个性化的需求做出适当的调整。开展多样化的教学方式，以适应具有不同能力和兴趣的学生。

1. 全纳教学的重要性

众所周知，教学改革是课程改革系统工程中必不可少的一环。教学是一项意义深远的活动，通过教学，教师有改变一个人的生活的力量。因此，毫不夸张地说，教学质量的提高是教育改革中最重要的。有效的教学不但能保证全纳学校的教育质量，还决定了有特殊教育需要的学生与普通学生能否拥有一个共存共荣、互相关爱、和谐相处的学习环境，决定整个社会是否会朝着和谐社会的方向发展。在全纳学校中，不管学生是因为什么原因，导致学习上的接受能力差，但都希望能够像其他人一样获得同等待遇，他们需要培养兴趣、充满信心、远离忧愁，还要有一个温暖耐心的老师。所有的儿童都有许多共同的特点，包括个性和喜好，且都是相互关联的，而并非只是以此分门别类。在教育一个儿童时，了解其兴趣所在并做出回应，这比得知他患有某种特殊的综合症（syndrome）更具教育效果。

如果一个儿童在学习上存在障碍，就需要用特殊的方式对待，如进行特殊评估、接受特殊教育。另外，还有一些专门的教学方法，也许可以帮助教师发现特殊需要儿童在学习中可能遇到的障碍，然后找出办法解决难题。从教育的角度来分析，人的差异是正常的，与他人不同既是一个事实，也是我们绝大多数人的一个努力目标。为确保全纳学校教学质量的有效性，尤其是考虑到有特殊教育需要的儿童在班级和学校范围内的处境。全纳教学的过程应该是适应每个儿童的独特需要,在满足学生的成长需要之后,学生才能积极主动地发展,学校教育才能还给学生应有的地位和尊严,才可以为有特殊教育需要的学生参与社会提供机会和希望,使他们得到应有的尊重和理解,提高其生命的质量。

2. 全纳教学的定义

全纳教学指教师通过有目的、有计划、有顺序地安排适当的学习内容,并予以充分的指导,使学生系统地掌握知识、理解技能,最终每一位学生都能达到一定的能力水平或基本的学历水准。同时借助于各种各样的教学活动,促使儿童的思考力、自信心和意志力,一步一步地逐渐形成并趋于完善,确保每一个儿童的人格都能得到成长和发展。全纳教学是以全面传授更有价值的知识与技能为基础,以促使知识或技能的深刻内化为关键,以激活每一位受教育者的个性潜能发展为核心,以促进所有学生共有和特有的精神品质的和谐发展与不断提升为目标。因此,全纳教学并不是面向某个个体的教育,而是面向全体学生,促进每一位学生的充分发展。这种教学不是单纯地应付考试,而是要培养学生的学习能力和自我发展能力。

在全纳教学中,教师既要满足普通健全学生的学习需要,又要能够照顾到特殊需要儿童的教育需要,使各类学生在各自的基础上都能得到充分地发展。因此,教师要通过更新教育观念,改进教学方法,开展个别化教学等有效的教学手段或措施,切实提高教育、教学的质量。根据学生差异提出不同的教学内容和要求,使不同类别、不同程度的特殊需要儿童都能够通过教育得到发展。全纳教学的内容、方法和进度要适合每一个学生的身心发展水平,让他们既有能力接受,又有合理的难度和要求,所有的人都能够按照自己的能力和需要循序渐进,建立起学习的信心。当然,全纳教学要照顾到学生的个别发展水平和可能出现的学习问题,但并不意味着一定要完全进行个别教学和个别学习。教师在制订基本上适合全班的教学计划时,而其中又有照顾学生个别差异的安排,学生可以从集体学习和生活中,懂得与人相处以及分享经验的方法,同时也能按自己的能力学习。

3. 全纳教学的基本特征

(1)教学环境的多元化。教学环境是指教育者和受教育者进行课堂教学所需要的条件因素,根据其呈现形式可分为硬环境和软环境。硬环境是指可以看到的、摸得着的物体,比如教室、黑板、多媒体、图书馆等。由于每个学生的学习风格各不相同,在教学场景的选择中,结合教学内容,允许学生根据自己的兴趣爱好选择在教师可以监控的教学场地中学习,以促使不同学生的个性都能得到相应的发展。而教学软环境是指教学人际环境和教学观念环境[①],如师生关系、生生关系、班风、教学方法等,对教学效果起着决定性的影响。在全纳教学中,教师将尽可能地营造民主、平等的学习氛围,所有的儿童都在积极的气氛中相互学习、共同进步,形成一个愉快、宽松、和平的学习环境。

(2)教学手段的差异性。全纳教学不仅体现在享受同样的教育、进同样的学校,更表现为根据学生的个体能力和兴趣爱好定制适合其发展的个性化教学。不同的个体有着不同的神经模块,每一模块都有着独立的加工方式和记忆系统,尤其是特殊需要儿童,由于各方面的原因呈现出不同的优势或劣势,其发展轨迹也完全不一致。教师要深入挖掘并予以特殊对待,如通过学生的档案资料、在教学过程中的表现,了解其发展所处的水平、状态与优劣。采用有效的教学手段,使每个学生都能得到良好的发展,充分地满足其个性、学习能力和特殊需要。同时还要考虑对特殊需要儿童进行弱势补偿或康复治疗,多元智能理论指出,每个人都具有一组优势智能,而其他的弱势智能也可以在后天得到培养。

(3)教学内容的多样与丰富。在教学内容的呈现上,教师尽可能地以多种方式加以展示,如通过音频、视频训练学生的言语表达能力,借助适当的音乐以陶冶情操、达到移情的效果,结合图片、动画培养学生的空间想象与自然观察能力。教师对所讲授的教学内容有深刻的认识,并不断探索其丰富性和多样性,使所有的学生都能通过某种方式加以理解。及时掌握教学内容的最新发展动态,相应地采用灵活多样的方式进行新旧知识的更替或补充。在教学过程中穿插一些与学生的生活息息相关的真实例子,避免与日常生活脱节,以便于讲课内容变得通俗易懂、学生的理解更加透彻,从而保持学习的兴趣,并能把所学知识应用到日常生活中,使教学有更大的"效益"。[②]

二、全纳教学的原则

全纳教育的教学实践应该是有教无类、因材施教,目的在于通过教学使所有的儿童得到最适合他们需要的教育,在原有的基础上都得到最大可能的发

---

① 刘小红.论教学"软环境"在教学中的作用[J].当代教育论坛,2006(12).
② 杜晓萍.全纳学校比较研究[D].上海:华东师范大学,2006:101.

展。按照维果茨基的观点,"儿童在有指导的情况下借助成人的帮助所达到的解决问题的水平"与"儿童独立活动中所能达到的解决问题的水平"之间是有差异的,他称之为"最近发展区"。[①] 用通俗的话来说,也就是"跳一跳、能够到"的水平。要达到这样的教学目的,教学过程中必须坚持若干原则,如主体参与性、差别性、成功体验性和发展性等原则。

1. 主体参与性原则

建构主义理论认为,学习不仅是由教师向学生传递知识,而且是学生主动建构自己知识的过程。学生并不是空着脑袋走进教室,在以往的生活与学习中,他们已经积累了丰富的经验,小到衣食住行、大到宇宙星体的运行,从自然现象到社会科学都有自己的某些看法。教学应该是一种师生共同参与的动态变化过程,学生和教师各自扮演不同的角色。其中,学生是学习的主人,主动求知、探索的主体。因此,全纳教学就是要重视每个学生的主体性,发挥所有人的主动性,以学生为本,强调学习者的主动参与和积极体验,把学生置于教学舞台的中心。而教师是教学的主人,是学习过程的组织者、引导者和合作者。教师要改变传统的教学观,树立全纳教学的新思想,运用自身的教育智慧和教学策略。比如,通过向学生提供充分的、从事学习活动和交流的机会,帮助他们在自主探索的过程中真正理解和掌握基本的知识与技能、思想和方法,同时获得广泛的活动经验。由此培养与发展学生的主体参与性,使每个学生真正发挥自身的能动性,由"要我学"变为"我要学";从"苦学"到"乐学"。在美英等发达国家,非常重视学习中的人际互动,鼓励学生积极参与主题发言。这不仅促使学生分享自己的学习经验,而且还学会接受多元化的思想与观念,在这一过程中每个人都可以为知识的构建做出贡献。同时全纳教学还鼓励和引导学生,积极地参与自我学习和互助学习,在相互学习中学会彼此间的尊重与理解,使公平、互助、合作、参与的价值观贯穿于学生整个学校生活的方方面面,并影响其一生。

2. 差别性原则

所谓差别性原则是指由于学生之间存在差异,教学活动中应该注意在平等对待所有学生的基础上,区别对待个体之间的差异,教学的进度和难度以及采取的策略都要满足学生的不同需求。差别性原则是社会发展需要具有高度创造性、个性化人才在教育中的反映,人类社会之所以如此精彩,正是因为社

---

① 黄秀兰.维果茨基心理学思想精要[M].广州:广东教育出版社,2014:92.

会的每个成员都有自己独特的一面。每一个人都是独一无二的存在,都有自己的独特性。在教学中应该承认并加以不同的对待,而实施多元化的差异教学就成为必然。更何况,全纳学校还存在有大量的特殊需要儿童,他们在认知能力、情感、意志品质等方面一般都有缺陷,学习上遇到的困难大而多,思维发展容易较长时间停留于动作和形象思维,抽象概括能力、方位认识与空间概念的形成都比较困难。因此,教师首先要尊重学生的差异,相信每个学生都有发展的潜能;其次,教师需要充分地了解和考虑每个学生的具体情况,根据学生各自的特点、学习水平,有针对性地开展教学,满足不同学生的特殊要求,最大限度地发挥他们的潜能;再次,学生的"最近发展区"是千差万别的,由于学生所处家庭环境的不同,具有的知识经验和兴趣爱好就不同。学生"最近发展区"中的第一水平和第二水平都各异,对于教师来讲,就必须善于准确把握学生的"最近发展区",以此为基点组织教学,帮助学生完成"发展水平"的转变,促使其由"原发展水平"跃升至"新发展水平"。

3. 成功体验性原则

成功体验性原则就是要使每个学生都能获得成功的体验,进而逐步建立自信心,形成一种积极进取的心态。对于学生来讲,他们大都渴望成功、希望得到夸奖和鼓励,任何程度的成功体验都有可能提高他们学习的自信心,增强参与活动的积极性与主动性。尤其是特殊需要儿童,在他们的内心深处更想获得成功的体验。但由于各种各样的原因,这种愿望很难实现。久而久之,内心必然会产生自卑感。因此,创设条件让特殊需要儿童体验成功,就显得非常重要。苏霍姆林斯基认为:"教学与教育的技巧和艺术在于:要使每一个儿童的力量和可能性都发挥出来,使他享受到脑力劳动中成功的乐趣。"①所以说,我们需要为每一位学生提供成功的机会。比如,通过激发学生学习的兴趣,使学生始终在欢乐的情绪中、在良好的自我反馈中体验到成功的愉悦;营造尊重差异、宽容友爱的教学氛围,对特殊需要儿童的每次进步、点滴成就都给予充分肯定、拍手称好。教师必须树立一种信念,即每个学生都有成功的潜力,教师的责任就是提供一定的机会,使每个人都能够成长和变化。

4. 发展性原则

发展是人类永恒的主题,更是每个生命个体的生存主题。人作为生命存在就必须不断地发展成长,只有这样才能适应社会,真正地融入社会,不断地

---

① 苏霍姆林斯基.给教师的建议[M].杜殿坤,译.北京:教育科学出版社,2005:318.

实现自我价值。美国人本心理学家马斯洛认为,每个人都可发挥自身的潜能,都有自我实现的可能,人类的价值、审美、潜能是可以经过开发而不断得到实现的。教师要相信每个学生都有发展的可能与潜力,不能因为其当前的表现而排斥或否定他们。发展性原则要求教师用辩证的观点,正确地分析每个学生的现有状况、发展水平、实现条件,为满足学生的不同发展需求灵活地调整多方面因素,如教学计划、教学方式、教学策略等,使每个学生都能够在原有的基础上获得相应的发展。在全纳教学中,教师用发展的眼光来看待学生,摒弃歧视、用动态化的观点来分析和教育学生,充分运用教学智慧为学生创造发展的机会。①

三、全纳教学的组织

根据儿童的身心特点和教学任务的变化,以灵活、多样的组织方式,满足特殊需要儿童的学习需求,使得这些儿童可以和他们的同辈在一起接受教育,这也是英美两国非常重要的全纳教育经验。全纳教学的组织呈现出多样化,如班级规模的灵活性,既可以是全班或者分组的形式,也可以是部分学生参与个别教学活动或者到其他班级上课;在教学地点和教学时间上,可以根据具体的情况而做出灵活的安排和调整;还有教学内容的组织,教师可以把多种教学内容和方式加以综合,让学生进行单元式的学习,或者是根据实际情况自行调节。

1. 实行小班教学,控制班级规模

20 世纪 20 年代开始,西方国家出现了对小班教学的研究,从中发现,小班教学的学习成绩比大班要好。② 20 世纪 70 年代,随着个别化教学的兴起,班级人数开始大幅减少,小班教学成为各国教育关注的重点。从总体上看,小班教学不仅对学生学业成绩的提高有帮助,而且也能显著提高学生的学习积极性和教师的工作积极性。小班教学的优点,首先是关注学生的个体差异,有利于学生的个性发展,因为教师有更多的时间去了解学生,有更多的精力照顾到每一个学生;其次是由于每个学生都能获得更多的参与机会,有利于学生主体性的发挥;再次,在课堂中能够展开更多的师生交往活动,增加课堂互动的密度,促进师生关系的和谐发展。

班级规模对课堂教学的影响主要表现在人际关系和情感交流上,班级学

---

① 王晓,刘红梅.全纳教育视角下的课堂教学原则探析[J].教育科学论坛,2007(8).
② 黄少飞.论课堂教学公平[D].福州:福建师范大学,2012:45.

生越多,情感纽带的力量就越弱,并且个体之间的差异就会拉大,教师对课堂进行管理的难度也加大。如果教师忙于应付,势必会造成部分学生被忽视,尤其是有特殊需要的学生。而班级规模较小,教师关注到每个学生的可能性增强,能够增加每个学生实际参与学习的机会,学生在教学时间与空间中所占的份额都达到最大化。因此,学生的学习兴趣会更浓,学习态度也更好,归属感强,违反纪律的现象明显减少。那么,班级人数到底在什么样的范围为最好?目前,在一些西方发达国家,班级规模已经控制在20人以内,而对于中国这样一个人口大国,班级人数能够保持在30～40人,已属相当不易。

2.开展分层教学,体现个别差异

所谓分层教学,就是针对班级内不同学习水平的学生,提出不同的教学目标,创设不同的教学情景,使各层次的学生都能得到适合自己的发展。分层教学的目的是为了更好地接纳所有的儿童,并依据他们自身的特点及对环境、课程的要求,选择适合其需要的教学方式来加以实施,促进更好地发展。第一,对学生个体进行分层。我们不能以学习成绩或智商分数作为依据简单、机械地划分学生,而是必须深入了解学生,研究学生具体的智能优势、个性特点、学习兴趣、动机及学习方式等。第二,进行教学目标分层。教师根据教学大纲,在反复钻研教材的结构和知识层次的基础上,按各层次学生的学习水平制定相应的分层教学目标。第三,教学内容的分层。教师适时把握教学的难易程度和要求,创设出适合不同类型和特征学生的教学流程,如同样一个知识点,在讲授时可以鼓励不同的学生采用不同的方法来学习,使各个层次的学生都能听懂并有所收获。第四,练习题型与作业难度分层。对不同层次的学生设计不同的练习量,比如学习困难学生的学习速度慢,要求他们完成一些简单的基础练习,老师在过程中给予耐心地指导。而对接受能力强的学生则结合旧知识,以综合、提高为主。在作业的难度上,有的只要求做一般的解答,有些则要求解答什么和为什么,这样可以使不同层次的学生都能得到最大限度的发展。第五,分层测试。教师将试卷的命题分为基础题和层次题两部分,基础题是各层次学生的必做题,层次题是在同一道大题里安排三个层次的题目,各层次学生做与其相应的题目,难易程度不同,但各小题的得分相同,这样使低层次同学也能享受到高分的喜悦。在全纳学校中实施分层教学,可以使教学内容与每个学生的学习状况相吻合,所有学生都能充分利用好教学时间,得到自己生命发展的正时间,而不是零时间或负时间。

3.调整空间布局,重组现有资源

根据物理学中的“场”概念原理,场对周围影响强度的大小取决于距离场源的远近,在教学中,学生的座位直接影响着学习的情况与效果。传统的排座方式是"秧田型",新课改后,很多学校彻底颠覆这种单一的座位安排方式。对于座位的安排格局,不再予以僵化地静止看待,而是根据不同的学科、教学内容、教学方法以及不同的教学阶段做出灵活地安排。教师可以根据教学的不同需要,采取灵活多样的班级空间布局形式。如为了增加师生之间的互动,可将空间组织成"U"形、圆形或马蹄形,这样教师可以与任何一位学生之间进行目光、言语、体态语等的交流,师生处于一种平等对话的地位,客观上鼓舞了学生互动参与的积极性。为实现生生之间互动的教学目的,教师可将班级空间布局成若干个矩形,学生以学习小组的形式进行自由交流,既能给每一位学生提供平等地参与学习的机会,又可以充分调动学生的积极性、主动性,共享教育资源,从而有利于培养他们合作学习的精神和能力。

第四节　全纳课堂

在全纳学校中,确保学生学业成功的核心力量是课堂教学。自夸美纽斯提出班级授课制以来,通常课堂教学是以班级为单位。面对有着巨大差异的学生,全纳课堂中的教师除进行统一的班级教学之外,还要采取相应的措施弥补其在个别教育方面的不足,即实施个性化教学,以充分照顾到每个特殊需要学生的学习需要和个性发展,使其取得学业成功。

一、全纳课堂的内涵

全纳课堂是让有特殊需要的儿童尽可能早地融入社会,以适应与普通儿童一起学习、生活,成为普通社会的一员。这是基于有特殊教育需求的学生与普通学生一样,在大多数情况下需要学习一些普通的、所有人都必须具备的知识与技能,许多运用于普通学生的教学程序、方法同样适合有特殊教育需要的学生。尽管特殊需要儿童与普通儿童之间在生理、情绪、智商等方面存在这样或那样的差异,但这种多样性与差异性也可以成为一种资源,既促使教师主动研究、开发各种各样的教学方法与手段,又大大地推进社会的融合。

1.全纳课堂的重要性

课堂是学校、社会的微观系统与基本单位,全纳课堂是全纳社会的一个缩影,是个小社会。

首先,全纳课堂是实施全纳教育的具体教学单位,在微观层面上贯彻民主、平等、公平的要求,符合社会发展趋势与时代要求。其理念是接纳、欢迎所有学生,根据每个学生的个性特点、兴趣爱好营造全纳的课堂氛围,采取多元的教学模式,采用不同的教学内容来满足所有学生的需求。由此为学生创造一个宽松的学习环境,使每个个体都获得发展,教师对每个学生的进步和成功都能给予关注,进行及时的奖励和强化,以巩固和维持这种积极性和好的行为,从而提高学生的自信心和学习主动性,使学生形成健康心理和持续的学习动力。

其次,全纳课堂可以培养普通学生的爱心与同情心,学会关心。在全纳课堂上,普通学生与有特殊教育需要的学生一起学习、生活,一天至少相处8个小时。在这段时间里,普通学生亲眼看见特殊需要儿童的不利处境与弱势,出于同学之间的友情与内心的良知,在学习、生活等各方面帮助特殊需要儿童,久而久之这种发自内心的关爱成为一种自觉与显性的自我意识,从此普通学生再也不会嘲笑、挖苦或歧视有特殊教育需要的同伴,反而学会主动接纳、帮助与关心他们。相比于普通课堂,全纳课堂更能培养学生的爱心与同情心,使他们学会关心他人或弱者,也多了一个认识、改造世界或他人的视角,学会倾听另一种声音,并试着从对方的角度来看问题。这些有着相异的背景经历、能力水平和处于不同的发展阶段的学生,在相互尊重与照顾中,学会接受和欣赏彼此间的差异性,为建立全纳、和谐、多元的社会开辟道路与奠定基础。

2.全纳课堂的定义

课堂的定义有狭义与广义之分,狭义的课堂是指班级教学的教室,课堂教学即是班级教学。《中国大百科全书》教育卷中,"课堂教学"这一条目就写明"见班级教学"。广义的课堂指自然界与社会,是人们学习的"大课堂"。在这里,主要采用的是狭义的课堂概念。全纳课堂是接纳、欢迎所有学生,实施全纳教育,实现有教无类、因材施教的具体教学场所。具体而言,全纳课堂是指把普通学生与特殊需要儿童,如视力、听力、肢体、智力、精神等残疾或存在其他问题的学生,以及那些来自不同语言、文化、种族背景的学生等,纳入到同一个课堂中,并根据每个学生的个性、需求、残疾程度与种类,进行不同内容、策略的教学。[①] 因为,每个学生都有其发展潜力,都有获得成功的愿望和需要,教师要对每个学生的成功持有热情和期望,坚信每一个学生都能成才。

在全纳课堂中,学生是积极主动的,而不是被动的学习者;教师鼓励孩子尽可能地做出选择,好的教师允许学生有时处于困境中,因为最有效的学习来源于冒险与从错误中学习;有学习困难的学生以自己的学习速度与步调自由

---

① 舒国宋.全纳课堂教学研究[D].上海:华东师范大学,2007:15.

地学习,教师提供帮助与适当的替代性评价策略来满足学生独特的需要;学生能够体验到学习的成功与快乐,学习目标是明确的、可达到的、可测量的,且对学生具有挑战性。因此,所有的学生都可以在全纳课堂中获得成功、受到良好教育,那些有特殊教育需要的儿童享受到恰当的安置和帮助,接受了最有效、最能满足其需要的教育。

3.全纳课堂的基本特征

(1)民主性。全纳学校提倡教育民主,保障所有学生受教育的权利,要求所有学生的参与,减少学生的被排斥。在全纳课堂中,我们关注所有学生的发展,关注学生学习的权利。课堂教学虽说是在学生群体中进行的,但没有统一、同步的要求,学生有按自己的速度、自己喜欢的方式进行学习的自由,也有在一定范围内选择学习内容或任务的自由。教室里丰富多样的学习资源是为激发儿童的求知欲、好奇心而创设,课堂上宽松自由的人际氛围是为发展儿童的个性而营造,生动有趣的学习活动是为促使儿童从经验中体会、探索。每一个儿童都作为一个个体而被尊重,每一个儿童的不同发展需要都会受到关注。我国特级教师魏书生更是将课堂教学的民主归纳为:"教师为学生服务,同学生交心,与学生商量,和学生一起总结。"虽然寥寥数语,但却凸显了教师以学生为本,积极创设民主和谐的教学氛围,充分尊重学生作为一个生命体所享有的权利,使其在民主的教学氛围中积极成长。而学生则对创造学习小组或共同体负有高度的责任感,通过互相帮助与支持,制订学习规划、遵守共同约定,达到事先所预设的目标。

(2)平等性。平等性是全纳课堂最基本、也是最核心的特征。在全纳课堂中,每个学生受教育的权利是平等的,教育者必须尊重和接纳他们。全纳教育视野下的平等观强调学生的平等受教育权,不仅仅是平等的入学机会,更重要的是实现平等地对待每一个学生,不能有任何歧视现象,要满足学生发展的不同需求。这里所追求的平等不是绝对的平等,而是每个学生平等发展的机会。教师在教学过程中关注全体学生,给予每个学生参与教学活动的机会,尽可能运用各种方法照顾到学生在生理、智能和文化等方面的差异,以确保课堂教学的公正、平等和无歧视。只有包容所有的学生,不因能力水平、家庭背景、个性特征的不同而忽视和排斥某些学生,这才是真正的全纳课堂。同时,全纳课堂也体现了师生之间的关系是平等的,教师和学生都是课堂的主人,课堂是教师与学生之间的情感交流场所、寓知识教授于情感交流之中,是两个或多个独立主体间的平等对话。教师与学生各自相互尊重,课堂气氛自然和谐,学生与教师的关系亲密融洽。

（3）合作性。合作性是全纳教育最重要的价值取向之一，也是现代社会最为需要的人才素养，团队合作能力在当今社会生活中愈显重要。全纳课堂强调师生、生生之间的合作，师生为了同一个目标而共同努力，形成良好的课堂学习氛围；学生在共同学习的过程中，互相学习、互相帮助，相互接纳与理解。这种合作的精神在充分互动的过程中产生，而课堂互动的实质就是人际关系的处理与培养。在全纳课堂中，有着不同兴趣、不同能力、不同技能和不同文化背景的人在一起共同学习和工作，通过深入地交流与合作，师生、生生更加了解对方的优缺点，对自己的学习和工作、也对他人的学习和工作产生一种强烈的责任感和使命感，相互包容、彼此信赖，建立起一种积极的人际关系。在这种情况下，一旦有人遇到学习困难或问题，就不仅仅是他个人的问题，很快变成集体的问题，师生齐心合力帮助改变个人的不利处境，实现大家的共同进步。当课堂中所有的人都把感情投入其中，也就创设了一种合作的环境氛围，大家相互尊重与欣赏，并肩前行并获得持续地发展。

二、全纳课堂的设计

全纳课堂以相对固定的班级为单位，以便于考虑一个班级中每个学生的独特性与学习需要。但是有特殊需要儿童的全纳课堂，其教学计划的设计应包括两部分，即班级授课计划和个别化教育计划。无论是班级授课计划还是个别化教育计划，关键都是基于对学生状况的了解，通过深入地分析每一个学生的前在状态、潜在状态和发展可能，使全纳课堂的实施取得成功。

1.班级授课计划

班级授课计划是指教师制订的对整个班级实施课堂教学的计划。学校一般要求每个年级、每个班级都要制订整体性的教学计划，整体计划规定学生必修课程的门类、教学时数和教学进度。基于此，任课教师制订出每堂课的班级授课计划。在制订班级授课计划时，教师对所有学生的期望值应在同等高度上。学生无论是男是女、是否有特殊的教育需要、贫穷或是富裕，都应享有教师给予的充分信任与了解。教师要意识到，不同背景的学生能给课堂增添不同趣味，每个人都会从中获得收益。针对课堂的这些多元因素，教师设计出具有独特风格的班级授课计划，使每个学生的潜力都能得到充分地发挥。同时，由于每个学生所生活的环境和先天遗传的因素不同，心理品质千差万别。在全纳课堂中，教师要承认学生发展所存在的差异性，不搞"全盘一致"，通过仔细观察学生的心理特点，让每个学生都能在自身原有的基础上，从不同的起点水平获得最优发展。教师还要尊重学生的个性，承认学生发展的独特性，尽可能地发现每个学生的聪明才智,尽力捕捉其表现出来的或潜在的优势,不迫使他们各方面发展的平均,让他们形成自己的特色和鲜明的个性,这样才能使课堂教学达到最理想的效果。

当教师面对整个班级的学生、进行授课计划的设计,首先要考虑的基本问题是:怎样才能利用好现有的资源,使每个学生都能获得发展?这一问题取决于多种因素的层次和水平,包括教师能力即在教学方法、教学信心、耐心、活力等方面的表现,还有学生、课程、可利用的条件、教学环境,以及所有这些因素之间可能产生的相互影响。其中哪些因素会产生效力,是由教师个人对理论知识的牢固掌握、教学目的的清晰明确和课堂教学经验的丰富积累等决定的,它不仅仅体现在课堂内容的设置上,还表现为空间的使用、时间的掌控、学生的分组、任务的规划、活动的协调以及判断的重点和标准上。尤为重要的是,师生之间相互交流的内容、组织和引导。

2.个别化教育计划

个别化教育计划是针对班级里有特殊教育需要的儿童设计的,不同的儿童分别制订不同的教育方案。在全纳课堂中,学生既有接受同等对待的需要,也有作为个体接受特殊对待的需要。学生之间的个别差异现象是普遍存在的,它反映了个体需求方面的独特性,以及对社会环境的不同依赖程度。因此,如何根据学生的个体差异进行有的放矢的课堂教学是非常重要的问题。首先,全纳课堂需要有足够的灵活性,才能确保大量有差异的个体能够在同一个课堂里接受教育。实践证明,不管是普通学生,还是有特殊需要的学生,当教师能根据他们特有的需要调整教学与评价时,他们取得学习成功的可能性就增大。其次,对于有特殊教育需要的学生,可以通过实施个别化教学,保证他们更好地受到适合自己特点和需要的教育。在个别化教育计划中,教师会设计各种活动,鼓励学生参与。通过活动让特殊需要儿童明白自食其力才更有意义,教师提供的多样化、具有挑战性的学习内容,促使学生成为优秀的学习者。

每份个别化教育计划的设计,都必定是由学校相关负责人、班主任、任课教师和家长等多方人员通力合作的结果。这是一个对特殊需要儿童发展的系统性规划,它清楚地指明儿童当前的状况、发展的目标,以及有关目标的达成与所需时间方面的准确界定。因此,一份好的个别化教育计划既是一份线路图,又是一本指南,指引我们如何应对特殊需要儿童的需要,然后创造性地去满足这些需要并达成目标;同时,还具体标明了经过特别设计的教学和相关服务,为学生提供的帮助和额外辅助技术或手段,使他们从当前的表现水平到达未来发展的可能状态的年度目标和短期目标或基线水平。

　　3.学生状况的解读与分析[①]

　　学生自然是课堂教学中最重要的基质性要素。因为课堂教学的基本前提是为学生的存在而进行的教学,其根本目的在于促进学生的主动发展。因此,学生状况的解读与分析在全纳课堂的教学设计中显得非常重要。对学生状况的解读与分析,主要包括前在状态、潜在状态和发展可能等三方面。所谓前在状态,主要是了解学生在学习新知识前已有的个人经验、学习新知识的需求和学生群体之间的差异,分析学生在旧知识学习中所掌握的方法结构可以为新知识学习提供怎样的支撑;所谓潜在状态,主要是分析学生在新知识学习中的可能状态,如学生在解决问题过程中可能出现的方案的丰富性程度,由此反映出学生思维可能存在的层级性差异以及学生可能出现的错误及问题的类型,从中折射出学生学习可能存在的困难和障碍;所谓发展可能,主要是指在学生前在和潜在状态分析的基础上,对学生可能达到的发展水平做出估计,以及为促进学生达到这样的发展水平,教学应采取怎样有针对性的策略和具体的应对办法。

　　学生的前在状态与发展可能之间的差异,一方面反映了学生的学习需要;另一方面促成学生可能获得的发展。教师从学生的前在状态和学习需要出发进行教学过程的设计,这就意味着,要对学生进入新知识学习的起点状态进行较为详尽和细致的分析。而学生的起点状态实际上就是对新任务完成起重要影响的先决智能和情感条件,它是教学得以展开的基础性资源。因此,在设计课堂教学计划时,教师需要尽可能多地调查了解学生的起点状态,分析学生已有的知识、个体经验和个体差异,客观而冷静地思考学生可能的反应和教学效果,使教学设计能够针对学生在学习中的困难与问题,促使学生从"前在状态"向"潜在状态"转化,最终实现真实发展的教学目的。

三、全纳课堂的实施

　　全纳课堂是一个独特、多元、复杂、充满差异、和而不同的课堂,它面向所有学生,包括普通学生和有特殊教育需要的学生,是普通课堂与特殊教育课堂的有机融合。因此,全纳课堂的实施,可以看作是把常规课堂与特殊教育课堂中,科学、合理的教育理念进行改进、吸收,并结合全纳课堂的具体情境与多样化需求,形成自身独有的特色。

---

　　①　吴亚萍,王芳编著.备课的革命[M].北京:教育科学出版社,2007:76.

1.营造全纳氛围

首先,营造欢迎所有学生的课堂气氛。教师努力创设一种和谐、全纳的课堂氛围,因为良好的教学氛围将使所有学生感受到班级就像家一样温暖,深刻体验受欢迎与被关注,产生一种心灵的归属感与安全感,消除特殊需要儿童的疑虑、紧张与不安。如在每堂课的前 5 分钟,安排几位同学做简短的自我介绍,尤其要让有特殊需要的学生多说话,多展示自己的优点与特别之处,并要求每位同学认真倾听,相互之间增进了解,以便于在生活、学习上相互协作与帮助。教师时刻注意自己的语言用语与行为举止,避免用标签来指代特殊需要儿童,对思维反应比较慢、动作迟缓的同学要富有耐心,多与学生进行沟通交流。在全纳课堂中,教师除了接纳、欢迎和关注所有学生外,还要营造民主、平等的课堂气氛,以及创建和谐的课堂情境。教师不仅从形式上,而且从情感上接纳有特殊教育需要的群体,尊重他们的特点,满足他们的特殊需要,帮助缩小与普通学生之间的差距,利用各种方法与途径促进共同发展。对于有特殊需要的学生,适时地给以关注,一个眼神、微笑或手势都能使学生感觉到老师对他的关切,从而集中精力、全神贯注地融入课堂教学之中。同时,针对每个学生的兴趣与能力,创设和谐的课堂情境,让每一个学生的潜能都得到充分发挥。

其次,构建全纳的学习共同体。学习共同体是一种每个人都在学习的文化氛围,在其中的每个人都是一个完整的个体,每个参与者都为学习和共同受益负起责任。[①] 而全纳学习共同体则是为普通学生与特殊需要学生搭建的一个相互学习的平台。全纳课堂是一个充满关爱的全纳学习共同体,这个共同体包括普通学生、特殊需要学生、普通教师、特殊教育教师和其他辅助人员。在这个共同体里,承认每个人都是可以学习的,都有自己独特的认知与思维方式以及学习风格,提倡各种思想、观点、意见等的交锋与论争,它将有助于提高所有学生的学习能力和对所学知识的记忆与运用能力。其中,学生是全纳学习共同体的核心成员之一。每一个学生充分发挥个体独特性,主动建构与客体、自身与他人的关系,共享自己的知识与技能并相互帮助,学会与同伴、教师进行对话与交流,寻找学习的生活意义与社会价值。教师是全纳学习共同体的领导者与组织者。每位教师主动接纳、欢迎有特殊需要儿童的加入,对他们进行耐心地指导,并辅以相应的教学策略,引导、组织所有学生共同学习与进步。其他的如家长,也应发挥自身的作用,支持学习共同体,充分利用自己丰

---

① 舒国宋.全纳课堂教学研究[D].上海:华东师范大学,2007:26.

富的人生阅历,帮助孩子主动积极地投入全纳课堂。

再次,基于全体学生的无歧视教学。全纳教育的本质就是一种反对歧视与排斥的先进教育理念,而全纳课堂则是欢迎与接纳特殊需要儿童与普通儿童一起学习与生活,不带有任何歧视与偏见,力求在教学过程中追求师生、生生之间平等地对话、交流与沟通,人人都能享受到满足其兴趣爱好等要求、与人格特征和潜能相匹配的教育。教师是无歧视教学的实施者与参与者,采取灵活多样的教学方法与技能,照顾到每一位学生的需求;针对学生不同的兴趣与爱好,布置或分配有层次的学习任务;让有着不同社会经历与背景的学生,参与、讨论各种主题,在共同的活动和目标框架下,以各自的速度与方式进行学习。另外,学生是无歧视教学的主体与参与者,学生要学会尊重课堂上的每个人,不论他们来自怎样的家庭、种族与阶层,以及有着什么样的心理或生理缺陷;尊重与珍惜每一个人的劳动成果,每个人的人格、尊严,以及他们的文化、风俗习惯与历史传统等。在学习的过程中,关心与帮助有特殊需要的同学,通过与他们一起探讨、研究问题,既培养了合作学习的意识,又使自身获得发展。

2.采用合作教学

目前,全纳课堂的教学已经从传统单一的模式中走出来,形成"多元开放"的顾问、小队和合作等教学模式。[①] 在传统教学中,教学模式过于单一,主要是采用传递——接受,即教师讲、学生听,这种模式忽视了学生是具有独特的兴趣、爱好与思想的特殊个体,无视学生的多样性与差异性。对所传授的教学内容,很少考虑是否被学生接受并内化成自己的知识。而全纳教学则充分考虑学生的特性和学习的差异性,认为每个学生都有其独特的个性、兴趣、能力和学习需要。[②] 在学习上,不仅特殊需要儿童需要获得教师多种教学方法的支持,普通儿童由于知识背景、认知风格、学习能力千差万别,也需要获得这种支持。其中,顾问教学是指有特殊教育资格或经验的教师,身兼教师职务的同时,又像咨询人员一样承担着答疑、会诊的任务。特殊教育教师不直接参与教学,只是将其作为普通教育教师在拥有多样性学生的班级中开展教学活动时提供的支持力量;小队教学是将特殊教育教师和普通教师组成一个专门的小组,这个小组的主要职责是为特殊需要儿童在普通班级中的学习制订一周的计划,并且小组成员定期会面交流学生及教学的问题及策略。

---

① 杨森.美国全纳教育研究[D].石家庄:河北大学,2007:35—36.
② 黄志成.全纳教育理念下的教学观[J].现代教学,2006(10).

　　国外全纳教育实践已证明,有效的、好的全纳课堂包括多方面的合作,如生生合作、师师合作和师生合作。其中,生生合作主要是以合作学习小组为基本形式,针对传统教学忽视同伴相互作用、相互促进的弊端,把学生之间的互动、合作性的团体结构观念纳入到课堂教学之中,以提高课堂教学的效率;师师合作是着眼于发挥教师的整体功能,使教育教学走出高消耗低效能的尴尬局面,有利于教师之间的优势互补,提高整体教学水平与课堂革新能力;师生合作就是把整个教学过程建立在师生间的共同活动,尤其是地位平等的基础上,把教与学有机统一起来,使教学双方在和谐、愉快的气氛中完成共同的任务。[①] 概而言之,合作教学是让每个人积极参与教学,扮演某个角色,发挥各自的优势与强项,大家一起分享知识与技能,产生互动的学习过程。

　　在具体的实施上,学生之间的合作可以采用同质与异质分组两种方式,由于全纳课堂中的学生是多元而复杂的,采用"异质分组"的效果更好些,即将不同学习能力、学习态度、学习兴趣、性别、个性与身心状况的学生分配在一个组内,组成 4～6 人学习小组,鼓励学生彼此协作、互相支持,在合作中扮演好某一角色,承担起一定的任务,使自己和他人都达到最佳的学习状态。全班可以分成 6～8 个小组,每个小组 4～6 人,每个小组 2～4 名普通学生,1～2 名特殊需要学生。而教师之间的合作即特教教师与普教教师的合作,其基本思路是两个或者更多的教育者共同承担教学任务,为一组有差异的学生设计和提供教学并对教学进行评价,通过减少分离和增加更有效的个别教学为有特殊需要的儿童提供服务。合作的范畴包括制定教学目标、设计教学过程、组织课堂教学以及进行学生考核等所有的教学环节,这就意味着教师需要相互配合,共同完成课堂教学任务。教师可以有五种形式的合作:①一位教师作为教学的主要施教者,另一位则作为助理教师在教室里观察学生,并在需要时给予协助;②将班级中的学生分为两个小组,不同的教师同时对这两个小组进行平行教学,并要求不同小组所授内容基本保持一致;③对全班学生进行分组以降低师生比,确保师生能够及时充分的交流,达到优化教学效果的目的。但不同小组不是在同一时间实施教学,且教学内容也不相同,最后教师之间互换小组、再次重复所教内容;④选择班级中拥有共同需要和兴趣的学生组成一个学习小组,人数控制在 10 人之内,由一个老师负责这个小组的学习,而其余大多数学生则由另一个教师负责他们的教学活动;⑤教师共同对全体学生施教,两人或轮流组织教学活动,或一人讲解一人演示,或分别指导学生学习不同的内容。

-----

① 舒国宋.全纳课堂教学研究[D].上海:华东师范大学,2007:42.

3.兼顾学生差异

全纳课堂的学生存在着很大的差异,他们来自不同的家庭,有着不同的成长经历,身心健康程度很不一样。这些学生的差异是多元的、也是客观的,以数量与质量的方式存在着,而且可测量与调查。教师若想在全纳课堂的教学中兼顾学生的差异,就需要深入了解与测查学生的差异,为课堂教学提供依据。当然,我们绝不能仅仅依赖于智力测验的结果,将学生划分出不同类型,贴上标签、据此设计教学。因为智力测验在一定程度上反映了学生的学习能力,但并不能预测学习的潜力。学生的智力是多元的,只有全面了解学生间的个体差异,才能为他们制定合适的教学目标,确定什么时候实施班级教学或小组教学,怎样满足学生的不同需要。有研究表明[①],学生之间的个体差异主要表现在以下三方面:①在特定时期学习某种概念或技能的准备状态;②感兴趣的活动或主题;③由性别、文化、学习风格或智力偏好等组成的学习情况。另外,学生的差异也会不断发生变化,我们要基于发展性原则,对每个学生的个体差异进行预测分析,综合考虑个体因素与环境因素的相互影响。

因此,我们必须立足于学生的个体差异,把差异当作一种资源,基于此进行有针对性的教学。在大部分时间里,教师需要面对全班学生,有时只对少部分学生进行小组教学,甚至还要单独辅导个别学生。那么,在充满巨大差异的全纳课堂中,如何照顾到这些差异? 有差异的课堂教学要探讨的是适合学生特点、满足学生需要的教学途径,其最终目的为了促进每个学生在原有基础上的最大发展。因此,既要考虑学生智力、能力发展的需要,也要考虑到非智力因素的逐步成熟。在课堂教学中,满足不同学生在学习目标、学习内容、学习速度、学习方法上的不同需求,使教与学这两个系统更好地结合起来,更好地服务于每个学生。它不仅强调学生的个别性、独立性而实施个别指导,更强调学生间的合作与交往,让他们在相互帮助中共同提高。为了更好地兼顾学生的个体差异,在全纳课堂中可以设置有差别的教学目标。如为每个学生设计有挑战性的、吸引人的学习任务;指定合适的教学活动,凸显重要的学习过程和技能,并应用多种学习方法来展示学生的学习结果;以弹性教学来呈现教学内容、过程与结果;提供机会让学生在多样化的教学环境中学习等。[②]

在全纳课堂上实施差异教学,首先,各个教学环节要考虑到不同学生的需

---

① Carol Ann Tomlinson, Susan Demirsky Allan. 差异教学的学校领导管理[M]. 杨清,译. 北京:中国轻工业出版社,2005:11—12.

② 荷克丝. 差异教学——帮助每个学生获得成功[M]. 杨希洁,译. 北京:中国轻工业出版社,2004:6.

要。教学环节是教学过程展开和发展的基本程序,教师应在各个教学环节都兼顾学生的不同需要。这种"兼顾"并不一定占用多少课堂时间,只要教师在备课时做好充分准备,如考虑到一些特殊需要儿童感知速度慢,课堂板演时有意识地多停留一会儿,在关键知识点上多关注或提醒一下。教师还可以把教案分左右两部分,左边主要针对班上大部分水平较接近的学生,右边是为有特殊需要学生设计的。① 其次,整个教学过程采取的方法多样化。教学方法是教师组织学生进行学习活动的动作体系。每种教学方法就其本质来说,都是既有优点又有缺点,不同的学生适应不同的方法。为了适应学生的不同需要,应提倡多样性,这样有利于扬长补短,根据学生的实际情况选择相应的教学方法。再次,基于学习需要进行弹性分组教学。全纳课堂的显著特点在于以弹性、动态的观点进行分组教学,来适应学生不同的学习能力。根据学生的学习需要组建教学小组,为的是能够提供更合适的学习活动。通常教师根据学生个人要求与综合情况,适时地把班级学生编成若干弹性学习小组。有时让具有相同准备水平的学生合作,有时则相反;还让不同能力的学生在一起学习,为培养从多角度看问题的态度与能力。②

① 华国栋.差异教学论[M].北京:教育科学出版社,2001:134-135.
② Carol Ann Tomlinson.多元能力课堂中的差异教学[M].刘颂,译.北京:中国轻工业出版社,2003:40.

第八章 以全纳教师为根本的"专业发展"

第一节 全纳教师概述

一旦各级各类学校按照国家政策、法规要求将有特殊教育需要的学生纳入全纳学校的相应班级后,这些学生是否能够得到真正符合他们实际发展需要的教育,与教师的素质密切相关。提高教师素质,建设符合全纳教育和全纳学校要求的教师队伍,使广大教师具备一定的特殊教育专业素养,以及掌握灵活的个别化教育技巧,将有助于提高教育的质量和效益。

一、全纳教师的重要性

无论是西方发达国家,还是发展中国家,对学校和教师的需求日益复杂。人们希望学校能有效地应对学生多元化的问题,尤其是敏感的文化和性别差异所带来的诸多问题;希望学校倡导宽容,促进社会凝聚力的提高,及时调整教学技术与方式以适应时代更新的要求。这就使得提高教师教育质量,成为世界各国急需解决的首要问题。

1. 教师教育日益成为关注焦点

教师教育问题一直是全欧洲教育政策优先考虑的事项之一。由于欧洲各国全纳教师教育的总体质量,呈现出参差不齐的现象。欧洲特殊教育发展署指出,只有通过欧洲层面以及国家层面的整体立法,才能够确保全纳教师教育与其他政策措施之间的一致性,这也是保障全纳教师教育质量的一个重要原则。因而,制定一个整体和相互关联的政策迫在眉睫,其中决策机构间的协调合作,则是保障全纳教师教育能够实现为所有学习者提供高质量教育的关键。2005 年,经济合作与发展组织发布题为《教师问题》的报告指出,时代与社会发展对学校提出"日益苛刻"的要求,学校不得不应对拥有不同语言和复杂背景的学生,同时需要对文化与性别问题保持高度敏感,对有缺陷、学习困难的学生做出有效的回应,进而促进社会宽容与社会凝聚力的形成。在快速变迁的知识领域,学校更需运用新技术,改革或丰富学生评价手段,以达到与时俱进。2006 年联合国出台的《残疾人权利公约》为这一系列的变革提供了动力。因为若要致力于构建一个更公正的社会和更具包容性的教育系统,必须对所有的教师进行培训以满足课堂上所有学习者的不同需求。鉴于此,2007 年欧洲特殊教育发展署就全纳教师教育主题的优先性问题进行讨论,提出要对所有教师进行培训,以使他们能够为全纳教学做好充分地准备。2008 年国际教育大会提议欧洲理事会应将这一决定作为欧洲制定教育和培训合作战略框架的一部分,次年出台《欧洲教育和培训合作策略框架》,着手对各成员国全纳教师教育与培训进行具体规划。而"全纳教师教育项目"便是其中之一,通过对全纳教育政策与实践进行文献综述,在网络上调查收集欧洲各国的详细信息,探索如何通过职前教育使所有教师成为全纳教师,最终形成包括《全纳教师概述》在内的一系列重要指导文件。

2.欧洲推行"全纳教师教育项目"

欧洲特殊教育发展署[①]在 2009—2012 年启动了"全纳教师教育项目",启动之初代表们就要求明确全纳教育背景下所有教师教学中需具备的能力、态度、知识和技能的具体信息,并进一步探索教师入职所需的基本技能、知识和理解力等。2010 年的五国[②]考察期间,项目专家以及超过 100 名教育专业人士就《全纳教师概述》草案和"以能力为本"等相关的具体问题进行反思与讨论,并一致认为,教师能力不足是欧洲全纳教育面临的主要问题,职前教师教育必须重视教师的价值观和能力的培养。接着又进一步扩大参观考察所涉及的国家,继续收集各方面的反馈信息,于 2011 年在挪威斯塔万格大学举行研讨会,目的是推进"欧洲全纳教师能力测试",旨在为普通教师如何通过职前培训成为全纳教师提供信息与指导。2012 年,欧洲特殊教育发展署发布《全纳教师概述》,其中揭示了全纳教育背景下教与学的四大核心价值观,八项全纳教师能力领域,由态度、知识和技能构成的三大能力领域要素,以及能力领域要素下的若干具体能力要求。[③]

3.发展中国家面临的问题

伴随着全球进入知识经济时代、世界教育的转型、各国教育体制改革的进

---

① 欧洲特殊教育发展署已于 2014 年 1 月正式更名为"欧洲特殊需要和全纳教育发展署"。

② 五国及城市,分别为英国北爱尔兰的贝尔法斯特、葡萄牙的波尔图、匈牙利的埃格、瑞典的布罗斯和荷兰的乌德勒支。

③ 周琴,谭丹.《全纳教师概述》:欧洲全纳教师教育改革新进展[J].外国教育研究,2014(7).

一步深化,国际化趋势明显加快之后,对教师数量和质量的要求急剧提高。但在发展中国家,很多教师和学生都是在非常艰苦的条件下教书与学习。大班上课、教师频繁更换、学生逃课、教学材料有限、住宿紧张等等,这些都必然会对教师的教学和学生的学习造成影响。教师"能够胜任,但他们实际是在艰苦的条件中挣扎",这种情况与普遍认为这些老师不够资格的看法存在偏差。很多发展中国家的教师都很缺乏,充斥着大量不合格的教师。虽然一些教师表现了对教学极大的责任心和想象力,但很多教师上课没有重点,语言缺少指导,教学不够灵活全面。因此,师资成为阻碍教育发展和改革进程中的一个重要问题。

目前中国在开展全纳教育过程中,遇到的主要瓶颈是教师教育专业人才匮乏,不能满足有特殊需求学生的学习需要。的确,我国在全纳教育方面的起步较晚,其师资培养工作的进展比较缓慢,多年来一直在努力争取早日形成"以特殊教育学校为骨干,以随班就读为主体"的特殊教育格局,建设一支数量足、质量合格、学科配套合理和相对稳定的师资队伍,这也是我国落实全纳教育发展规划的关键措施之一。在这种背景下,我们需要在研究国情及特殊需要儿童的需要,学习国外先进经验的基础上,尤其是要借鉴欧洲以"全纳教师"为目标的培养计划,从观念、体系、目标、规格、课程设置和管理等方面做出重大改革或全方位的调整,以适应时代与社会发展的需要。

二、全纳教师的核心内容

学校教育发展和改革的最终实施者是广大教师,教师是实施学校教育计划的最基础、最重要的保障。教育质量的提高在很大程度上取决于教师的素质。教师本人具有的教育理念、教育态度和教育行为,直接影响学校教育的质量和水平。因此,在全纳学校中,如何使教师具有先进的教育理念、如何使教师形成正确的价值观,以及如何使教师掌握相应的教育技能,是在全纳教师的发展和改革中必须优先考虑的重要方面。也就是说,全纳教师需要形成全纳的态度、价值和期望。因为教师的信仰、理念、态度和行为将极大地影响着学生的学习和教育效果,同时也会使教师自身感受到一种激励、一种挑战,促使他们探索更有效的方法来促进所有学生的发展。

1.全纳的态度或理念

教师需要真诚接纳所有的特殊需要学生,那么就要考察教师是否具备接纳这些学生的真诚态度,或者说,从他们内心来讲,对这些学生的发展是否有正确的认识,它直接关系到这些学生能否得到特殊的支持和帮助。而教师的全纳态度直接受其教育思想的影响,随着社会和教育的发展,国际上新的教育思想和理念不断涌现。从终身教育、全民教育,到最新的全纳教育,这些教育思想的发展和传播,已经深深地影响着教师,使教师的观念和实践发生巨大的变化。因此,教师必须要不断地关注、了解和学习新的先进教育思想和理念,并将其逐渐吸纳到自身的教育实践当中。全纳教育思想自 20 世纪 90 年代起由国外引入,逐渐在我国教育领域被了解和接受,越来越多的学校愿意实践全纳教育。全纳教师的发展亟待将全纳教育作为专业知识的重要组织部分,通过全面了解和掌握全纳教育的思想和方法,来促进全纳学校的发展和教师个人的专业发展。因为全纳教育对教师发展的作用和价值、对教师专业的培养、对教师满足所有学生不同的需求等方面具有重要的意义。

2. 全纳的价值观

全纳教育的核心是每一个生命都具有同等的价值,因此教师要使所有的学生接受平等而优质的教育,这也是教育发展和社会发展的价值取向。全纳教师要努力将全纳教育的价值观融入自身的教育实践中,使其成为个体发展的指导思想,为教育行动确立一种目标。因为人们的行动往往受价值观的影响,而教育行动更能体现行动背后起支撑作用的价值观念。[①] 我国目前已经提出了 24 个字的社会主义核心价值观,其中包括民主、平等的价值观。因此,全纳教育倡导的价值观与我国的社会主义价值观是一致的,我们应该重视和提倡这一价值观。这也就意味着,在全纳学校中要将这些价值观与课程设置、教学内容等联系起来,落实到具体的教育实践之中。同时,教师也要将民主、平等的价值观与教育行为保持一致,无论在师生关系上,还是在与同事或领导的关系上,以及课堂教学或课外活动中,都应体现民主、平等的价值观,还有与此相关联的参与、合作、尊重差异、反对排斥等有助于建立全纳学校的价值观念。

3. 全纳的行为或期望

2008 年召开的第 48 届世界教育大会上,出席会议的 100 多个国家的教育领导人,代表各自的国家承诺要在本国实施全纳教育。可以说,在教育以及整个社会范围内,促进全纳教育已成为世界各国教育界的关注焦点。相对而言,普通学校的教师对全纳教育的还了解甚少,即使了解一些,但对于自己能够做些什么以及如何去做,还有待于做进一步的探究。在全纳教师的专业发

---

① 黄志成.全纳教师教育:国外教师教育的新趋势[J].教师教育学报,2014(2).

展上,怎样将教育研究和发展过程中产生的新思想、新知识引入到教育实践中,并成为自身经验或理论的一部分,就中国而言还需要做出更大的努力。当然在世界范围内,全纳的行为或期望已经逐渐被教师们付之于教育实践。美国由教育部资助的教师培训中心提供免费的在线教学资源,教师可以从网上免费获取高质量的教学课件,来帮助学习有困难的学生或解决残障学生的学习问题,使课堂教学更有成效;芬兰已经投入大量的资金,促使教师乐意运用不同的方法来满足学生的个别需求,使所有学生获得学习上的成功。[①] 拉丁美洲和阿拉伯国家不断将全纳教育的思想引入到教师教育和教师培训之中。

三、全纳教师的能力素养

全纳教育对原有的教师队伍提出更高的要求和新的挑战,要求教师不断提高自身的专业素养与教育、教学能力。作为一名全纳教师,为了能够承担起对多样性学生的教育、教学任务,还要不断学习与实践有关特殊教育方面的知识与技能。

1. 全纳教师的专业素养

欧盟已经初步勾勒出全纳教师的专业素养,见表 8-1。

表 8-1　全纳教师专业素养

核心价值观	能力领域
重视学习者的多样性	全纳教育观念
	教师对学习者差异的看法
支持所有的学习者	促使学习者在学术实践、社会和情感等方面的学习
	多样化课堂中的有效教学策略
与他人合作	与学习者父母及家庭合作
	与其他教育专业人士合作
教师专业持续发展	教师是反思型的实践者
	职前教师教育是教师专业持续学习和发展的基础

全纳教师的专业素养其主要包括全纳教育背景下教与学的四大核心价值观,八项全纳教师能力领域,以及能力领域要素下的若干具体能力要求。该框架从较为全面的人的社会关系角度出发,囊括学习者、教师个人和父母以及其

---

① Irmeli Halinen, Ritva Jarvinen. 面向全纳教育:芬兰的案例[J]. 教育展望,2008(3):76—97.

他教育专业人士等三个维度,呈现出四大全纳教师核心价值观。每一核心价值观下又分别涵盖两大能力领域,这些能力领域是对相应核心价值观的进一步阐释。为使能力领域更加具体化,又从完整的人的发展角度,以知识和理解力、技能和能力、态度和信念为出发点,依次对每个能力领域规定了具体的能力要求,且各项能力要求是紧密联系的,某种形态的态度或信念需要特定的知识或理解水平的支撑,技能则强调将知识运用于实际情况。[①]

2. 全纳教师的教育能力

毋庸置疑,理想的全纳教育能力涉及众多方面。为确保全纳教育的顺利实施,美国对全纳学校的教师应具备的能力做出具体规定。通过对美国教师全纳教育素养的研究发现,除了具有普通教师和特殊教师的一般教育能力之外,全纳教师至少还应具备以下两个方面的基本教育能力[②]:

(1)结果责任制文化和全面质量管理能力。结果责任制和全面质量管理能力的提出,得益于全纳教育"不让一个孩子掉队"的内在要求和"最少限制环境"的现实需要,反映了全纳教育区别于普通教育和传统特殊教育的复杂性和艰巨性。事实上,美国早在 2001 年就设立特殊教育卓越成就委员会,着力于改革美国特殊教育体制,使其由"灵活文化"转向"结果责任制文化",由维护社会稳定的社会监管体系转变为以发展为目的的全面质量管理体系,明确表示要将尽可能多的残疾儿童安置到普通课堂,使每个公立学校都能满足每个学生的要求,鼓励每个儿童以他或她的全部潜能投身到学习当中。其中,结果责任制的基本原则是,通过家长的最大投入和教育者的效率、包容和努力,使特殊需要儿童缩小与同辈群体之间的成就落差。在结果责任制文化的内在要求下,全纳教师的全面质量管理能力就显得尤为重要。因为"过程取向"逐渐为"结果取向"所取代,教师的全面质量管理能力成为有效教学的关键因素。全面质量管理能力主要表现为教师对全体学生的全面发展负责的能力。在全纳课堂中,教师的全面质量管理能力可以帮助其在教学情境中,为学生提供具有可行性和有效性的教学适应、调整和顺应。因此,全纳教师的全面质量管理能力的培养显得非常重要。美国学者简·威廉等人认为,在培养全纳教师的全面质量管理能力时,应该特别注意以下三个方面:第一,无论是普通学校还是特殊学校的教师们,都应掌握学生的学习和行为特点,包括他们的学习风格、学习能力和当前的学业成绩;第二,教师应该明确学业标准、教学目标及预期

---

① 周琴,谭丹.欧盟全纳教师教育改革与发展趋势[J].比较教育研究,2014(11).
② 王媛媛.美国教师的全纳教育素养研究[D].上海:上海师范大学,2010:25－28.

结果；第三，教师应该至少从教学环境、教材选用、课堂演示、学生反应、知识评估等五个方面，来分析教学内容、教学方法和课的展示，以便最大限度地提高学生的学习成效。[①]

（2）适应、调整和顺应能力。根据班级所有学生的情况，机动灵活地"适应""调整"乃至"顺应"学生的特殊需要，在美国支持全纳教育的教师中已成为普遍的共识。首先，"适应"旨在通过环境、课程、教育或评估实践中所做的改变，使学生成为一名成功的学习者。适应以学生的自身能力和需要为基础，包括调整、顺应两个方面，它体现在减少阅读负担、用单词表代替章节的概括、挑选出重要的书、有选择余地的任务、小部分的参与、图画式的报告、可动手操作的材料和能选择的目标等多个方面。其次，"调整"旨在为学生走进学习和展示所学做准备。它不会在实质上改变教学的水平、内容或活动的标准，而是为学生提供平等的学习途径和公平的展示自我机会，使学生能够接收到同样的信息，享有同样的机会，平等地参与到教学之中。如通过给学生提供有声读物、计算机写作课程、磁带录音机或计算器等方式以弥补学生因功能障碍导致的不利处境，布置教学任务时给予更多的时间以确保有功能障碍的学生完成指定的教学任务，让学生在考试时说出答案而不是写出答案以使有特定功能障碍的学生能够顺利参与到日常教学评估当中。再次，"顺应"则是根据对学生的预期和他们在成绩测试上的实际表现来组织教学。比如，对平时表现的评估可以采用口头报告而不是书面报告、通过做一幅拼贴画而不是写作文、写出提纲而不是整个段落、选出正确的拼写而不是直接拼写等折中的方式来实现。由于这些改变能针对学生的个体需要和能力，为他们提供有意义的、对其今后有帮助的学习经验、环境或评估，因而成为一种真实的、可实现的有效教学。

3. 全纳教师的教学能力

培养能够全面实施全纳教育理念的全纳教师，也就意味着要重新定位教师的角色、态度和能力，使他们的教学方法更加多元化，重新梳理教师与学生之间的关系，使教师成为课堂教学的合作者。在我国最新试行的《小学教师专业标准》中，有相当一部分规定和条目已经体现了全纳教育的理念，例如，要求教师具备多元评价能力、团队合作能力等，并且还特别提出要"了解特殊需要学生的身心发展特点和规律"，每一位教师都要为承担全纳课堂的教学任务做

---

① 简·威廉，吕丽.共同推动美国和中国残疾儿童的学业成就：适应和顺应的方法[J].中国特殊教育，2004(10).

好充分的准备。

（1）差异教学能力。全纳教师不能只关注很窄的教学技能或技巧，还应该锻炼自身的实践能力、解决问题能力、参与能力、学习能力、反思能力和批判性思考能力等。因为有特殊需要儿童的全纳课堂，其差异性无疑要远远大于传统课堂，驾驭这种大差异的课堂，往往是全纳教师所面临的最大挑战。而差异教学从理念、教学策略、教学方法等方面正好适应了全纳教育的发展，培养全纳教师的差异教学能力就成为重中之重。此外，传统、单一的评价内容和方式不再能够满足特殊需要儿童评价和进步的需要，在有特殊需要儿童参与的全纳课堂，教师应能够针对特殊需要儿童的实际情况调整测验方式、时间和难度，保证特殊需要儿童的进步和水平能够得到充分的展示和客观的评量。

（2）多元评估能力。全纳教育要求我们不得不反思先前的教育方式，教师的教学方式、教学材料是否尊重学生的多样性，满足特殊需要学生的学习要求。教师要学会尊重多样性，提高教学质量，在不断变换着的社会和教育挑战中更加适应现存的教育、学校和社会。首先，教师要能够对学生进行需求评估，着重分析不同种类特殊需要学生的需求，并提出针对每一类特殊需求的具体教学策略，以及进行课堂教学的调适方法；其次，教师在面对一个班级四五十个有着不同需求的学生时，要能够根据学生的及时反馈，对学生的课堂教学状态进行评估，并随机做出教学进度和内容的调整，学会适应不同学生的多样性，使每一位学生都能实现自我发展、到达"最近发展区"。

（3）合作能力。全纳教育提出之际已是后工业化发展时代，区别于工业时代，后工业化时代的信息技术和计算机科学，尤其是互联网的使用，使得社会各个组织、团体、个人都能紧密地联系起来，彼此之间的关系转为相互依存。突破传统的竞争，后工业化社会更加强调人与人之间、人与组织、组织与组织之间的交流和合作。联合国教科文组织在《教育——财富蕴藏其中》的报告中，将"学会合作"作为与"学会认知""学会做事""学会生存"并列的新世纪教育的四大支柱之一。《萨拉曼卡宣言》也指出："政府需要鼓励并促进家长、社区和残疾人组织参与有关特殊教育需求设施的规划和决策过程；强调联合国及其各专门机构，尤其是国际劳工组织、世界卫生组织、联合国教科文组织和儿童基金会之间需要加强对技术合作的投入，并强化它们之间的合作与联络；强调非政府组织与国家机构间的合作。"[①]

---

① 赵中建.《萨拉曼卡宣言》摘录[J].全球教育展望，2005(2).

第二节　全纳教师专业发展[①]

实践是获取"真知"的关键性步骤,一切真知都是从直接经验发源的。就知识的总体而言,无论何种知识都离不开直接经验。教育理论知识也是如此。广大教师在教育教学中积累了丰富的实践经验,这些经验再经过专家的整理与总结,用文字记载下来,就成为书本上的教育理论知识,这是一些十分可贵的东西。但是,书本上的理论知识只是理论知识之"流",而不是理论知识之"源"。[②] 如果一个人只有书本上的理论知识,而没有直接经验,这种理论知识是不完全的,要想取得比较完全的理论知识,就必须将理论付诸实践。"实践高于(理论的)认识,因为它不但有普遍性的品格,而且还有直接现实性的品格。"[③]"认识从实践始,经过实践得到了理论的认识,还须再回到实践中去。通过'实践、认识、再实践、再认识'这种形式,循环往复以至无穷。"[④]

从全纳教育实践的发展历程来看,它是随着社会与教育事业的发展,人们认识的不断深化,从一种崭新的教育理念到具体的实践活动,经历一个由萌芽到产生,再到发展完善的过程。但就目前而言,全纳教育实践的发展还不是很令人满意。其主要原因是参与全纳教育的实践主体对自身的角色认识不够,角色定位单一。这就直接限制了其作为"人"的主动发展,以及全纳教育实践的发展。在这里,我们对从事全纳教育实践的主体进行区分,分别是高校教师、中小学教师和师范生(未来教师),重点对这三方主体应该扮演什么角色,为什么,以及如何扮演等问题,展开相关地研究与讨论。既从理论角度做出思考与分析,以形成相对统一的认识;又从实践层面加以具体展开,构建全纳教育实践的新形态。

一、高校教师由理论工作者转变为专业引领者

转变高校教师的角色,既是时代与社会发展的需要,又是全纳教育专业理论与实践发展的诉求。高校教师通过实地介入全纳教育的专业实践,使自身由理论工作者转变为专业引领者。

---

① 余小红.转变角色:教师教育实践发展路径探析[J].贵州师范大学学报(社会科学版),2009(3):125-129.人大复印资料论文转载.

② 盛克猷.教育实习[M].山东:山东教育出版社,1986:9.

③ 列宁全集:第55卷[M].北京:人民出版社,1990:183.

④ 毛泽东选集:第1集[M].北京:人民出版社,1991:296.

1. 高校教师为什么要转变角色

长期以来,由于大多数高校教师认定自己的社会责任是研究和传播专业理论,通过研究来推进专业理论的发展。所以,他们大多把自己的研究实践指向现有的理论,通过分析比较、批判重建等一系列思维加工来实现理论的推进。但是,如果高校教师仅仅以业已形成的理论作为研究对象,往往会失去与现实对话的可能性。作为高校教师,无论是专业理论发展,还是个人学习性实践的拓展和新能力的培养,都需要面向实践、深入实践、理解实践,和实践工作者一起来创造新的理论和实践。

从时代与社会的发展来看,我国正处于社会转型的重要时期,在这一背景之下,高校教师把研究对象的视野拓展到正在进行着变革,甚至显得有些无序的实践领域是十分必要地。时代与社会发展对高校教师提出更高层次的要求,希望其扮演专业引领者的角色。高校教师对专业的引领既包括理论方面,又包含实践层面。它是以现状为本,但又有所超越,在现有的条件基础上,不断地考虑是否有做出调整与更新的可能性。

高校教师通过专业实践,重新审视当前的理论,由此带来的冲击将不仅影响自身原有的理论水平,对认识整个专业理论的立足点、方法和习以为常的框架与原则都会有很大的帮助。首先,将促进高校教师观念的自我更新,通过进一步深化,发现新的问题域,展开富有时代气息的创造性实践,为理论提供新的来自生动实践的养料,使实现新的、富有时代气息的结构式理论更新具有可能。其次,把生动的专业实践纳入自己的研究视野,培养了新的研究能力,实现自身专业水平的提升,对理论与实践做出新贡献。

2. 高校教师如何成为专业引领者

正是因为专业实践活动对高校教师具有非常重要的意义,所以,每个高校教师都要积极投身于专业实践,并充分挖掘自身参与实践活动的潜能。当然,"实践"是本复杂的大书,它显然不同于抽象概括之后,以符号方式表达,具有条理清晰、逻辑严整特征的理论书籍。为此,我们需要对高校教师如何介入实践的问题,做进一步探讨。

(1)实地介入中小学是高校教师成长为专业引领者的关键。提倡高校教师实地介入专业实践,并不是要求他必须进入应用研究层次,对一系列操作性问题做出具体明确地回答。而是通过与中小学联合开展课题研究,或是借助于师范生参与教育实习之际,实地介入中小学的教育教学现场,与中小学教师和师范生之间形成一种理论与实践的多维有效互动,以实现理论与实践在不同层面上的交互影响和转换。一方面,理论研究主体与实践主体进行沟通与对话,"对于实践工作者来说,这是一个学习的过程,也是对自己的原有实践方式和与此相关的理论进行改造的过程。这种改造有时涉及的不只是认识与观点,还包括教育信念与思想方法。对于理论研究者来说,这是一个宣传自己的观点,使之普及到相关人员头脑中去的过程"[①]。另一方面,形成理论向实践转化的中介层次,"一种新的教育思想,要转化为切实的教育实践,就必须转化为学校设施、结构,管理原则与组织结构,教学计划与课程,教学及其他一切学校教育的实践行为"[②]。

高校教师通过这种实地介入,既对自身的专业理论知识做进一步地印证、巩固、加深和具体化。同时,又将新近的专业理论知识传播给中小学教师,引领中小学实践的发展。在这一过程中,高校教师与中小学教师之间,就实践形态中的各种问题展开进一步研究,使观念发生变化。并进一步对专业理论体系的更新与发展做一些思考。总之,高校教师对中小学教师和师范生的指导作用可能是间接的,但它更具有总体性、根本性、动力性、透析性和方向性,它通过对中小学教师及师范生的观念、思想方法的冲击影响,促进他们在实践中做出新的创造。

(2)实地介入高校课堂是高校教师成长为专业引领者的主阵地。由于受传统教师观的影响,高校教师往往会把自己定位在理论知识的传授者。而如今,我们已经进入知识经济时代,信息、资讯非常发达,学生完全可以借助于多种途径,如互联网、图书资料等,接触与学习到大量的理论知识,这就有力地冲击了"师者,所以传道、授业、解惑也"这一角色地位。教师的作用转变为引导学生发现知识,培养具有创造精神的"新人"。在全纳课堂的教育教学实践中,高校教师的主要目的是帮助师范生将书本上的理论知识转化为实践。高校教师可以自身为中介,把那些偏重于认识的基本理论,转化为对专业实践具有行为指导意义的应用性理论。同时,通过将自身投入实践之后所吸取来的实践智慧,尤其是一些典型的案例与经验,提升到类结构的层面,从不同角度给师范生专业发展以更大的帮助。

由此可见,高校教师若想成长为专业引领者,不仅需要对自己头脑中已有的理论做出清理、反思和新的建构,更要提高介入实践的能力。也就是说,要形成一种透视生动实践,形成理论结构框架的能力,学会一种生成性的思维方

① 叶澜.教育研究方法论初探[M].上海:上海教育出版社,1999:160.
② 叶澜.思维在断裂片穿行——教育理论与教育实践关系的再寻找[J].中国教育学刊,2001(4).

式。所谓"理论结构框架"能力是一种面对生动、综合实践的综合抽象能力,它不同于面对现成的抽象理论的批判性思考,需要有一种既能析出元素,又能把握关系,且能实现整体式理性综合的能力。所谓生成性的思维方式,既是一种框架,却又是非凝固化的,十分善于捕捉变革中涌现出的事物,敏锐判断其具有的整体性价值,进而修正原有理论框架的能力。[①]

二、中小学教师由实践操作者转变为实践反思者

转变中小学教师的角色,既是自身发展的需要,也是全纳教育实践改革的客观要求。中小学教师通过提升个人内在理论,使自身由实践操作者转变为实践反思者。

1. 中小学教师为什么要转变角色

首先引用叶澜教授的一段话:"必须破除这样一种观念:教育实践工作者的主要任务只是行动,只要照着领导的指示或者理论工作者的设计行动即可,似乎思考与他们无缘。事实恰恰相反——教育实践家们不仅要行动,而且要掌握基本的教育理论,有自己的教育信念,更要研究教育行动的理论与哲学,这是与教育理论家研究领域很不相同的领域,然而却是在教育领域中'精神变物质'十分重要的一步。"[②]由此反观中小学实践,长期以来,中小学教师往往将自身定位于"操作工",并严格按照既定"模式"执行与操作。而如今,科学技术日新月异、文化包罗万象、信息瞬息万变,整个社会都在发生着千变万化。如果中小学教师依然因循守旧,将会导致资源枯竭、思维僵化,最终被时代所抛弃。正所谓,无论你对中小学的教育教学具有多么丰富的经验,假如不进行更新与优化,就有可能跟不上时代前进的步伐。作为新时代的中小学教师,既是自己开展行动研究的主体,又是其他人开展行动研究的"外界专家"。所以,需要尊重自身和他人的经验,进行自我反思以及帮助他人反思,从而提高个体知识的概念化、结构化和外显化水平。

2. 中小学教师如何成为实践反思者

(1)提升个人内在理论是中小学教师成长为实践反思者的必经之路。从个体实践的意义上来说,不存在脱离内在理论的实践。相反,也不存在与实践无关的内在理论。也就是说,理论与实践是紧密联系的,两者之间存在着共生

---

① 叶澜.学区系统生态变化的整体反思[M].北京:人民出版社,2001:4.

② 叶澜."新基础教育"发展性研究报告集:世纪初中国基础教育学校"转型性变革"的理论与实践[M].北京:中国轻工业出版社,2004:176.

共长的关系。有关中小学教师个人内在理论的形成:一方面通过实践积累个人经验,在不断发现问题与解决问题的过程中,形成基于个人实践的新认识,这种认识有可能转化为个人内在理论。另一方面通过个人的理论学习,如理解和体悟现成知识,或从他人经验的学习、比较、思考中获得启发等,对自身实践的所得所失及整个过程的认识,逐渐理性化、清晰化、自觉化,形成能提升个人实践的内在理论。① 可见,教师个人内在理论的形成是一个复杂的过程。中小学教师既要努力学习相关理论,又要结合自身的变革实践,理解与领悟这些理论与传统的已经根深蒂固了的个人认识之间的差异乃至冲突,由此产生改变头脑中已有观念和行为的需求、愿望与行动,进而发展到将自己的理性认识体现在自己的变革实践中,使变革理论与日常实践之间完成由矛盾、冲突到内化、统一。这样,中小学教师将逐渐成为自觉的、有理念作为指导的、自主的实践反思者。

(2)基于实践的个人内在理论提升,是中小学教师成为实践反思者的重要途径。个人内在理论的提升需建立在对过去经验的批判性反思上。在中小学教师的头脑中,存在着对自身教育行为起作用的"缄默知识"。如果个体对这些以往所形成的旧知识框架认识不够清晰,就有可能出现言说与实践行为不一致,用新观念解释旧行为,即所谓的"穿新鞋走老路"。所以,中小学教师要对自身的教育行为进行分析,反观积淀在头脑中的理性观念,尽量避免自己的行为陷入简单地执行与模仿操作。通过认清自己旧有的知识框架,以更新旧有的内在理论。中小学教师还要尝试在实践中真正理解新理念的内涵,同时将新理论转化为自身的实践行为。

中小学教师可以通过听取他人的评析,观察他人的教育实践以及参与评点等,对自身的实践进行反思。这种反思主要是针对行为及其过程中的感受与结果加以展开,强调的是与日常教学实践相结合,并且反思参照系因新理念的介入而更新,因参照系的更新而带来反思的新质量和重建的可能。② 借助于此,中小学教师将慢慢体会到变革意识与变革理论,使日常实践成为有意识的自觉追求的变革实践。在这一过程中,教师不断地发现新情况与新问题,通过即时性的反思与重建,使教学与教育产生创造的火花,形成新的经验和体悟。实践已经证明,中小学教师不仅能够学会用理论指导实践,并且能在实践中不断创造,对理论进行验证和创新。中小学教师通过对自身的教育实践(还

---

① 叶澜.新编教育学教程[M].上海:华东师范大学出版社,1991:3.
② 叶澜."新基础教育"论——关于当代中国学校变革的探究与认识[M].北京:教育科学出版社,2006:31.

包括所处的群体)的改革性研究,既获得自身的发展,又推动了全纳教育、教学实践不断向前发展。更重要的是,还能够在创造中真正体验到教师职业带来的欢乐,体验到生活质量提高而带来由衷的幸福。

三、师范生由学习者转变为理论践行者

转变师范生的角色,既是其作为"人"的发展的需要,又是从"自然人"成长为"社会人"的必经之路。师范生通过亲历全纳教育教学实践,使自身由学习者转变为理论践行者。

1.师范生为什么要转变角色

"一般而言,任何个人所具有的理论都包含着个人对自身实践的相关认识,即个人所具有的相关经验性认识和理论认识。"[①]如果个人缺乏一定的实践经验,就会影响其认识的发展,并阻碍其个人内在理论的提升。对于师范生来说,也是如此。教师教育不是为了教给师范生更多的知识与技能,而是不断提高他们的基本素养,培养他们的发展意识与能力。这种提高不仅包含知识与技能,更侧重于认识。因为,就人的发展而言,主要是指人的思想发展,理性的提高。

正是基于此,教师教育应该遵循"认识—实践—认识"的特殊方式。师范生在大学校园里学习的是大量的书本知识,通常书本知识是通过对科学事实的不断抽象而形成,这种抽象结果使客观规律变得简约、贴近本质,但这种抽象的过程,同时也使实践的复杂与生动丢失了,变成没有生命的死的知识。要想使这些死的知识"活"起来且具有生命态,有赖于师范生积极主动地投身于教育教学实践中,将结构化后以符号为主要载体的书本知识重新"激活",使其与自身的生活世界相沟通,与自身的经验世界、成长需要相沟通,与发现、发展知识的人和历史相沟通。[②] 也就是说,师范生要借助于教师教育实践活动,深入到实际的教育活动中去,发展或检验已经形成的观点和认识,并将其提高到新的高度、新的境界。

2.师范生如何成为理论践行者

师范生要深刻体认这样一个道理,无论你对中小学的教育、教学多么的陌生和不了解,只要投身其中,就有可能增加认识与加深了解。而且,只有当理

① 叶澜.思维在断裂片穿行——教育理论与教育实践关系的再寻找[J].中国教育学刊,2001(4).
② 叶澜."新基础教育"发展性研究报告集:世纪初中国基础教育学校"转型性变革"的理论与实践[M].北京:中国轻工业出版社,2004:21.

论与实践有机融为一体时,才有可能成长为一名研究型教师,成为教育改革中能动的、自觉的创造者,在创造性的实践中实现自身的发展。

(1)亲历教育教学实践是自我发展的有效途径。师范生自我发展的实现,需要借助于各种教育教学实践,使个人理论与具体实践有机联系在一起。首先,师范生要主动投身于教育教学实践,从以往的"被动应对"转向主动进行"自我更新",实现自身作为主动发展的、生动的、具体的、真实的人的发展。其次,师范生通过主动积极地参与教育教学实践,使自身的主体性得到充分的发挥。再次,师范生亲历教育教学实践时,将从高校教师和中小学教师那里获得强有力的支持。因为高校教师与中小学教师不仅拥有丰富的教育教学实践经验,还具有强大的创造力和发展可能性,他们对师范生进行教育教学实践指导的意义,不只是过程中的参与,还包括指导中的丰富性和生动具体的反馈。师范生完全可以借助于他们的力量,使自身获得发展。这也是师范生在获取符号形态知识的同时,逐渐形成经验形态、过程形态和生命实践形态知识的重要历程。

(2)亲历教育教学实践是培养创造力的重要方法。从社会的发展来看,自20世纪90年代以来,人们逐渐意识到今天的教育,不能只停留在完成传递人类文化、知识、技能上,停留在教师和学生只知学习与继承,不思也不会创造的水平上。"一个墨守成规的教师对于学生创造力的发展无疑是一种近乎灾难的障碍。"①教师劳动的创造性,以及教师(包括未来教师)自身创造意识的觉醒和创造力的发展,以从未有过的鲜明方式突显出来。这种创造性的发挥,将点燃个体生命中探索的欲望,通过进一步开发潜能,使其拥有一个充满信心、勇于开拓发展的积极人生。

师范生通过亲历教育教学实践,学会发现问题、反思实践,尤其是充分挖掘自身的创造潜能,这是培养创造力的重要方法。从生理学的层面上,生命的存在是通过个体与环境的能量交换,并以个体独立的方式,内在地完成新陈代谢这一生命物质转换的过程。人的智慧的发展、精神世界的丰富更是如此,通过个体的经验与独立体悟,将外在的知识、文化以及其他人的创造转化为自身的发展与成长。这种创造性的劳动实现了自身的生命价值,也从中享受到过程本身所带来的生命力焕发的欢乐。在教育实践过程中,师范生通过不断地思考,唤起自身主动反思和重建教师职业意识和职业行为,使自己成为自觉创造教师职业生命和职业内在尊严的主体。

---

① 叶澜.新编教育学教程[M].上海:华东师范大学出版社,1991:15.

　　(3)亲历教育教学实践给师范生以灵魂的触动。通过对上海、江苏、浙江、云南等地,刚参加过或正在进行着教育实践的师范生访谈,整理出一些共同的心声。"教育实践是非常重要的,只有通过教育实践,对'教师'这个概念的理解才逐渐清晰与具体起来。而且,越来越深刻地体会到,要想真正理解教师这个职业,还需要相当长的一段时间。""关于教育智慧,它需要借助于实践,在实践中积累的经验多了,才有可能形成。所以,如果要办师范院校的话,最好是与中小学'打通墙',就是把师范院校建在中小学的旁边。甚至师范生可以是上午在师范院校学习,下午到中小学去实践。""在教育实践过程中,自己的认识是在不断发生着变化的,自实践之后,才发现理论不但是全面的,而且是鲜活的。""通过教育实践,深刻地意识到:假如只是了解一些教育理论,而并未付诸实践,就如同义齿、假发一般,只是人的向外之物。只有将理论植入实践之中,才能获得内在的发展。""因为父母是教师,从初中开始就进行了一些教育教学的尝试,比如到幼儿园、小学去带班、组织活动等。所以,相比其他同学,在从师范院校过渡到中小学校的过程中,感觉没有太大的困难。""非常希望师范院校能够多给我们一些教育实践的机会。"如此看来,实践对于师范生的生命成长起着非常重要的作用,它既是理论的践行,又是理论向实践的创造性转化。

　　总之,高校教师、中小学教师和师范生是全纳教育实践的主体,要想充分发挥他们的主体精神,使他们成为主动发展的人,这不仅需要进行与其相关的外部环境系统的变革,还要创设有利于其实践与发展的条件,更需要主体不断地学习、反思、改变与丰富自身的角色意识,提升自己的创造性实践能力,并在创造性的实践中实现自身的利益和价值。"每一个人只要不只是埋怨或等待外部环境、条件的彻底改变,而是立足于自己的实践领域,积极地朝向进步的方向改变自己的观念和行为,就能发现实现事业和自身发展的空间……"[①]这一段精辟的话告诉我们,主动积极的态度在变革中所发挥的决定性作用。在全纳教育实践中,我们要充分认识到这一点,通过致力于自身生存状态的改变,促使自我获得真实地发展和变化。

---

　　① 叶澜."新基础教育"论——关于当代中国学校变革的探究与认识[M].上海:教育科学出版社,2006:335.

第三节 全纳教师职前培养[①]

教育的有效性,很大程度上取决于工作在教育服务机构中的教师的能力和素质。师资培养一直是教育发展和改革进程中的一个重要问题。全纳教育作为我国社会主义教育事业的重要组成部分,虽然起步较晚,其师资培养工作的开展也较缓慢,但建设一支数量足、质量合格、学科配套合理、相对稳定的全纳教师队伍,一直是我国落实全纳教育发展规划的关键措施之一。随着全球进入知识经济时代、世界教育的转型、我国教育体制改革的深化,全纳教育发展的国际化趋势明显加快,对教师数量和素质的要求急剧提高。在这种背景下,全纳教育师资培养在观念、体系、目标、规格、课程设置、管理等方面都要做出重新调整,以适应时代与社会发展的需要。为此,我们紧密结合全纳教育发展的实际需要,积极主动地开展有关全纳教育师资培养问题的研究,以便更好地服务于教育和社会的发展。

一、全纳教育师资现状分析

在党的十七大报告中,十分鲜明地指出要"关心全纳教育"。为贯彻落实这一精神,我国又明确提出"盲教育以省办为主,聋教育以市办为主,培智教育以县办为主"的原则。同时,30万人口以上的县(市、区),应建有培智学校或培智班级。根据这一教育规划,我们需要大力兴办全纳教育学校,无论是各省、市,还是各县(市、区),都需要全力以赴,积极筹备与完善本地区的全纳教育。因此,我们自2008年初开始,围绕全纳教育师资培养问题进行了广泛的实地调研,主动参与各类相关会议,认真研读会议精神与文件材料。并且,通过各种渠道查阅大量的国内外文献资料。综上所述,对目前我国全纳教育师资培养的具体情况,做如下分析。

1. 全纳教育师资培养受到广泛重视

政府及有关部门已经充分认识到全纳教育的重要性,把切实尊重和保障广大残疾儿童少年的教育权益,加快发展全纳教育,作为全面建设小康社会、构建和谐社会和落实科学发展观的应有之义,作为推进教育统筹发展、实现教育公平的本质要求,作为高水平高质量推进基础教育发展的迫切需要。各省、市也都出台了一系列相关政策,通过实施全纳教育"三大工程"(全纳教育师资

---

① 余小红.特殊教育师资培养的理性思考[J].长春大学学报,2009(10).

队伍建设工程是其中之一),加强全纳教育基础能力建设;通过创新全纳教育工作机制,深化全纳教育教学改革等一系列措施,保障全纳教育发展总体目标的实现。可见,有关全纳教育师资培养问题已备受关注。

2.全纳教育师资需求不均衡

全纳教育是高投入低产出的事业,无论是在财力、物力,还是人力方面的投入,都要比普通教育高得多。因此,我国一些经济较发达地区的全纳教育发展较快,已经趋于完全配套与全面落实,师资需求基本处于饱和状态,且对师资提出本科及以上学历的要求。而作为欠发达地区,在全纳教育的发展上,还将面临十分严峻的挑战。尤其是在全纳教育专业师资方面严重缺乏。

例如,Z省Q市现有残疾儿童少年约997名,其中智力残疾约452名。如果严格遵循"特教特办"的原则,除轻度智障儿童在普通学校随班就读之外,大约有60%的中重度智障儿童需要到培智学校就读,依据"培智学校按师生比1∶2.5配备",所需教师108名。但事实上,Q地区培智学校专任教师共计44人,其中在编34人,而真正毕业于特殊教育专业的教师仅有11人。相比在校智障儿童总人数224人,平均师生比是1∶5,这与标准之间有一定差距。

3.全纳教育师资培养尚欠灵活

就全国而言,培养全纳教育师资的高校并不多,很少有地方院校参与本地区的全纳教育师资培养,即使部分地区长期招聘不到特教专业教师,也主要还是依靠于普通中小学教师转岗的形式予以满足。如果要全面铺开培智教育,大力兴办培智学校,许多地区都将面临培智教育专业教师严重紧缺的问题。考虑到这一需求具有明显的时代性、紧迫性、阶段性和区域性的特征。我们应该就全纳教育师资的培养,做出灵活机动的调整。如部分地方高校动态把握当地在全纳教育师资方面的需求,根据实际情况,启动全纳师资培养计划。

二、全纳教育师资培养的理性思考

为了争取早日形成"以特殊教育学校为骨干,以随班就读为主体"的全纳教育格局。我们在研究国情及特殊需要儿童的教育需要,学习国外先进经验的基础上,同时,应对各地区在培养全纳教育师资方面的独特性予以充分考虑。

1.观念与体系的转换

反思我国全纳教育师资培养的发展历程,它是一个从无到有的过程,虽然已形成自己的特色,但还不是很成熟,还不能充分满足社会和特殊需要儿童的需要。从某种程度上看,它顺应了我国的国情,但未能充分反映出时代特征和国际全纳教育师资培养的趋势。在 21 世纪的今天,我们应站在历史的高度展望未来真正符合全纳教育发展需要的新型的全纳教育师资培养体系。

就观念的更新而言,从一些欠发达地区的全纳教育发展现状来看,特殊教育机构的存在仍有其合理性和必要性。一方面,我们仍需要特殊教育学校和特殊教育班级的存在;另一方面,即使全面实施全纳教育,即所有的特殊需要学生都进入了普通学校学习,也不可能完全不需要特殊教育教师和特殊教育专业人员。因为学生的特殊教育需要很复杂,一些问题的解决必须要有特殊教育教师的介入才可能解决。此外,从特殊需要儿童的身心发展特点来看,其不同于普通儿童的特殊性和复杂性非常明显,这就要求未来教师要对特殊需要儿童的特点、教育需要和相应的教育教学方法进行专业学习。

当然,特殊教育教师和普通教育教师都需要具备科学文化、教育心理、教学理论等专业知识和技能,唯一不同的是,特殊教育教师还要掌握更多的特殊教育理论知识与实践能力,保证其能够在全纳学校和特殊学校或班级为特殊需要儿童提供服务。因此,我们可以采取"普通教师教育＋特殊教师教育"的培养体系,也就是在普通教师教育的基础上,开设特殊教师教育的课程(专业),通过对现有教师教育体系的调整,承担起当地特殊教育师资培养的任务。这样做的好处是,首先是能提高特殊教育教师的综合素质,使特殊教育教师的专业起点更高;其次是可以为普通师范生修习特殊教育课程提供师资保证,所有师范生均需修一定的特殊教育课程和学分,这在发达国家已经非常普遍;第三是把普通教师教育和特殊教师教育紧密结合,使普通教育特殊化,特殊教育普通化。这既有助于未来教师的发展,又提高了特殊需要儿童受教育的质量。

2.目标与规格的确立

当有关全纳教育师资培养的观念与体系达成一致之后,我们就要开始确立有关全纳教育师资培养的目标与规格。培养目标是根本,是研究其他要素的前提,它是依据不同类型、不同层次的高等教育所承担的任务和要求而确定的。而培养规格是主体,是培养目标的具体化,它明确培养对象应具有的知识、能力、素质及其结构。国务院关于《中国教育改革和发展纲要》的实施意见中要求,高等教育"要努力培养高层次复合型人才"。同时,在《关于深化教育改革全面推进素质教育的决定》中指出:"要大力发展高等职业教育,培养一大批具有必要的理论知识和较强实践能力的专门人才。"

因此,基于地方院校的实际情况,我们将全纳教育师资培养的目标定位在:培养德、智、体全面发展,具有大学专(本)科程度,具有现代特殊教育理念,适应社会主义现代化建设需要,既面向特殊学校(班级)又关注普通学校的特殊需要儿童,能够从事特殊需要儿童教育教学和康复的复合型、应用性专业人才。这一培养目标尤其关注"专业发展",因为特殊教育教师与普通教育教师一样,也是从事教育教学的专业人员,而且与普通教育教师相比,除具备普通教师教育的专业知识和技能外,还有自己独特的专业要求。

首先,作为一个特殊教育教师,尤其重要的是要具备崇高的职业道德和职业信念,要有爱心、耐心和责任心;其次,掌握特殊教育的理论知识和实践技能;再次,具备可持续发展的基本素养和终身学习的能力;最后,能够适应不断演化和发展变化的复杂教育教学情境以及特殊需要儿童的教育需要。在全纳教育师资的培养过程中,我们面向的是未来教师的整个职业生活世界,既能够应对社会和职业生涯的双重变换,又能够面对不同的特殊需要儿童的不同教育需要,并能提供相应的帮助与支持。

3.课程的设置与管理

解决一些地区全纳教育师资紧缺问题,最好的方法就是由地方院校增设特殊教育课程,逐步实现普通教师教育和特殊教师教育的双向融合。如在普通教师教育中开设"特殊教育"课程,使得未来教师在掌握普通教师教育知识与技能的同时,又具备特殊教育的专业知识与技能,这样他们一旦走上工作岗位,就能够很快地适应全纳教育的教学工作,并用所学到的特殊教育专业知识,帮助特殊需要儿童与正常儿童一样学习与生活。这种培养方式分两步走:

(1)通过集中培训。为满足当地对全纳教育师资的紧急需要,可以采取集中培训的方式。在毕业班学生中,以自愿报名、择优录取的方式,选取部分学生进行为期一年的特殊教育课程集中培训,并安排他们到特殊教育学校进行教育实习。学生完成课程学习并考试合格,且完成相应的实习任务后,发给特殊教育课程学习合格证书。这样做可以在短时间内为当地培养能适应特殊教育需要的教师。

(2)采取分散学习。为了普及特殊教育知识,我们将面向全校学生开设特殊教育选修课程,如随班就读教育学、特殊需要儿童心理健康教育、特殊需要儿童的教学与实践、特殊需要儿童的诊断与评估、特殊需要儿童的感觉统合训练等课程。通过这种分散学习的方式,使未来教师们获得一些特殊教育的专业知识与技能,以便于尽快适应全纳学校的教育工作。

在课程的管理方面,实施"学科专业资格证书+特殊教育专业资格证书"。这样,既可以提高未来教师的就业机会,又能适应全纳或特殊学校的不同需求,保证学生能够学以致用,更好地服务于特殊需要儿童。同时,加强横向联系、突出教育部门的主管功能，集中整合、统一管理。教育部门在制定相关法规的过程中，结合当地的实际情况，逐步形成全纳教育教师资格认定制度，保证全纳教育师资培养的制度化。

三、结论与建议

有关全纳教育师资培养工作的任务非常艰巨，我们将面临一系列的难题。

1. 协作问题

作为一所地方院校，由于长期以来高校相对独立的设置，直接影响了其与地方政府以及社会的沟通与联系。所以，我们必须打破这种界限。一旦计划投入全纳教育师资培养工作，就要加强与当地政府与教育部门的联系，并随时通报具体工作的进展情况。尤其是引起教育人事部门的关注，使其在招收全纳教育教师时，尽可能地优先考虑我们所培养的未来教师。同时，加大宣传力度，欢迎社会各界人士共同参与到我们的培养计划中来，为当地的全纳教育事业群策群力。

2. 师资问题

尽管地方院校现有的教育学、心理学和教学法教师在胜任特殊教育的课程教学，实现知识和技能的迁移等方面没有太大的问题，但毕竟他们都较少接触特殊教育，既缺乏这方面的感性经验，又缺乏这方面的专业技能。因此，需要多方吸纳特殊教育专业人才，以及有计划地组织教师进行在职培训与参观考察。有关这方面的工作可以分几步走：第一步，挑选骨干教师外出培训与学习；第二步，派教师前往各全纳或特殊学校参观与考察；第三步，采用请进来的方式培养专业教师，如请国内知名大学特殊教育学系的教师来校带教。

3. 经费问题

地方院校参与培养全纳教育师资，需要获得其所在地政府的支持与帮助，如能争取到当地政府的专项拨款那是再好不过的了。因为有关全纳教育教师培养的工作主要是为适应本地区全纳教育事业的发展需要，为当地服务。若要在原有的普通教师教育课程基础之上增加特殊教育的课程设置和实践环节，那么，首先地方院校必须投入大量的经费用于师资与专业建设。其次是实践这一环节，将大大地增加办学经费。

总之，从终身教育和教师专业发展理论出发，全纳教师的成长不仅要通过职前教育为其专业发展奠定基础，更要通过职后培训来促进专业的发展。因为全纳教师面临的问题具有多样性，每个学生的需要各不相同，因此很难用一个统一的形式来解决所有学生的问题,满足所有学生的需要。这就必然要求全纳教育师资培养方法的多样性:既可通过自我学习和自我反思以达到自我成长;也可参与有关课题研究,通过科研改变观念、形成能力、解决问题从而促进成长;还可参加各种机构的各类短期培训,如骨干教师的培训、咨询教师工作营、各种专家讲座,等等;也可以是各种脱产进修,包括学历的提升以及职前的学历教育。

第四节　全纳教师在职培训[①]

教师培训是中小学教师专业发展,以及教育教学能力提升的重要手段。当我们在义务教育领域高呼"为了一切学生"之时,也就意味着,中小学教师专业发展应该是"面向一切教师",教师素质提升必须是一个都不能少。从某种程度上说,前者是后者之因,后者是前者的保障。教育的有效性,很大程度上取决于教师素质和能力。教师素质关系到教学质量的高低,教师能力影响着教学改革的成败。而教师培训则是提高中小学教师素养的重要途径,也是最为基本的方式。

就我国中小学教师培训而言,目前已经从 20 世纪 90 年代的"学历补偿性培训"逐渐转向"全员培训",在培训层次、机构、内容及形式上,都发生较大变化,而且不同地区的实施情况存在一定差异。[②] 在《国家中长期教育改革和发展规划纲要(2010—2020 年)》中,已明确将义务教育阶段教师队伍的建设列为重大改革项目,其中对教师进行"全员培训"就是主要内容之一。国务院在《关于加强教师队伍建设的意见》中规定,要"建立教师学习培训制度,实行五年一周期、不少于 360 学时的教师全员培训制度,推行教师培训学分制度"。自 2010 年起,Z 省率先成为"教师培训管理制度改革与创新"试点,几年来培训制度已经全面展开,并取得一些实效。

在这里,拟对作为培训受益主体的中小学教师,进行培训需求和满意度调查,旨在了解 Z 省实施中小学教师培训的现状。同时,以全纳教育为理论背景,分析中小学教师培训的量(参与面)与质(实效),由此探讨影响中小学教师培训的主要因素及解决对策,试图为我国中小学教师培训思路的设计、培训计划的制订和相应措施的落实提供参考。

---

① 本部分是由笔者撰稿的 2012 年度浙江省教师教育科研项目《全纳教育视野下中小学教师专业发展培训模式研究》的部分研究成果。

② 陈向明,等.我国义务教育阶段教师培训财政保障机制探究[J].全球教育展望,2014(7):32.

一、理论与假设

1.理论基础

从我国目前极力提倡的"全员培训"这一术语,很容易让人联想起"全民教育"这一国际教育思潮,而"全民教育"与"全纳教育"之间又有着十分密切的关系。1990 年在泰国宗滴恩通过的《世界全民教育宣言》描述了一个美好的愿景——使所有儿童、青年和成人普遍获得平等的受教育机会;而 1994 年联合国教科文组织发表的《萨拉曼卡宣言》呼吁民主、平等、公正的社会权益,虽最初只代表残疾人,但很快就突破这一束缚,逐渐扩大"教育机会均等"的对象和范围。作为一个能覆盖所有学习者的教育过程,全纳教育被视为实现全民教育的一项重要战略,并逐步发展为各教育领域解读、构建与实践的对象。根据联合国教科文组织的定义,全纳教育是一个通过增加学习、文化和社区参与,减少和消除教育系统内外的排斥现象,从而满足和应对所有学习者需求多样性的过程。"全纳教育"试图解决的首要问题是构建全纳课程;其次是实践全纳教学。既要设置灵活的课程,还要实施教学创新。就"怎么教"的问题,全纳教育从关注特殊个体转向关注特殊群体,从关注知识转向关注合作,由此带来教学方法的变化——从简单的知识教学发展为合作教学。在合作教学中,教育者和学习者都是主体,他们通过主动积极地参与,投身于合作之中。这种合作不仅包含主体之间的相互学习与交流,还涵盖主客之间、客客之间的多层次多形式的互通与流动。这就意味着,我们要能与不同兴趣、不同能力、不同技能、不同个性、不同文化背景的人共同合作。

2.研究假设

基于"全纳教育"理念,我们提出的基本理论假设主要有:首先,每一个中小学教师拥有参加培训的基本权利。根据全纳教育的思想,我们的中小学教师培训应该创造一种"全纳"的氛围。在这种氛围中,每个中小学教师的培训权利都有充分的保障,不仅中小学教师可以自由地选择培训机构,而且任何培训机构都完全面向所有的中小学教师。就中小学教师而言,既是人人拥有平等的培训机会,更是每个人都受到平等地对待,不受歧视或排斥。其次,所有中小学教师有机会获得满足其自身不同发展需要的个性化培训。全纳教育的目标是以面向全体和满足学习者的多样化需求为基本特征,这就从"量"和"质"上对中小学教师培训做出规定。针对中小学教师的不同学习需要,各培训机构既能接纳并具体了解这种多样性,又能够创造一切有利条件,通过正式或非正式的教育环境,为他们量身打造、设置个性化的培训项目。第三,任何有关中小学教师的培训都立足于当下。全纳教育提倡"积极参与",中小学教师既要"学会生存",更要主动地投入当前的学习与工作之中。作为受益主体,中小学教师能够充分利用这一时机,结合自身在教育教学中遇到的困难与问题,有针对性地选择培训项目。同时,也善于把自身的这种需要及时地反馈给培训机构或授课专家,使培训机构与中小学教师之间的合作与联系更为密切。

二、研究设计

1.样本说明

研究数据来自 2012 年 1—12 月对参加 Z 省 Q 高校培训的中小学教师进行的抽样调查。我们通过向正在培训的教师发放问卷的形式来开展调研,共发放问卷 1800 份,回收问卷 1501 份,问卷回收率为 83.4%,剔除填写不完整的无效问卷,共获得有效问卷 1372 份,有效率为 91.4%。其中,男性教师占25.6%,女性教师占 74.4%;年龄在 35 岁以下教师占 55.0%,35~45 岁的教师占 30.4%,45 岁以上教师占 14.6%;教龄 3 年以下教师占 12.0%,3~10 年以内占 28.1%,10 年以上占 59.9%;初级职称教师占 34.3%,中级职称占48.1%,高级职称占 17.6%;中师(或高中)学历教师占 3.9%,大专学历占20.3%,本科学历占 75.0%,研究生学历占 0.8%。可见被访者涵盖不同性别、年龄、教龄、职称和学历,对调查问卷及内容有较好的理解与把握。而且 Z省地处我国经济发展的前沿,Q 市作为 Z 省的欠发达地区,与省内其他地区相比具有明显的区域不平衡性。因此,我们针对 Q 高校所实施的中小学教师专业发展培训的调研数据,具有较理想的代表性和可靠度。

2.问卷情况

调查问卷主要分四部分:第一部分是样本的人口统计特征,包括中小学教师的性别、年龄、教龄、职称和学历,以及所任教学校的类别与所在地等指标;第二部分是培训需求,主要内容是最希望参加的培训项目、最需要培训的内容、最想借助培训来加以提高的知识或能力、最希望参加的培训形式等;第三部分是满意度调查,围绕培训的主要收获,从课程内容、教学方式、授课专家等方面给予评价,并指出所存在的问题;第四部分是开放题,了解中小学教师在培训中面临的困难以及急需解决的问题和建议等。在设计问卷时,我们结合已有的理论成果,将中小学教师培训需求与满意度分为几个不同的维度,然后借鉴以往成熟问卷的测量题项,使所有结构变量均采取多个测试项。同时综合运用文献阅读法和专家访谈法来调查各项指标,以全面反映调研内容。其中,对每个维度主要包括什么,做出具体的说明。起先问卷由 3 位高等院校专家进行评阅,并根据他们的意见进行了修改。之后,对 Q 市一所学校的 50 位教师进行预调研,在进行信度和效度分析后,借助预调研反馈的意见和数据分析结果对问卷进行完善,使问卷语句更加符合调查对象的思维逻辑及实际情况,使问题项的意思表达更易于被调查对象理解和接受。最终,形成了包含 30 个测试项的问卷。

三、实证结果分析

1. 中小学教师培训的基本情况分析

(1)考察不同类别学校参加培训教师的性别变化趋势。在总体样本中,来自小学的教师 944 人,占 68.8%;来自初中的教师 353 人,占 25.7%;来自高中的教师 75 人,占 5.5%。相比之下,参加培训的小学教师人数最多。再从性别来看,男性教师 352 人,占 25.6%;女性教师 1020 人,占 74.4%。在图 8-1 中,从小学到高中男教师的占比在逐渐上升,并最终趋于平衡。这种"男少女多"的现象,完全印证了我国当前中小学教师的性别分布特征。基于全纳教育理念,我们需要在基础教育阶段大量增加男教师的占比,尽可能地改变小学里男女教师比率严重失调的现状。

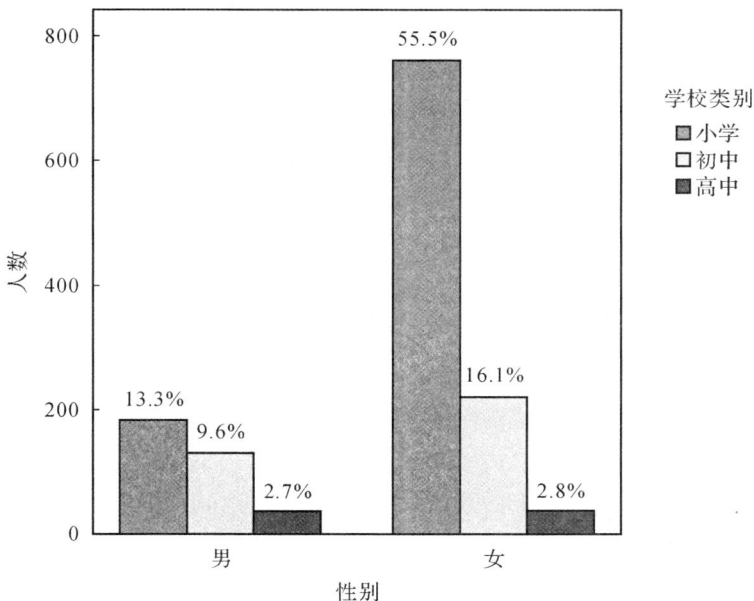

图 8-1　不同类别学校参加培训教师的性别情况

（2）从年龄、培训经历反观农村教师所占比例。在研究中，年龄在 35 岁以下的教师 755 人，占 55.0%；35～45 岁的教师 417 人，占 30.4%；45 岁以上的教师 200 人，占 14.6%。任教学校在农村的教师 168 人，占 12.2%；乡镇所在地的教师 557 人，占 40.6%；学校归属于市（县、区）的教师 647 人，占 47.2%。由此说明，参加培训的教师主要还是以中青年骨干教师为主，且城区学校的教师远远多于农村学校。从以往的培训经历看，仅有 7.4% 的教师没有参加过任何培训；50.2% 的教师参加过县级单位组织的培训；32.2% 的教师参加过市级单位组织的培训；10.2% 的教师参加过国家级的教师培训。如果从全纳教育的视角来加以分析，参加过培训的农村教师所占比例非常小（见图 8-2），与乡镇，以及县城的教师之间存在着显著差异。而且农村教师所参加的培训项目主要以县级为主，仅有部分 35 岁以下的教师参加过国家级培训。

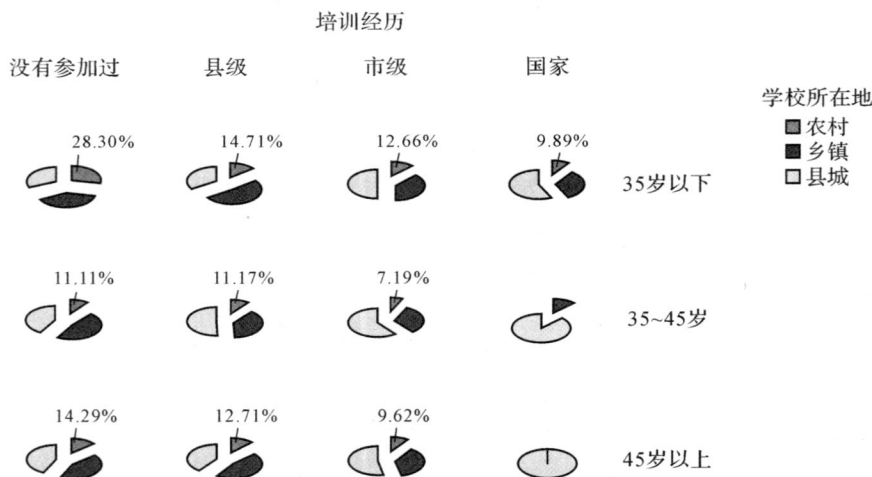

图 8-2　培训教师的年龄与所在地情况

（3）根据教龄、学历来看培训教师的分布情况。在图 8-3 中，教龄 3 年以下的教师 165 人，占 12.0%；3～10 年的 385 人，占 28.1%；10 年以上的 822 人，占 59.9%。由此看来，参加培训的教师中，任教 3 年以下的新教师人数较少，而超过 10 年以上的教师占绝大多数。当我们对这些教师做进一步分析时发现，其中接近 2/3 的教师处于中级职称，他们的职业生涯位于上升阶段，要求自我提高的积极性相对较高。从学历水平看，中师（或高中）学历的教师 53 人，占 3.9%；大专学历的 279 人，占 20.3%；本科学历的 1029 人，占 75.0%；研究生学历的 11 人，占 0.8%。其中，本科学历的教师最多，其次是大专学历,这充分说明,教师们的学历已经达标,基本上具备一定的理论与专业素养。但总的来说,培训教师的教龄分布不均,与全纳教育的要求还有一定的差距。

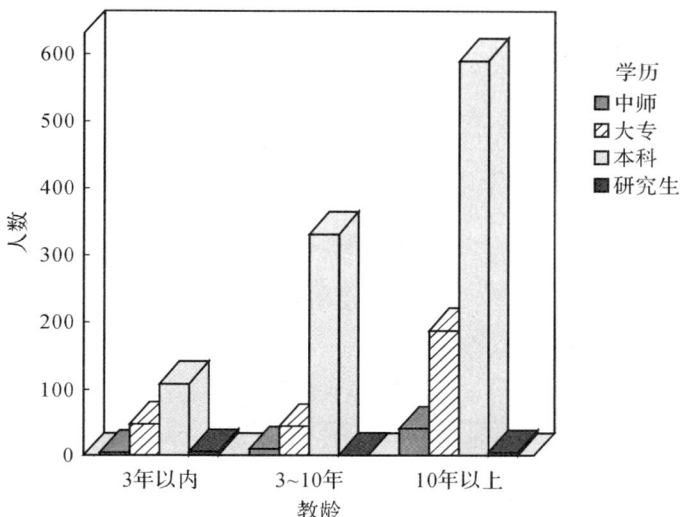

图 8-3 培训教师的教龄、学历分布情况

2.中小学教师的培训需求透析

(1)选课时,最关注什么。在选课时,教师们最为关注的是项目名称,占61.1%;其次是距离远近,占19.5%;最不关注的是项目内容,仅占7%。且不同性别的教师之间不存在差异(见表8-2)。这一调查结果说明了什么,是否与Z省在中小学教师培训中首推的"菜单式"选课有某种联系?所谓"菜单式"选课,指全省乃至全国所有具备教师培训资质的培训机构,都可以向Z省教育厅提出申请,然后由省教育厅组织专家进行评估,获得认定的培训机构通过中小学教师培训网络平台提供培训项目名称,即"菜单",Z省域的所有中小学教师都可以通过网络平台自主选择自己想要参加的培训项目。因此,"项目名称"就成为中小学教师关注的焦点,各培训机构也是费尽心思在名称上大做文章。

表 8-2 培训教师选课的关注点

选课时最为关注点		距离远近	培训机构	项目名称	项目内容	总计(%)
性别比例 (%)	男	4.3	2.9	15.2	1.9	24.2
	女	15.2	9.5	45.9	5.1	75.8
总计(%)		19.5	12.4	61.1	7.0	100

（2）对于培训,是否存在预期。关于这个维度,我们设计了一系列的测试项。表8-3是调查最希望参加的培训项目,其中解决实际问题与提高教育、教学能力成为中小学教师参加培训的主要动力;其次是为了解前沿动向与新理念、掌握新知识与技能。这与另一个测试项的结果相一致,在这个测试项中,当被要求回答为什么要参加本培训项目时,52.5％的教师回答是为了提升自身素质、提高教学技能。在接下来的测试项中,问及被试最想借助培训来获得提高的能力时,45.9％的教师选"教学能力"。而对于自身最为欠缺知识的调查,这里的知识细分为:"学科专业知识""教育学知识""心理学知识"和"相关文化知识"等,从中小学教师的回答显示,占比较均衡,在各方面知识上的差异不显著。由此可见,中小学教师对培训的预期主要集中在希望能够帮助解决教育、教学工作中的实际问题。

表8-3　教师最希望参加的培训项目

最希望参加的培训项目*		了解前沿动向与新理念	提高教育、教学能力	解决实际问题	掌握新知识与技能	总计
响应	样本数（N）	391	741	781	392	2305
	占比（%）	17	32.1	33.9	17	100
个案数的占比（%）		28.6	54.3	57.2	28.7	168.8

* 二分法组值为2时进行制表。

（3）在培训内容与形式方面,有无明显的倾向性。中小学教师对培训内容的需求,主要集中在针对实际问题占33.9％,实践指导占26.4％,满足课堂教学占18.7％,专项培训占14.4％;而对"理论培训"的需求最低,仅占6.6％。这充分地说明,中小学教师对培训内容的需求还是直接来自于实际工作。相应地,对培训形式方面的要求（见表8-4）,占比最高的是考察观摩占37.9％;紧随其后的是研讨互动占30.1％;接着是专家讲座占23.7％;最后才是自主学习,只占8.3％。因此,无论是培训内容或是培训形式,都要求能够满足中小学教师的个性化需要,对项目的设计必然要基于此。

表8-4　教师最希望参加的培训形式

最希望参加的培训形式*		专家讲座	研讨互动	自主学习	考察观摩	总计
响应	样本数（N）	435	552	153	695	1835
	占比（%）	23.7	30.1	8.3	37.9	100
个案数的占比（%）		32.0	40.6	11.3	51.1	135

* 二分法组值为2时进行制表。

3. 中小学教师培训的满意度剖析

（1）对所参加的培训总体评价较高。满意度调查包括中小学教师对本次培训的总体主观感受，以及对菜单式选课、课程内容、组织形式和授课专家等方面的满意情况。测量尺度为四阶段，回答向度包括"不满意""一般""较满意""非常满意"，赋值均从低到高排列，计分依序为1、2、3、4。三题得分相加，总分越高，表示中小学教师对培训的满意度越高。在表8-5中，16.0%的中小学教师对本次培训的满意度较低，有37.7%的表示"较满意"，44.9%的表示"非常满意"，而仅有1.4%的中小学教师"不满意"。从细分的维度来看，对菜单式选课的低满意度占比最高，达到24.0%，且非常满意的也降低到26.9%；而中小学教师对课程内容、组织形式、授课专家等方面的满意度普遍较高，超过八成以上的中小学教师表现为较满意或非常满意。

表 8-5　参加培训教师的满意程度统计

测试项	满意程度的比例（%）				合计（%）
	不满意	一般	较满意	非常满意	
菜单式选课	3.9	24	45.3	26.9	100.1
课程内容	1.5	14.9	41.8	41.9	100.1
组织形式	2	12.2	41.1	44.8	100.1
授课专家	2.2	10.6	36	51.2	100
总体评价	1.4	16	37.7	44.9	100

（2）培训的主要收获与存在问题较一致。由表8-6可见，中小学教师参加本次培训收获最大的是开阔了教育视野，占25.9%；其次是帮助中小学教师解决了实践中遇到的问题，占比为19.6%，以及提高了中小学教师的教育教学水平，所占比例18.9%；而在工作热情、知识更新与方法技术层面的收获相对较少。

表 8-6　教师培训的主要收获

本次培训的主要收获*	响应		个案数的占比（%）
	样本数（N）	占比（%）	
激发了工作热情	210	9.6	16
提高了教育教学水平	414	18.9	31.6
掌握了教育技术与方法	228	10.4	17.4
开阔了教育视野	566	25.9	43.1
更新了知识结构	341	15.6	26
解决了实践中遇到的问题	430	19.6	32.8
总计	2189	100	166.8

* 二分法组值为2时进行制表。

在对所参加项目存在问题的调查中,绝大多数的中小学教师把矛头分别指向"教学内容实用性不强"以及"缺少案例分析",它们各占33.4%;还有少部分教师认为"课程设置针对性不够",占23.8%。而对授课专家的教学水平和教学方法上的指摘,所占比例非常低。从主要收获与存在问题的比较中,我们不难发现,中小学教师参加培训时所关注的焦点并不是知识和方法。

(3)中小学教师培训的现实与理想有差距。本次调研中,我们设计了三个开放题,其中"在选课时面临的主要问题"是:大部分培训机构的特点与优势不明显,所开出的"菜单"大同小异,导致中小学教师选课的随意性较大;很多中小学教师选中了自己喜欢的培训项目,却由于路途较远、费用偏高,受到所在学校的限制、不予批准,最后只能被迫选择距离较近的本县、市范围内的培训机构;部分中小学教师选课时比较盲目,觉着哪个都行,往往仅根据对项目名称的主观感觉做出判断。而在实际的培训中却发现,一些项目的名称与内容很不相符。而"培训中迫切需要解决的问题"集中在:一是由于中小学教师自身基础差、知识比较薄弱,很难理解或根本听不懂所培训的内容;二是因为授课内容比较松散、宽泛或过于抽象、深奥,再加上培训的时间短、内容多,且又缺乏具体操作,造成培训与实际工作"两张皮",不太切合中小学教师的教育教学实践。就"建设性意见"方面,中小学教师普遍认为改革"培训形式"是关键,培训项目既要"高大尚"更要"接地气",理论与实际相联系。比如实地介入、观摩互动、小组讨论、案例教学等形式,对中小学教师的实践就很有指导意义。

四、结论与建议

1.主要结论

通过对1372份有效问卷的数据分析发现,中小学教师培训基本达到全纳教育的要求,但也存在某些问题有待于进一步解决。

(1)中小学教师培训的出发点是面向全体中小学教师,但在实际操作中,由于"工学矛盾""交通""费用"等问题,造成部分农村教师的选择权受限制,参加培训的农村教师相对较少,且所参加的主要是县级单位组织的培训。相比之下,市、县级学校教师比乡镇所在地及农村学校教师获得的培训机会要多,所参加培训的级别也相对更高。因此,如何确保农村中小学教师的培训参与面及其实效,就成为迫切需要解决的问题。

(2)当外在的行政要求过于刚性、强硬时,教师内在自发的学习动力和意愿反而容易下降,较严重的还会产生反作用力。由于现有的中小学教师培训大都来自于学校之外,往往脱离于中小学教师的"日常实践",存在"去情境性""碎片化""机械性"等问题,极易造成"理论与实践"的脱节,影响了教师自我发展的"能动性"。而且,即使有内在需求的教师,也会遇到新的问题,找不到相对匹配的、能够满足自身发展需要的"个性化"项目。因此,我们需要进一步研究并挖掘中小学教师参加培训的内在需求与动机,将其合理、有效地转化为实际行动,使外在要求与内在发展高度一致。

(3)就目前而言,中小学教师对培训的满意度还是比较高的,虽然有一些问题也初露端倪,如选课方面、教学内容等问题。而且从长远来看,中小学教师培训必须走向"常态化""制度化""全员化",这就给我们提出了新的挑战。我们需要打开视野、拓宽思路,无论是培训机构、还是各中小学校,都要主动出击寻找多形式、多路径的项目合作,使中小学教师培训真正具有实效性和针对性。

2.对策建议

(1)以"校本培训"促进农村教师发展。"全员培训"作为一项教育制度已经在我国全面实施,这既满足了中小学教师的专业发展,同时也符合全纳教育的基本诉求。为了确保每一位中小学教师都能参与到培训中,以获得自身素质与能力的提升。我们需要寻找各种途径来帮助不同对象克服实际困难,尤其要考虑偏远农村学校教师的具体情况。既然农村教师受到各方面的制约,很难"走出去"接受到更好、更高层次的培训,我们不妨结合"请进来"的方式,让培训"下基层"——通过校本培训的方式,使农村教师或乡镇所在地教师获得更好地专业发展。一旦培训进入到学校内部,就意味着增加了培训机会、扩大了参与面,且有可能与每一位参训教师的日常实践相对接,从自身的发展和实际需要出发,真正使所有教师都受益。同时,校本培训还会带动校本教研,形成一种全纳学习的氛围,激发起教师主动变革自身教育教学实践的内部动力。

"校本培训"是一种"从学校中来,到学校中去"的培训,把农村教师自身的问题作为培训的起点,而培训的归宿则是最终解决这些问题。事实上,更为重要的是"校本培训"有利于促进"学习共同体"的形成。首先,在校内教师之间形成学习共同体。最好的校本培训素材,就是基于农村教师自身在教育教学中遇到的问题与面临的困惑,在同一学科组或教研组内展开激烈地讨论与碰撞,通过课堂重建或同课异构得以突破障碍,达到相互学习的目的。其次,建立在校外专家与校内教师之间的学习共同体。借助于校外培训专家所提供的理论与经验,农村教师可以快速地提高自身的专业水平,缩短与他人之间的差距。最后,网络背景下的全纳学习共同体。随着科技的发展和现代教育技术水平的日益提高,借助于因特网、校园网,农村教师可以进行大量的网络优质教育资源培训,这样就打破了培训时间、空间上的限制,获得更大、更广范围的学习与提高。

(2)以"职业生涯规划"驱动教师内需。现有的"菜单式"选课,有它自身的优势——灵活多变、名目繁多,但如果培训者事先对自身内在的需求没有一个清晰的把握,在面对那么多可供选择的培训项目时,就有可能晕头转向、难以做出合理地取舍;各培训机构或项目主持人虽说也是通过调研、根据培训对象的实际需要来加以设计,但更多的是基于群体需要,而不是个体需要,这两者不会完全一致,由于参训教师情况各异,针对群体需要的预设性主题培训,往往不能将培训效益最大化。最终课程内容是否贴近培训者的需求,能否满足不同人群的需要,只能视情况而定了。因此,我们需要改变以往从"培训主题确定—教学内容选择—培训项目申报—教师参加培训"的这种外在于中小学教师的流程设计,采用另一种从"教师提出需求—选定培训内容—汇总形成主题"的自内而外的模式。这就好比生活中的一日三餐,吃什么、怎么吃,可选择的余地很大,但只有根据个体自身的需要所做出的安排才是最恰当的。

为了充分挖掘每一个中小学教师内在的培训需求,我们可以鼓励他们做职业生涯规划。通过做职业生涯规划,中小学教师将会进一步明确自我发展的短期目标和长期目标,并由此发现阻碍自我发展的瓶颈,产生自我提高的内在需要。在中小学教师做职业生涯规划时,有的会发现自己最需要提高课堂教学效率,学习如何组织课堂教学;而有些则需要提升自己的教育教学艺术水平,学会怎样完美地展示教育教学的每一个环节;还有的需要形成自我独特的教学体系与风格,致力于教学与研究相结合……一般来说,中小学教师的职业生涯大体可归为三个阶段:①教龄在 3 年之内的新手教师;②3~10 年的熟练教师;③10 年以上的骨干教师或学科带头人。当然 10 年以上的教师还可以再细分,在此不做讨论。处于不同阶段的中小学教师,对自我发展的需求是有差异的;而处在同一职业生涯阶段的教师,总体来说会有某些共通性。每个中小学教师都需要通过做职业生涯规划,来帮助自己进一步明晰自我发展的需要,并由此转化为外部学习的动力。因为只有当中小学教师深切地感受到这种需要,由此激发起内在的发展动力,才有可能全身心投入培训与学习之中,以达到高效。

(3)以"多元合作"提升培训质量。教育是一种复杂的、动态的和有价值的实践活动,而教师除了要拥有一定的教育教学能力之外,还必须具备敏锐的判断力和较强的反思能力。因此,教师自身素质与能力的提高就显得非常重要,而培训可以说是一种最为有效的手段。但是,单一的培训途径不可能满足所有中小学教师的需求。我们必须开发"多元"合作,从加深专业理解、解决实际问题、丰富自身经验等维度入手,构建多类型、多层次、多学段、可选择的中小学教师培训课程体系。只有这样,才有可能达到既完善现有的"全员培训"制度,又提升教师培训的质量。在这里,"多元"主要指不同的主体;而"多元合作"就是地方政府或教育行政部门、培训机构、高校或研究所与中小学之间进行多渠道、多角度、多层次、宽路径的合作。

首先,教育行政部门与中小学之间的"制度化"合作。为了进一步完善我国现有的中小学教师培训制度,教育行政部门要尽其所能地与其下属的中小学之间保持密切联系,及时了解中小学教师的培训诉求,把握在培训过程中面临的实际困难,以及共同探讨、寻求解决问题的途径。其次,各培训机构与中小学之间的"常态化"合作。各培训机构通过深入中小学,走进真实课堂,掌握一线教师状态。借助于现场诊断和面对面交流,基于学校的类型与结构特点、教师的实际需求,"按需供给、量身定做"培训项目。由此形成按学校组班、按同质组合、按专题搭班等不同类型,既能够使同类别、同层次、同需求的中小学教师聚集在一起,又增强了课程的针对性、便于培训学员之间的深度交流与合作。第三,高校或研究所与中小学之间的"无痕化"合作。高校或研究所的介入,可以帮助中小学教师把教育教学过程中遇到的焦点问题,转化为教科研课题,并以科学研究助推教育教学发展。同时又以研究成果反哺教育教学,把课题研究的过程与结果转化为教师培训素材,这是一种润物细无声的"无痕化"培训。如华东师范大学基础教育改革与发展研究所,长期以来一直深入中小学进行基础教育研究,辐射面广、介入力度大,对我国东中西部地区的许多中小学产生了重要影响,大量的中小学教师从中受益。最后,各主体之间的"多元化"合作。高校—地方政府—中小学(简称 U-G-S)或者高校—教育行政部门—中小学(简称 U-A-S)三者之间的合作,地方政府或教育行政部门主动牵线搭桥,在所属的县(市、区)范围内,引入某一高校的研究团队,进住每一个中小学。高校研究团队与中小学通过"工作坊"的形式,共同制订学校三年或五年发展规划,从"校级领导—中层管理—教师个体",每一个环节都经过"具体观察、反思提炼、抽象概括、行动应用"的完整过程。作为一种外部支持,高校还起着桥梁纽带作用,通过开发利用或调配组合不同地区、不同学校的资源,把学校与教师推向更高平台,借助于地区之间、中小学之间的"联姻",达到"跨越式"发展。总之,每一种类型的合作都充分地体现自身的优势,各种合作之间又相互取长补短,共同促成我国中小学教师的可持续发展。

第三编

"理论与实践": 特殊需要儿童研究实例

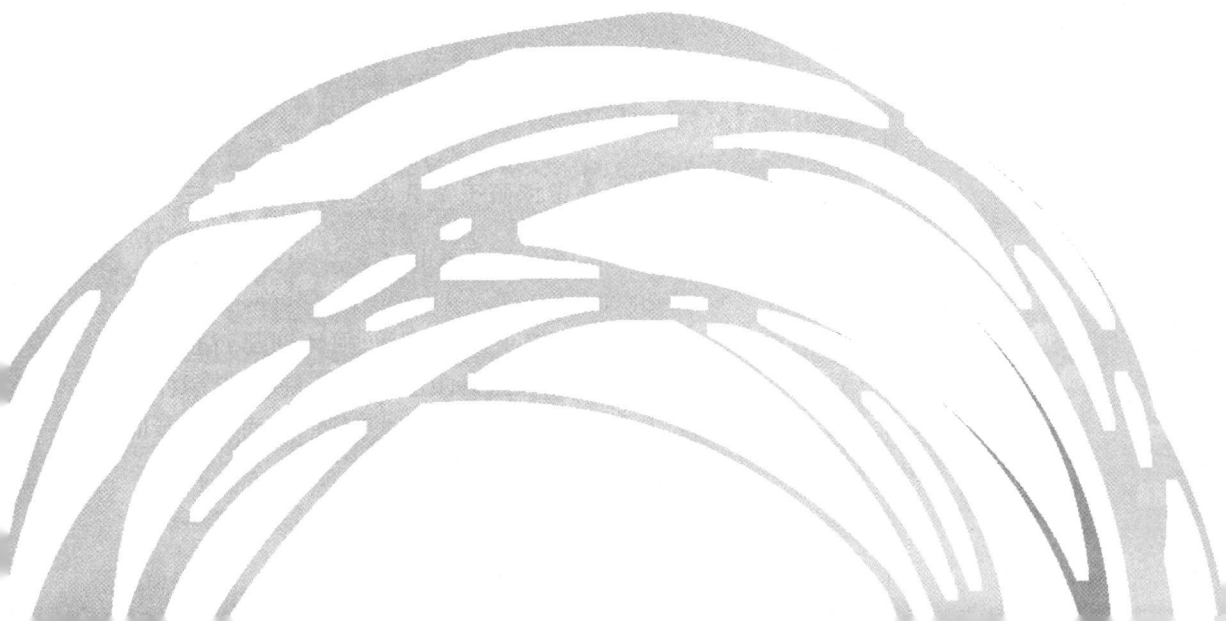

第九章　特殊需要儿童个案研究

第一节　自闭症儿童研究[①]

据联合国报告称,全球现有自闭症患者 3500 万人,其中 40％是儿童,全球每 20 分钟就有一名自闭症儿童诞生。在中国,自闭症的发病率更是逐年上升。虽然社会在不断发展,透过大众传媒舆论广泛宣传,社会各界对儿童自闭症的关注度也有所提高,但有关儿童自闭症方面的知识,普及率还很低,全国性的专项普查机制尚未建立,从事训练辅导的专业人员还不足 3000 人,自闭症儿童亟须全社会的关爱。为此,本研究从 K 学校选取一名自闭症儿童 Y 同学,通过长期的观察与了解,对其做进一步的研究分析。

一、Y 同学具有自闭症儿童典型特征

通过与 Y 同学的近距离接触、观察及分析比对,Y 同学具有自闭症儿童典型特征。

1. Y 同学表现出社会交往障碍

社会交往障碍是自闭症儿童的核心症状,即不能与他人(包括父母)建立情感联系和社交关系,不能应用非言语交流。

(1)Y 同学眼神飘忽不定,不易停留在他人要求他注意的事情上面,看人时常眯着眼睛,斜视或用余光等,很少正视他人也很少表示微笑。他经常回避他人的目光,缺乏与他人对视的交流。这种缺乏眼与眼的对视,往往被看成是自闭症的特殊表现。

(2)通常情况下,无论是亲人、老师或者同学叫 Y 同学的名字,他都不予理会,没有反应,表现出"视而不见,听而不闻"。往往需要重复喊三遍以上,他

① 余小红,陈诗昆.关于自闭症儿童典型案例研究——以 K 学校 Y 同学为例[J].贵州师范大学学报(社会科学版),2011(2).

才会偶有反应,转过头来看一眼,时间极短,又会马上别过头去,不予理睬。

(3)Y同学不加区别地对熟悉或不熟悉的人都表现出冷漠,对亲人不亲,对陌生人不拒,缺乏与父母之间的安全依恋关系。熟悉的人和陌生的人对Y同学来说都是一样的,他对陌生人不予理睬,对父母、亲人也不予理睬。

(4)拒绝拥抱。曾多次尝试和Y同学拥抱,但全都失败了。第一次和他接触,因为彼此不熟悉,当张开手对他说:"我们拥抱一下好吗?"他很快就避开了。随着接触的不断深入,彼此之间渐渐熟悉,仍旧尝试和他拥抱,在提出要求之后,他通常是看对方一眼,然后马上转移视线,接着还是避开,以身体语言拒绝他人。据老师介绍,他拒绝拥抱的特点表现得非常明显,和亲人之间也是极少有拥抱的。

2.Y同学表现出语言沟通障碍

语言沟通障碍是一种质的、全面的损害,主要表现是语言发展延迟、语言应用能力障碍、语言的重复及使用语言时在音调、速度、节律等方面的异常。

(1)Y同学语言障碍非常明显。他通常是沉默不语,极少使用语言,就算有,也只是一两个字词,发音时间很短。

(2)Y同学毫不注意周围的环境,有自己的"小天地",活在他自己的世界里,并以此为乐。曾在上课时仔细观察过,当别的同学在认真听课,他却完全不理会老师在说什么,同学在做什么。他会表现出随心所欲地翻着《喜羊羊》,或者从课桌里拿出一颗坚果剥开来吃。

(3)出于自我刺激地使用语言。Y同学有时会莫名其妙地尖叫,突然变得很兴奋,露出笑容;有时会自言自语,面部表情非常丰富,看上去非常自得其乐,当仔细分辨他自言自语的内容时,却完全听不懂。自闭症儿童所发出的别人不能听清或不可理解的"话",常称"自我中心语言"。

3.Y同学表现出兴趣狭隘和刻板、重复的行为障碍

刻板、重复、单一不变是自闭症儿童异常行为的典型特征。自闭症儿童对玩具不感兴趣,但对不是玩具的东西表现出非同一般的兴趣和迷恋;在接触方式上表现出刻板、重复的特殊性,并且对环境的要求刻板甚至固定不变。

(1)Y同学对图片有特殊爱好,特别喜欢翻看图片多、色彩丰富的书。

(2)Y同学曾出现过自伤行为,喜欢扯自己的头发。

(3)Y同学有时也会出现攻击行为,推搡同学。

(4)Y同学有时候会坐不住,表现出无目的的活动或活动过度,注意力分散,习惯东张西望,或做伸颈、装相等怪异姿态。

二、Y 同学患自闭症的主要原因分析

儿童自闭症的起因尚不太清楚,病因也尚无定论。儿童自闭症不是由任何单独的社会学、生物学、心理学等因素引起的,它的发病与许多重要的生物学、医学及社会的、心理的因素有密切的关系,是多种生物学、社会学原因引起的广泛性心智发育障碍所致的行为异常综合症。但最近有调查显示,自闭症与脑部生理结构或神经病学有关,是几种"原因"的结果,与遗传因素、器质性因素以及环境因素有关。

1. 遗传因素

自闭症患儿的同胞发生本病的发病率较其他人为高,单卵双生子的发病率较高,41%患儿为长 y 染色体。在 Y 同学的家族中,并未有自闭症患者。Y 同学有一个亲妹妹,也并未患有自闭症。至于基因染色体,现无证可查。

2. 器质性因素

据了解,Y 同学并未有过脑损伤、母孕期风疹感染,出生后也没有患过脑膜炎、脑炎等。

3. 环境因素

很多人认为,自闭症是后天产生的,环境因素起着重要作用,比如缺乏关爱,缺少同伴,父母不关心,环境孤独单调等会导致自闭症的发生。Y 同学的家庭条件较好,父亲、爷爷奶奶等较多家庭成员已经移居国外。母亲是一名医生,在本地工作,平常工作较忙,家里有一个保姆,负责每天接送 Y 同学,以及照顾其日常生活起居。由此推断,可能 Y 同学缺乏一定的家庭、父母温暖,也许会对其患自闭症有一定的影响。但是,Y 同学家里还有一个亲妹妹,和他感情很好。妹妹并没有表现出对 Y 同学的嫌弃或讥笑等负面情绪,相反,对他非常照顾。

虽然,研究者们已从遗传因素、神经生物学因素、社会心理因素等方面做了大量研究,但迄今为止,仍未能阐明儿童自闭症的病因和发病机制。其发生原因是病毒,还是代谢失调,目前尚无定论。环境因素对其只有小部分的影响。

三、对 Y 同学自闭症的针对性治疗

1. 应用行为分析法

应用行为分析法(applied behavior analysis,简称 ABA)是目前对自闭症儿童最常使用并行之有效的治疗手段。按照行为分析的观点,自闭症是一种有生物学基础的行为失调和行为缺陷,这些缺陷可以通过精心的指导训练以

及与社会和自然环境有建设性的交互作用来改善。ABA 行为训练的基础是经典行为主义理论与程序教学方法,如消退、泛化、强化等,采用小步骤的方式进行训练。ABA 行为训练的另一重要理论基础是 ABA-应用行为分析,即将行为分析的结果进行应用,它强调对行为功能的分析,而不是简单地消除或建立行为;功能分析法通过分析发现隐藏于行为背后的功能和目的,从而为干预提供依据。① ABA 运用于自闭症儿童康复训练的突出特点,将动作分解为小的单元;恰当地使用强化程序(针对不同的个体、不同的时期、不同的动作);干预应尽早实施(一般认为 3 岁之前为宜);干预应长时间实施。在此,我们以 C 老师给 Y 同学上课的流程为例,就如何运用 ABA 对 Y 同学进行治疗做具体分析。

(1)坐的训练是自闭症儿童行为干预的第一步。训练要从最简单的行为动作开始,这样比较容易成功,为以后更复杂的训练打好基础。在正式上课之前,C 老师会让 Y 同学与老师面对面坐下。Y 同学在接受 C 老师较长时间的训练之后,已经养成习惯,会很配合地坐好。这时,C 老师就会及时给予表扬,说:"坐下了,真好! 厉害!"在上课过程中,Y 同学有时会坐不住,想要离开椅子,这时候,C 老师就会将 Y 同学带回椅子上,并用手摁住 Y 同学的手放在膝盖上,用脚轻轻固定住 Y 同学的脚,帮助他坐好。

(2)强化物的选择和运用对治疗有重要作用。训练者对自闭症孩子正确反应所做的奖励,要及时跟上。开始要用一级强化物,即物质方面的奖励,但量不能大,使用一级强化物时要同时伴有夸奖的语言、动作和鼓励的表情等;以后由一级强化物上升到二级强化物,即精神方面的奖励,如表扬。这是训练自闭症孩子进步的核心。在 Y 同学坐好后,C 老师会拿出两样物品分别放在左右手上,然后对 Y 同学说:"选一样!"Y 同学根据自己的喜好,拿走其中一样物品。这两样物品的选择都是根据 Y 同学的喜好,如 Y 同学比较喜欢有各种图案的东西,C 老师就准备了一本小画册。当然,强化物不可以从上课开始用到结束,这样 Y 同学会失去对强化物的兴趣,使他失去配合老师的动力,不利于训练的进行。所以,在上课过程中,C 老师会适时地让 Y 同学重新选择他所喜欢的物品,以增加他的新鲜感,配合训练。上课过程中,当强化物作为奖励给 Y 同学翻看的时候,C 老师就利用此强化物的特点(例如一本小画册),指着一幅图片问 Y 同学:"这是什么呀?"虽然 Y 同学不会回答,但是他在听着。C 老师会接着说:"这是苹果。苹果是红色的,圆圆的,吃起来甜甜的,脆脆的。"这样便在无形中,传授给 Y 同学一定的生活常识。利用好强化物,

---

① 黄伟合.关于儿童自闭症行为矫治法的几个理论问题[J].心理科学,2003(3).

使它不仅仅是奖励物品,更能潜移默化地传授各方面的知识和感知。

（3）目光接触训练在治疗中非常重要。缺乏眼与眼的对视是自闭症的特殊表现。自闭症儿童往往避免和他人目光接触,这不仅妨碍了他们的学习,而且使他们显得与众不同。所以,C 老师针对 Y 同学这一特点,对他进行了有针对性的目光接触训练。正式上课开始,C 老师会呼唤 Y 同学的名字。有时候,Y 同学听到一遍呼唤就会做出反应,看着 C 老师。这时,C 老师就说:"真棒! Y 同学会看 C 老师! 真厉害!"然后拿出强化物作为奖励,给他翻看一下。有时候,C 老师连续呼唤几遍 Y 同学的名字,他都不予理睬,东张西望,看着别处。这时,C 老师就需要给予辅助,让他扭过头来。这样的名字呼唤连续进行几遍,既发展老师与学生之间的良好互动,又培养其目光对视的能力。在每次 C 老师给 Y 同学强化物时,都会把强化物放在自己的眼前,方便引导 Y 同学拿强化物时正视自己的眼睛。Y 同学正视 C 老师的眼睛,C 老师才会把强化物给他;如果 Y 同学没有和 C 老师对视,C 老师就会说:"不看眼睛,就不给你了!"以此来强化 Y 同学对视的行为意识。当 Y 同学完成指令的时候,C 老师除了口头表扬之外,还会跟 Y 同学击掌表示奖励。这样做,一是在击掌的时候,继续培养 Y 同学目光对视的行为能力,二是也能增进老师和同学之间的亲密度,为接下来的训练打下良好的情感基础。

（4）完成指令的训练可以加强师生间的配合。完成指令的训练,可以训练自闭症儿童的认知能力和动作行为能力。训练由简单到复杂,循序渐进。C 老师与 Y 同学面对面坐着,先要吸引 Y 同学的注意,比如和 Y 同学有目光接触。C 老师开始对 Y 同学进行一次指令的训练。C 老师说:"指鼻子!"然后 Y 同学会指一指自己的鼻子。C 老师又说:"指眼睛!"Y 同学就指一指自己的眼睛。以此类推,C 老师会让 Y 同学指身上的任意部位。若 Y 同学正确完成指令,C 老师就会及时给予表扬,并把强化物给他玩一会儿作为奖励;若 Y 同学指错了,C 老师就需要及时纠正,并重复强调,重复完成该指令。接着,C 老师更进一步,对 Y 同学进行两步指令的训练。C 老师说:"先指鼻子,再指嘴巴!"Y 同学会根据指令完成动作。如此继续,就是将一次指令时做过的动作,变成连续动作,指两次,增加难度。

（5）行为模仿训练可以培养自闭症儿童的行为动作能力。行为模仿训练应从比较大的或显眼的动作开始,然后逐渐过渡到较为细微的动作,这样比较便于儿童接受。C 老师与 Y 同学面对面坐着,和 Y 同学有目光接触,集中他的注意力。C 老师一边清晰地说"这样做",一边将双臂平举于身侧,要求 Y 同学模仿。能听从"这样做"的指令,并完成模仿动作,C 老师则立即给予称赞和奖励。若 Y 同学完成有困难,C 老师则及时给予纠正和帮助。模仿的动作可包括:拍拍手,摸摸头,跺跺脚,伸伸手等各种肢体动作。逐渐增加难度,完成三次势态的模仿。C 老师说:"先拍拍手,然后摸摸头,再跺跺脚。"以此更加深入的培养 Y 同学的行为模仿能力和连续动作能力。

(6)语言训练是整个治疗的重点和难点。由于 Y 同学的语言非常缺乏,几乎不使用语言。C 老师针对他的特点,在训练中仅练习单字发音。在发声练习中,要注意循序渐进,放慢速度,重复多次。而且要顾虑到 Y 同学的情绪,有时候他的情绪不好,会不配合发声训练,仅仅是口型模仿,多做几次还会表现出厌烦焦躁的情绪。这时,就应该改变教学计划,避免引起抵触情绪,不利于今后训练的进行。有时候,Y 同学的情绪很好,学习兴趣较浓,那么就要乘胜追击,多多加强训练。C 老师首先让 Y 同学进行口形模仿的训练。C 老师先发"啊"的音,让 Y 同学模仿口型。再发"呜"的音,继续让他模仿。继而,C 老师引导 Y 同学尽可能地发出声音。C 老师加大了"啊"的发音,鼓励 Y 同学也把声音发出来。在一次次的练习中,Y 同学从仅仅只有口型,到慢慢有气声发出,到后来的几次,会有虽然很短促却较为清晰的字音发出。

总之,运用 ABA 后,Y 同学取得良好的治疗效果。据 Y 同学的班主任老师反应,Y 同学于 2008 年 9 月入学。刚进 K 学校时,他的自闭症表现非常明显:对任何人都不理不睬;整天不说一句话;从来不与同学玩耍;拒绝一切身体接触;有时甚至表现极端,出现自伤行为,扯自己的头发;也出现攻击行为,推搡同学。但是,经过两年有针对性的应用行为分析疗法治疗,Y 同学已经发生了很大的改变。现在,他会对别人的呼唤做出反应;可以有几秒钟的目光对视;和熟悉的同班同学拉手,并跟着他一起去外面玩、上厕所等;不再出现自伤行为和攻击行为;单独上课时,和老师有较好的互动及配合,听从指令。

2. 感觉统合训练

感觉统合训练是治疗自闭症儿童的重要手段。自闭症儿童的感觉统合不能像正常儿童那样得到完善的发展,大量的临床调查发现,自闭症患儿存在不同程度的感觉统合失调。如前庭平衡失调,大动作发展差,经常单脚跳,走路摇晃不稳,精细动作能力差,手指笨拙;触觉防御强烈,讨厌被人拥抱或触摸;本体感失调,对身体部位受到的刺激不能做出正确的反应,没有疼痛感等;学习能力发展不足,发音不清楚,速度慢。根据感觉统合理论发展而来的感觉统合训练,就是基于儿童发育过程中神经系统的可塑性,对感觉统合失调儿童提供一种感觉输入的控制,使其能够统合这些感觉,促进脑神经生理发展,达到改善儿童运动协调、语言功能等目的。一项典型的感觉统合训练一般持续 6

个月,每天训练 1 次,每次 40 分钟。训练项目包括粗大运动及平衡训练,前庭功能平衡训练,触觉过分防御训练和学习能力不足训练 4 种。^① 感觉统合训练是借助于滑板、秋千、按摩球、滚筒、跳袋、蹦床等多种感觉统合训练辅助器材,整合与刺激前庭、本体感和触觉、视觉,控制感觉信息的输入,帮助患儿启动通往神经系统的通路,从而达到改善脑功能,改善儿童的运动协调、感知觉功能。那么,如何对 Y 同学进行感觉统合训练?我们以 C 老师给 Y 同学上课的流程为例,做一些具体说明。

(1)感知训练促使自闭症儿童掌握控制感官的技巧。感觉是客观事物作用于人的感觉器官,在人脑中所产生的对事物个别属性的反映。感觉主要包括视觉、听觉、嗅觉、味觉、皮肤觉、运动觉等。知觉是客观事物直接作用于人的感觉器官,在人脑中产生对这些事物各个部分和属性的整体反映。知觉以感觉为基础,是对感觉的有机结合。感觉和知觉是人们认识客观世界的第一步。然而,自闭症儿童的感知觉存在异常,他们往往对感官刺激反应过度或冷漠。感知训练包括运用视觉和控制视力,运用听觉以达到正确的反应,运用从触觉得来的刺激而做出适当的反应,认识不同事物的味道,认识身体各部分及整体的感觉,并能做出适当的反应。在视觉方面,C 老师有意识地、针对性地训练 Y 同学的目光对视功能,贯穿训练的始终。在听觉方面,C 老师呼唤 Y 同学的名字,重复练习,使 Y 同学渐渐养成听到有人喊他的名字就及时做出反应的习惯;外面有飞机飞过,发出轰鸣声,这时,C 老师就会告诉 Y 同学说,这是飞机飞过的声音,并让 Y 同学仔细听,这样有利于 Y 同学对事物认知能力的发展。在触觉方面,C 老师会给 Y 同学一个球,问他:"先摸摸这个球。这个球是不是圆圆的,滑滑的啊?"Y 同学有时会点头做出反应。有时会沉默不语,对老师的话没有反应,但手却还在摸着球,这说明他仍然在感知这个球的特点。虽然没有交流,但是老师说的话,已经在无形中起了一定的作用。C老师给 Y 同学一个略微扎手的玩具,让他用手来碰碰,问他:"碰到玩具的时候,手是不是疼疼的啊? 所以,以后再碰到会让手疼疼的东西,是不是要把手收回来,不要再去碰它啊?"因为自闭症儿童往往对疼痛不敏感,C 老师的教导,慢慢地会给 Y 同学一个认知,就是碰到会让自己手疼或者不舒服的东西,要及时把手收回来或者避开。

(2)肌能活动训练促进自闭症儿童的肌能发展。肌能训练包括发展和有效地控制大肌肉和精细肌肉的活动。儿童肌能的发展从大运动开始。对自闭

---

① 陈旭红.感觉统合训练治疗自闭症的疗效分析[J].中国康复医学,2004,(10).

症儿童进行大运动协调能力的训练,有利于保持身体正确姿势,增大肌肉力量和四肢动作的协调性。在训练中,教师需要逐步教导自闭症儿童头部活动、站立、跑、跳这些大动作,使其形成良好的体态和适宜的姿势。其次是精细动作的发展,主要是发展自闭症儿童手的活动能力。比如伸手,运用手指握放物件,运用手指操作等。[①] C 老师在平常上课中,比较注意培养 Y 同学的坐姿,要求他坐得端正,身体尽量保持垂直。进行感觉统合功能羊角球运动训练时,C 老师让 Y 同学坐在羊角球上,双手紧握手把,身体屈曲往前跳动,方向可以前、后、左、右变化,高度也可以随时调整。这样做的目的是提高 Y 同学动作的灵敏性、协调性,增强上肢、下肢和腰肌、腹肌的力量,促进姿势和身体双侧的统合,改善他运动企划的功能,诱导他观察力和注意力的提高。

(3)感知和肌能活动的配合训练,重点是发展自闭症儿童视听觉与肌能的协调。感知和肌能活动的配合训练是为了训练自闭症儿童利用和控制从感官得来的概念和技巧,再配合已掌握的肌能活动,互相协调地进行有明显目标的活动。这一训练得配合一定的运动项目,选择适当的运动项目不仅可以让孩子动起来,还有助于增进他们对语言的理解。C 老师会和 Y 同学玩抛球游戏。C 老师说:"来,把球抛给老师!"C 老师会尽量接住 Y 同学抛过来的球,并表扬他完成得很好,鼓励他再做几次。然后,C 老师会把球抛给 Y 同学,要他接住,如此往复几次。C 老师会对 Y 同学发出指令,比如,"请你往前走三步",当 Y 同学完成后,C 老师又说:"请把门边上的独脚凳搬过来给老师。"从而发展 Y 同学视觉与肌能,听觉与肌能的协调能力。

(4)与空间关系有关的认知训练有助于提高自闭症儿童的空间认知能力。与空间关系有关的认知训练包括让自闭症儿童学习基本的空间概念,了解身体各部分所在位置与其他部位的关系,对空间位置和关系有更深入的认识,并加强对方向的辨认,能在日常生活中做出适当的反应。借着分辨、分类、配对、选择等方式,让自闭症儿童学习与分量、重量、长度、速度等有关的知识。C 老师发出指令,如指指鼻子,让 Y 同学照做,以此来训练 Y 同学对自己身体各部分的感性认知。出示一幅图片,C 老师问:"你能指给老师看,在桌子上面放着什么?"Y 同学根据图片,指出放在桌子上的是一只杯子。以此来训练 Y 同学对空间方位(例如上下左右、东南西北)的感知。

总之,感觉统合训练对 Y 同学产生积极影响。接受感觉统合训练一段时间后,Y 同学上课时注意力集中;多动行为减少;情绪稳定,很少再出现尖叫等

---

① 但瑰丽.对幼儿园中自闭症幼儿的感觉统合训练[J].南京特教学院学报,2007(6):31—34.

极端行为；听从老师指令，合作性行为增加。感觉统合训练涉及心理、大脑和躯体三方面的互动协调，而不仅是一种生理上的功能训练。Y 同学在训练中可获得熟练的感觉，增强自信心和自我控制的能力，训练敢于对想象进行挑战的意志。在训练中，Y 同学在大脑适当的被激活和控制躯体的肌肉骨骼系统的同时也获得了心理上的快乐和体验。

四、结论

Y 同学的这些改变，和 K 学校是分不开的。首先，K 学校是一所特殊学校，学生都是特殊儿童，这样就给 Y 同学的发展提供了一个平等的环境。在这里，没有谁会歧视谁，没有谁会把谁当成是另类，大家都是平等的，不会有嘲笑、讽刺。Y 同学在这里读书，不会有心理压力，也不会有自卑害怕等负面情绪。其次，K 学校有非常优秀的专业教师，长期坚持对 Y 同学进行有针对性的教育训练，完全符合 Y 同学的身心发展要求，从而取得了很好的治疗效果。

然而，在肯定学校教育对自闭症治疗取得良好成效之外，还需要考虑家庭干预措施及父母教养对自闭症儿童的影响。有研究指出，由于自闭症儿童的母亲长期面对生活的压力和教育子女的难题，有时会把复杂情绪转移到孩子身上，因此她们对子女的惩罚严厉程度要比正常儿童的母亲要高。事实上，这些行为不但不利于自闭症患儿减缓病情，而且很有可能会使他们走向极端。[①]自闭症儿童父母需要调整好心态，学做孩子的老师，制订长远康复训练计划，用积极开朗的态度以及耐心细心的方式去对待自闭症儿童，家校合作、良好配合，为自闭症儿童的康复治疗开辟一片更为广阔的天空。同时，考虑到自闭症发病原因多样而复杂，表现特点也是因人而异。所以，在进行治疗时，不应局限于一种方法，亦可尝试不同的治疗手段，如结构化教育、游戏疗法、音乐疗法、针灸疗法、心理理论训练等，对自闭症儿童进行行之有效的治疗。

第二节　智力发育迟缓儿童研究[②]

儿童的世界是最干净无瑕的。柏拉图说过，真正的美并不在物中，而是在心中。当我们和儿童进行亲密无间地交往，才能感受到儿童内心真正的需要，这种需要会增强一线教师的职业价值感，促使其对这些儿童做更进一步的分

---

① 稽明霞.自闭症儿童父母的父母意识和子女养育方式研究[D].南京:南京师范大学,2007.
② 雷秀娇,余小红.智力发育迟缓儿童行为表现及干预对策研究[D].衢州:衢州学院,2012.

析、概括与总结,最终得出教育他们的最好方式。

智力教育一直是教育的硬性指标,一些冷冰冰的考试成绩让这些可爱的孩子处于优胜劣汰的潜规则之中。那些智力上发育迟缓的儿童无形间被排挤在教育的盲区边缘,他们渴望接受教育,渴望被爱。有人说,每一个有缺陷的孩子,都是断了翅膀的精灵不小心坠落到人间。作为老师,我们应该把更多的爱和精力投给这些备受忽视的智力发育迟缓儿童。在此,从智力发育迟缓儿童的定义及相关概述、行为表现和干预对策等三个方面进行具体的阐述。在涉及行为表现与干预对策时,主要通过观察与分析,由此提出相应的干预措施。

一、智力发育迟缓儿童概述

1.认识不同儿童的智力差异

儿童的智力水平是有差异的。有些儿童天生聪慧,4 岁左右就能够独立阅读,别的儿童需要几个小时才能掌握的知识,他只要几分钟;相对而言,那些理解和学习能力较弱的特殊需要儿童就容易受到忽视,有的到了小学阶段,却还是连“1 加 1 等于几?”都要琢磨个半天。按统计学上的常态分布来看,智力正常的儿童占多数,那些智力上存在各种障碍的占少数,通常这类儿童被称为智力落后儿童。美国智力落后协会在 1921 年首次提出智力落后儿童这一概念。1959 年以后,随着人们对这类儿童的深入了解,在智力标准的基础上提出了“适应性行为”这一评判标准。在 2002 年(第十版)的定义是:智力落后儿童是在智力功能和适应性行为两个方面存在显著限制而表现出来的一种障碍,多发生在 18 岁以前。因此,儿童之间的智力是存在差异的,那些智力落后的儿童普遍存在于我们的身边。

2.正确把握智力发育迟缓儿童

智力落后儿童被人们划出不同类型,轻度、中度、重度和极重度。其共通之处是,这些儿童的智商普遍在 70 以下。但还存在一类特殊情况:有一类儿童的智商是在 70 以上,但他们的社会性行为在某个领域里存在障碍。把握这类儿童不能简单地把他们归置到智力落后这一领域,首先他们的生理构造和大脑成分与普通儿童是一样的,但由于各种后天突发的原因,而使其语言、思维、记忆等能力发育较迟缓。随着对这类儿童的深入了解和研究,人们提出了“智力发育迟缓儿童”这一概念。

2010年1月22日,天津市妇女儿童保健中心连续多年对本市0～6岁儿童体检发现,本市智力发育迟缓儿童占年参检儿童的2%左右,与我国这类儿童存在比例的平均水平相当。据该中心儿保专家刘功姝介绍,智力发育迟缓是指那些与同龄儿童相比在某方面或多方面发育水平明显滞后,通常婴幼儿发育水平较同龄儿滞后4～6个月时要警惕。诊断这类儿童可以借助 Gesell 智能测试和 S-M 社会生活能力检查。本研究给这类儿童拟定一个初步的定义:智能比正常水平低两个标准差以上,IQ 值普遍高于70;在发育期间存在与实际年龄应有的社会适应性行为障碍。

3. 智力发育迟缓儿童研究现状

我国针对智力落后儿童的特殊教育始于1979年,通常采取隔离式的特殊教学模式,通过建立相应的特殊教育学校或附属普通学校的特殊班,以招收中、重度智力落后儿童为主。而有关轻度智力落后和智力发育迟缓儿童的教育,主要借鉴西方的"回归主流"教育思想,在我国称之为随班就读,将他们与正常儿童安置在一起,共享相同的教育资源。但从教育的整体效果来看,很多时候教师不可能为一两个特殊儿童减慢教学进度或单独实施个别化教学辅导,从而导致"随班就读"变成"随班不读"。

从已有研究来看,有关智力发育迟缓儿童的研究非常有限,研究者们大都是针对智力落后儿童整个行为表现展开研究,很少把不同类型的儿童加以严格区分并提出有针对性的教育意见。在这里把智力发育迟缓儿童作为自己研究的对象,通过自己的亲身实践,进行长期的观察与记录,借鉴已有的理论,整理与概括出这类儿童的典型行为表现,并提出相应的干预对策。

二、智力发育迟缓儿童行为表现

1. 生理发育迟缓

智力发育迟缓儿童的智力正常,但适应性行为不符合其身心发展特点,各方面发育显得迟缓。根据医学上的一些数据,这类儿童出生后1～3个月内异常少哭或多动多哭,有时需反复刺激或持续刺激才能引起啼哭;有部分患儿不爱哭闹,嗜睡不易叫醒,显得异常"乖巧"。4个月吸吮和咀嚼能力差,吃固体食物时,容易发生吞咽障碍和呕吐。5个月竖头不起或转头困难,单眼或双眼持续向里或向外。6个月不会笑,表情呆滞。12个月不会坐,有大人扶时不能用双腿支撑体重。这类儿童经常张口、伸舌、流涎、磨牙,还会出现无意识的表情、动作。生理发育明显落后于同龄儿,头部呈小头或大头畸形,严重者会脑积水。到 3 岁以后,情况还是这样或稍微好转,极有可能出现了智力发育迟缓,生理发育比同龄人落后 3 个月或以上。

案例一:A 同学是一位典型的智力发育迟缓儿童。当我第一次接触时,并没有发现 A 身上特别的地方,作为二年级的学生,他长得很清秀,个子比其他学生稍微娇小一些,坐在位置上也不会大吵大闹,只是时不时地抬头看看我这个陌生的来客。通过绘人测验,测出 A 的智商为85,属于正常范围。

2.注意力涣散、不易集中

智力发育迟缓儿童的注意力容易分散,注意范围狭窄,无意注意占优势地位,有意注意发展迟缓,注意的分配与转移的能力比正常儿童弱。他们的注意力常常被色彩鲜艳的事物或其他无关事物所吸引。智力发育迟缓儿童大脑发育迟滞,注意方面有缺陷,自控能力差,部分伴有多动行为,多为男孩。不能长时间地将注意力指向某一事物,特别需要意志来控制注意,外界的干扰可能造成这类儿童分心,有时三五分钟的不开小差也难以做到。智力发育迟缓儿童闲不住片刻,不能静坐,喜欢多嘴,爱管闲事,常常影响其他同学学习。

案例二:B 同学缺少一种自己认读题目的自觉性,很多简单题目并不是真的不会,他需要一个人时刻关注他,当他察觉到自己身边没有人在监督,就无意识地抬头到处看。举个例子,由于今天特别忙,我不能仅仅只关注他一个人。刚开始的时候,他还是很安分地做自己手中的事情,但是没过几分钟,他就开始坐立不安,无意识地咬着手中的笔,还不时抬头看看别的小朋友。在察觉到我正严厉盯着他看时,他没有立刻回神,而是用了很长的时间才缓过来,并且这种约束不会持续很久。我重新坐到他的身边,发现他还是停留在最先前的那道题,我用很轻的声音问,"你在干什么?怎么还没有做完?"他迷茫地看着我,然后低头用笔胡乱写着。

3.思维简单刻板、理解能力弱

在思维方面,智力发育迟缓儿童多停留在具体形象思维阶段,缺乏分析、综合、抽象、概括的能力,他们常常受事物的单个特征或直观形象的支配,不能理解隐藏在事物中的共同的、本质的东西。这类儿童思维简单,理解能力弱,因此很难掌握概念和规则,即使勉强能记背下来,也无法真正了解这些规则的含义,不知道在什么情况下加以具体运用。同一事物放到不同的环境,往往就缺乏辨认能力,很难根据条件的变化来调整自己的思维定向和方式,表现出用类似的思维方法来解决每一个新的问题。此外,智力落后儿童缺乏思维的独立性和批判性,很难提出与众不同的见解,只是被动地接受外界对内部机制的刺激,不能加以很好地消化,他们的经验多来源于机械性操作。

案例三:C同学明显表现出思维运转简单。在学习乘法口诀表时,比如"4×8＝?"这个式子,如果没有人帮他把这个式子口述一遍,他就会一直对着它发呆,并常常会把四八三十二和四六二十四混起来。我让他自己去背一遍口诀表,找出自己要的答案,我问他"8×4"等于多少(把原先式子数字位置颠倒)。他一脸迷茫,无法理解两个式子的关系。在语文方面,感知不敏感,难以辨别细节,对近似音节或形似字的分辨较困难,如对"区""巨"。他可以认读简单的拼音,但没有那种拼写整体认读音节的能力,这时必须帮助他把抽象的字建构起与具体事物的联系,比如认读"尖"字,告诉他尖尖的东西就是一样东西头很小,下面身子大,拿尖尖的东西去抓黄鼠狼。这样的解释显得很荒诞,但他却可以马上掌握,并持续很久。

4.感知速度慢、不准确

智力发育迟缓儿童对客观世界的感知信息少,而且不是事物的整体。苏联心理学家维果茨基的实验证明,智力发育迟缓儿童的感知觉刺激是缓慢的,范围狭窄,刺激因子经传入神经传送到大脑皮层中枢的相应部分,以及对输入的感觉信息进行加工需要很长的时间,才能把感觉到事物的特征综合为一整体来认知。当然,这类儿童对外界刺激的回应是迟钝、无目的性的,缺乏自主能动性,他必须以外界的约束作为行为反射的刺激物,才能引起相应的动作反馈。其次,感知的精确度也是非常模糊,没有明确的概念,结果的正确率比较低。

案例四:D同学记忆力很差,跟他讲解的知识点,超过两分钟就忘记。今天教他掌握"波、浪、劳"等字,起先照我的要求把每个字抄十遍。半个小时过后开始听写,对于"波和浪"两个字就是不能很好掌握。我让他把这两个字重新再抄十遍,反复了几遍,最后只剩下"浪"字,一次忘了后边上的一点,第三次还夸张地把偏旁换成了王字旁。做数学口算题时,我说:"五乘九等于多少?"他抬头看看我,略有所思的样子,就低头一边嘴里念着45,在作业本上却写下54。我认真解释书写数字的规则和顺序,还形象地把他的名字举例子,颠倒顺序就和原来的名字不一样。这样反复练习,才取得一点效果。

5.语言表达弱、词汇匮乏

语言是通过运用各种方式来表达自己的思想或与他人进行交流的能力,是在后天的生活与劳动中所获得的,也是一种复杂的心理活动。智力发育迟缓儿童在口语、文字或手势的应用或者理解上的发育较为迟缓,造成词汇贫乏,理解能力差,运用语言较为困难,多数存在言语障碍。语言发育迟缓儿童在开始学语时,语言缺陷即显现出来,不仅开口比同龄人晚(比正常儿童慢2~3倍),而且发出来的都是一些单音节,不能组成词。脑中的词汇十分贫乏,不能用完整的句子去表述,语句生涩难懂。理解上只局限简单的口令,如不许说话,不可以把饭粒掉在地上等生活常用的指令。不能很好地进行口头交流,听力上存在某种障碍,临床实验时这类儿童对各种语言的反应极不相同,电测听检查的听力曲线不稳定,波动大,因而一部分儿童平时似乎有点聋,有时又显得不聋。另一方面,语言上的障碍会直接影响学习,比如阅读上的困难,主要是感受性语言上的迟钝,常伴有计算困难,直接导致这类儿童的学科成绩下降。

案例五:今天,E同学带来了一个小玩具,一直把手插在口袋里握着,我很生气,就一把夺了过来。他涨红脸,用愤怒的眼神看着我,嘴里嚷着:"还给我,还给我,我要杀了你。"我很震撼,9岁的孩子怎么会说出这样的话。等他情绪缓下来,我开始冷静地和他交流,他终于肯回答我的问题,但都是单个词汇,很少有完整的一句话。比如,周末打算做什么,他就吐出一个"玩"字,不会说和谁玩、去哪里玩、玩什么等相关的一些信息。当他爸爸来接他的时候,他很高兴,出门的时候却不知道主动和老师告别,在他爸爸的提醒下才说了声"再见"。对于语文学科上的看图说话,也是不能用完整的一句话来表达图片上的信息。

6.交际能力弱、有些抑郁

智力发育迟缓儿童因为各方面落后于同龄人,心里会有些抑郁,常表现为敏感、不合作、不安、闷闷不乐、自卑孤独,还会产生厌倦情绪,对什么都不感兴趣。有的儿童完全活在自我的世界里,不善于、也不愿意向他人表达内心的想法与烦恼,对群体生活很害怕或抵触。

案例六:今天天气很冷,F同学穿得很单薄,另一个同学问要不要借给他外套。其他同学看他没有理会,开始哄笑起来,还直接说他是一个笨蛋。我第一次听见大家直接在他面前这样说,我很紧张地看着身边的他,他瞪着其他同学,眼泪一滴滴地往下落。我把他抱在怀里,呵斥其他的同学,那几个人怏怏不乐,嘴里嘀咕着:"谁让他不和我们玩,老是一个人傻坐着。"我有些明白大家为什么不喜欢F的真正原因。

交际能力是群体生活必不可少的一项技能,缺失社会交往能力就会直接影响个体的整体发展,因为儿童不是一个独立的个体,他们需要和同伴在交往中形成一种相互学习机制。而当这类儿童有意排斥身边的伙伴时,就会局限于自己的想法,缺少是非判断的正确标准,更不利于今后的学习与生活。他们的内心情感非常脆弱,当受到生理、心理、社会等因素的不利影响时,就会显现一种极端崩溃的情绪,往往会为一点点稍不如意的小事情哭鼻子或者生气发怒,要求他笑又马上能破涕为笑。

孩子的世界是最单纯的,没有成人那么多世俗的框框架架,不会明白智力究竟是什么,在他们的理解范围里,谁愿意跟我玩儿,那谁就是我的朋友,也就会去喜欢谁,愿意对谁好。F虽然是一个智力发育迟缓的儿童,但生理发展基本符合同年龄孩子的特点,由于不喜欢说话,只是一个人待在自己的位置上,不愿意多走动,连别人对他的友好邀请也一并忽略,难怪大家最后会不喜欢他。这个时候,智力差距不是真正的问题。

三、智力发育迟缓儿童干预对策

由于智力发育迟缓儿童的各方面行为表现明显滞后于同龄孩子,作为家长和老师,必须及早发现这类儿童,并了解这类儿童存在的真正问题,及时对他们进行早期干预。针对这些问题提出相应的干预对策,主要集中在运动能力的综合训练、语言表达的技能训练、认知缺陷的补偿训练和社会交往的行为训练等方面,并把智力开发纳入其中。

1. 运动能力的综合训练

运动能力强弱主要体现在大肌肉运动和小肌肉运动两个方面,孩子的大肌肉运动能力强,则说明孩子的体质相对较好。它一方面保证了大脑的正常发育,另一方面保证孩子跳得比别人高、走得比别人远、做得比别人快,那么他所看、所听、所摸的就比别人多。小肌肉运动能力强的孩子,在动作方面就做得比别人精细,特别是手指的灵活度高,这能促进大脑思维的准确性和灵活性,这样的孩子在智力方面也就比其他儿童更聪明。

智力发育迟缓儿童注意力涣散,不能较长时间集中精力做一件事情,因此在运动能力的干预上要采取灵活地方式,大运动和小肌肉运动的干预内容要灵活地混搭在一起,利用儿童喜爱的游戏作为主要组织形式,让儿童在玩乐中接受训练。表 9-1 是干预训练的一般内容,我们从中选取几个干预内容的具体操作,提供一个简单可实施的具体模板。

表 9-1　干预训练的一般内容

运动范围	
大运动	小肌肉运动
头的转动(上下左右的方向)	敲打、扒弄玩具
身体的翻侧	大把抓玩具、对指捏小物件
独立坐着、看或玩玩具	撕纸、剪纸
独立爬、站立片刻、蹲下站立	串珠
可以独走自如	从瓶子中装放小弹珠
带着玩具走、小跑	正确握笔并能书写
走台阶、上下楼	把纸折成 1～3 折
踢球、拍球等简单体育活动	自己端碗吃饭
双脚跳离地面、跳远	玩积木搭造东西
模仿他人做两三个动作	画各种线
独脚站立、感受脚尖走路	一页一页地翻书

(1) 头的转动训练。儿童大运动的发展顺序是从头到脚,从上到下,从身体中轴向躯体两侧发展。为此,训练的程序和正常儿童一样,应当开始训练控制头的方向转动,然后训练翻身、坐、站、走、跑等基本的行为。

案例一:我拉着 F 同学的手,笑着对他说:"老师相信你是一个聪明的小孩子,现在请你抬头看看,告诉老师,你都看到了什么?"F显得很高兴,抬头告诉我有灯,还有一些美丽的吊链,我让他数数吊链有多少根。我肯定他的能干,又问他:"真棒! 现在你再看看我们雪白的墙上有什么?"要求他仔细观察墙上的挂图,说说里面有什么东西。在他兴致上来时,我要求他把放在地上的书包移到教室里统一放置东西的地方,告诉他好孩子不会乱放书包。

分析:教育家陶行知一直奉行生活即教育理念,提倡任何的教育活动都要活起来,立足于儿童生活中的实际经验。比如以游戏的形式使儿童愿意学、乐意学、快乐学,提供儿童主动操作的教学情景,在做中学,在玩中学。教育和生活是同一过程,二者的结合才能发生作用,在生活中找到教育,在教育中体现生活。

在案例一中,老师有意地训练F同学,让他抬头、眼睛向上看,仰视和平视墙面,低头搬运书包,全都是头朝各方向的运转训练。为了帮助他能自如抬头并停留片刻,就利用吊链的根数让他去数数,吸引他的注意力,保持抬头的稳定度。搬运书包的活动是训练手的活动能力,符合运动训练的综合要求,提高儿童的参与兴趣。这样的活动一周内反复三次,并灵活改变其中的规则。智力发育迟缓儿童一旦有了自如控制头的能力,就能够很快学习俯卧撑动作和翻身。

(2)走、跑、跳训练。走路是儿童运动的里程碑,儿童具备独立行走的能力,则扩大了活动范围和视野,与人的交往变得更为密切,跑跳能力则是儿童在走的能力上进一步发展和提高。

案例二:我碰巧在校门口遇见E同学和他的父亲。现在他会主动向我问好,我和他父亲简单交流一下E最近的表现,肯定他的进步。正值深秋时节,很多落叶铺在地上,我拉着他的手,笑着对他说:"能不能帮老师一个忙? 老师喜欢草坪上那片红叶子,你能不能跑过去帮老师捡过来?"他点了点头,就慢慢跑过去,动作很笨拙。当我拿到那片红叶时,便奖励他一块糖果,这一次要求他跳过去捡落叶。反复进行几次,我突然大喊一声:"不好,快上课了,我们一起跑过去吧,否则就要迟到了。"于是,我们马上跑了起来,经过之前的热身活动,E的速度明显快了很多。不一会儿,我跑着跑着就突然跑跳起来,这样速度上更快,而且体力消耗少,A在我后面看了一会,也模仿着我这样跑跳,一直到达目的地。

分析：行为主义学习理论中提到，行为的产生与消失，是建立在对相应条件刺激出现的基础上，并且那些及时给予正强化（如赞许、表扬、可口的小食品）的行为容易再出现，心理学家斯金纳针对这一规律提出了操作条件反射，原理是相似的。

在案例二中，老师与 E 同学偶遇，利用落叶对他进行走、跑、跳的训练，并把糖果作为行为再出现的刺激物，符合他现阶段身心发展的要求，刺激他不断出现下一个行为，以获得更多的糖果。教育在很多时候要投其所好，以更好地为儿童服务。在捡落叶的过程中，利用跑过去或者跳过去的方式，避免儿童在长时间重复相同动作时产生厌倦情绪，保持参与活动的兴趣。在最后的领跑阶段，老师给他一个跑的行为刺激，在速度上形成竞争机制，改变成跑跳的方式，没有给 E 任何的指令，但 E 会无意识地模仿成人的行为，这种反射性行为的反复出现可以起到加强巩固的作用。

（3）手的训练。手的精细动作是相对全身肢体运动而言，是发展小肌肉运动的关键。智力发育迟缓儿童由于大脑损伤，其手指动作的灵敏度也受到影响，因此训练难度比较大，不能短时间内看到进步，要求长期坚持下去，下面列举一些基本的干预对策。

捡蚕豆：目的是锻炼儿童的手指肌肉，对指捏拿小物体。方法：将豆子撒在桌子上，教他们用右手大拇指和食指（可适当改变用左手）捡蚕豆。然后把蚕豆装入小篮中，一粒一粒捡完，注意摆的数量不宜过多，以防孩子疲劳。

玩套盒：目的训练手指肌肉动作，学习套装。方法：给孩子大小不同的套盒，大人先示范，先把小盒装进大盒里，然后再把小盒拿出来，示范完毕就让孩子自己去操作，最后可以探索一个大盒可以装几个小盒。

穿珠子：目的是练习眼、手协调能力。方法：预先准备一些不同颜色的木制或塑料珠子，中央有空，再准备一根较硬的细绳或鞋带，教孩子按不同颜色将珠子穿起来，边穿边认颜色，教师可先示范，然后让孩子模仿穿。当孩子掌握穿珠技能后，可提高训练要求，如怎样穿才能使一串珠子更好看，引导孩子按颜色、形状间隔着穿。

针对智力发育迟缓儿童的实际情况，我们可以把小肌肉运动方面的行为训练作为每天规定的一个学习任务，这里详细制订一周安排（见表9-2）。训练的材料简单易得，内容灵活多变，把儿童们最喜爱的活动作为主要的组织形式，充分调动学生的兴趣。

表 9-2　小肌肉运动一周计划

时间	具体安排
周一	1.做手指操 20 分钟,如单手单指轮番伸、缩、钩、点、压、弹等; 2.剪纸游戏 20 分钟; 3.进行穿珠子比赛 10 分钟。
周二	1.做手指操 20 分钟,如单手单指轮番伸、缩、钩、点、压、弹等; 2.字帖抄写 20 分钟; 3.自由玩积木 10 分钟。
周三	1.做手指操 20 分钟,如单手单指轮番伸、缩、钩、点、压、弹等; 2.插棍训练(双手协调)20 分钟; 3.自由画画 10 分钟。
周四	1.做手指操 20 分钟,如单手单指轮番伸、缩、钩、点、压、弹等; 2.按教师口令,练习大把抓放玩具,20 分钟; 3.玩翻书游戏 10 分钟。
周五	1.做手指操 20 分钟,如单手单指轮番伸、缩、钩、点、压、弹等; 2.玩"手口不一"游戏,20 分钟; 3.字帖抄写 10 分钟。

2.语言表达技能训练

语言是儿童表达思想和与人交往的工具,一个儿童语言运用能力的强弱直接影响他的学习和生活。智力发育迟缓儿童在不同程度上存在着语言障碍,这类儿童语言发展特点是:听得懂——→发音(基本具备)——→说话(不熟练),因此语言表达技能训练是针对这三个内容展开具体的干预。

(1)基础训练。表 9-3 是专门为 A 编排的一套口形操。

表 9-3　口形操

口的部位	主要训练动作
双唇动作	张合、吸吐、绷紧、放松、嘬嘴、收回等
牙齿动作	嚼、咂、开、合、咬下唇
舌头动作	舔、伸、缩、摇动、弹响等

(2)语言发音训练(训练初期)。创设语言环境。时不时地对儿童说自己正在实施或者见到的事情(比如:"我现在看你数学作业"等)以及说儿童正在做的事情(比如:"你的字写得真好看""吃饭吃得真干净"等)。要常常问他问题,问及今天的天气怎么样,今晚的作业是什么? 多激励孩子语言反应,多给智力发育迟缓儿童说话的机会。

对口型模仿。由教师发音,让智力发育迟缓儿童进行模仿训练。这个模仿过程较为枯燥,实施训练的教师在口型示范时要加上声调和表情,模仿时的形象尽量夸张些,让儿童看得清楚,尽可能模仿准确。训练中要不时穿插一些有趣的事物,保持儿童训练的兴趣。

发音练习。使用镜子、录音机等辅助手段进行训练。让这类儿童用镜子观察自己的口型是否正确,用录音机比较发音效果,可以帮助儿童在语言表达训练中感知口型的变化,并能发现发音的不足之处,矫正错误树立信心。

(3)语言表达训练(训练中期)。引导学生看图说话,学习儿歌,讲故事,交流一日活动等训练内容。要利用游戏、小组合作、家长参与等活动方式,积极鼓励儿童语言行为的产生,在以后的训练中逐渐加大难度。实施这些语言训练,要帮助智力发育迟缓儿童积累词汇,培养发音说话的兴趣。

(4)语言习惯训练(训练后期)。首先,训练良好的听话习惯。要求他听别人说话时要做到自己不说话,身体不乱动,目光直视说话者,听懂别人说话的意思。然后,训练良好的说话习惯。要求清楚、准确地表达自己的意思。具体训练时采取多种形式,激发他用语言表达的愿望。

3.认知缺陷的补偿训练

认知能力是指人脑加工、储存和提取信息的能力,即人们对事物的构成、性能与他物的关系、发展的动力、发展方向以及基本规律的把握能力。对于智力发育迟缓儿童,认知能力就是适应性行为的能力,其中包括感知、注意、记忆和思维等方面内容。

(1)感知训练。

训练内容:触觉、视觉、听觉、味觉和嗅觉等。

训练方法:教师利用身边一些常见的生活现象,针对某一个感觉器官进行具体事物的体验感受,让儿童获得基本的生活知识,比如感受声音的强弱,观察叶子的形状等。还可以设计某种活动主题,调动儿童全部的感觉器官,综合体验事物的本质特征,比如种子的发芽,石头风化作用等。

(2)记忆力训练。

训练原理:初步识记——→再认重复——→回忆巩固

训练方法:教师要调动儿童的学习动机,选择的学习知识要来源于儿童原有生活经验,便于儿童的理解识记。重复的过程没有限制次数,但要选取活泼有趣的形式,事后及时给予正强化。要极为重视回忆巩固这一过程,可以利用事物的关联性让儿童联想回忆,教师做适当的提醒,可以开展记忆游戏,这里推荐利用音乐进行记忆力训练。在活动中适当提出问题和要求,也是能极大促进儿童主动去记。

（3）思维训练。

方法一：匹配。开始训练同形匹配，根据事物相同的形状进行归类，让智力发育迟缓儿童初步认识事物的基本特征，可以不断加大选择的范围，提高匹配的难度，接下来教师可以相应改变匹配规则，利用同色、同类或者同列事物特征展开活动，让儿童自己去获得实践经验。

方法二：一一对应。比较过程中的对应一般有两种：重叠对应（即将第一组物体从上到下或从左到右排成一行，再把第二组物体一个一个分别叠在第一组物体的上面）；并置对应（即把第一组物体排成横列或竖行，第二组物体一一对应分别摆在第一组物体的下方或左、右方）。教师可以针对这两种原理设计活动，为智力发育迟缓儿童提供直观生动的操作机会，在玩一玩、排一排的过程中感知到抽象的数、物之间的逻辑关系。

方法三：顺序排列。顺序是事物进程的规律，有了顺序的概念，才能进行逻辑思维。顺序排列的方法主要有两种：一是了解自然的顺序，选取符合儿童熟悉的生活习惯，比如让儿童进行穿鞋子，并简单概括基本步骤，还可以观察生物角的植物生长，感知种子发芽成长的自然过程；二是人为的顺序，这类训练难度较大，比如教室里很多垃圾，自然发展下去教室里就会越来越脏，但如果老师教育小朋友们保护环境，大家把垃圾捡起来，这样教室又恢复了干净，人为的干预产生与先前不一样的结果。

4.社会交往的行为训练

每一个儿童不是单独的个体，都是完整的社会人，儿童只要在集体中才能获得一起进步的动力。因此，具备一定的社会交往的行为能力，是儿童正常学习和生活的主要保障，对智力发育迟缓的儿童来说，社会行为主要包括基本行为能力和与他人的交往能力。

（1）基本行为能力的训练。生活自理方面的训练：如洗红领巾、洗袜子、盛饭、洗碗、刷鞋、洗衣服、刷牙、洗脸、洗脚等内容。在课堂上每项内容都是经过反复训练，教师要特别关心其中一些能力较弱的儿童，课后要形成儿童相互监督机制，回到家中也要让父母督促，可以让这类儿童很快具备基本的生活自理能力。

在日常生活中，教师要灵活穿插一些生活适应能力的训练。比如过马路、问路、购买简单物品、识别特殊标志等。这方面训练一般都是在具体的环境当中进行的。如识别男女厕所时，教师把学生带到公共场合，指导儿童向路人打听厕所在哪，找到厕所后要分清男女厕所的标志，然后如厕。

不良的生活习惯：如在吃饭的时候，教师要讲清楚粮食得之不易，大家要珍惜粮食,不能随便挑食和落下,可以特地表扬某个儿童做得好,以刺激别的儿童去模仿。还有午睡不喧哗、不吵闹,不抢小朋友的玩具,上课不可以随意走动等这些基本行为的纠正。

(2)与他人交往能力的训练。智力发育迟缓儿童不愿意与人交往,性格有些抑郁,所以这方面的干预主要培养他们能主动参加各种活动,愿意与同伴分享玩具,发生矛盾会与他人协商,不吵闹。按照老师的要求入座、操作、收拾玩具,进班、离班有礼貌。

途径之一:游戏活动。大量开展结构游戏、建筑游戏、角色游戏等,这些活动可以使智力发育迟缓幼儿初步具有合作的技能,能遵守游戏规则,培养谦让的个性品质。

途径之二:生活活动。尽量让这类儿童与正常儿童一起进行相同的点心、午餐、盥洗等生活活动,充分发挥其他表现好的小朋友的榜样作用,如良好的社会礼仪习惯。

途径之三:教学活动。在教学活动中,要特别关注智力发育迟缓儿童自信心的培养,让儿童多发言,鼓励他们,并多让他们与其他儿童结队讨论问题,积极地配合其他人共同完成各项任务。

第三节　唐氏综合症儿童研究[①]

唐氏综合症(Down Syndrome)是由英国医生 Down(唐)于 1866 年首次描述的,该类儿童智力发展较普通儿童迟缓且水平较低,一般认为会引起中度的智力落后。近年来,对唐氏综合症儿童的研究不断增多,一些家庭和社区希望唐氏综合症儿童能够掌握一些基本的生活技能,以便减轻家庭和社会的负担。目前,国内外学者对唐氏综合症患者可能达到的智力水平持越来越乐观的态度,并认为其关键在于早期康复。随着唐氏综合症儿童生存环境的进一步改善,培养和发展唐氏综合症儿童的自我控制能力,使他们能够计划和安排自我的行为,成为唐氏综合症儿童研究的一个重要方面。在这里,主要研究了唐氏综合症儿童自我控制能力的重要性、影响自我控制能力发展的因素和如何发展唐氏综合症儿童自我控制能力等三个方面。着重探讨怎样运用体育活动和游戏来发展唐氏综合症儿童的自我控制能力。

---

① 何佩聪,余小红.唐氏综合症儿童自我控制能力发展对策研究——以 K 学校 X 同学为例[D].衢州:衢州学院,2012.

一、唐氏综合症儿童的自我控制能力

唐氏综合症儿童是特殊需要儿童,这类儿童在语言、运动和行为等方面发育迟缓,其中最突出的问题是自我控制能力差。

1.唐氏综合症的提出

唐氏综合症由英国医生 Down(唐)在 1866 年首次提出,并由此而得名,属于弱智儿童的特殊群体之一[①]。这类儿童在体貌上有着诸多不同于正常儿童的特征,他们属于特殊需要儿童。特殊需要儿童包括智力残疾儿童(又称弱智儿童)、听力残疾儿童、视力残疾儿童、情绪和行为障碍儿童等,其中弱智儿童在特殊需要儿童中所占的比重最大。而唐氏综合症儿童则是弱智儿童群体中最为常见的。我国已有研究表明,唐氏综合症儿童在新生儿中发病率约为1/750。在全世界范围内唐氏综合症均受到了密切的关注和高度的重视。唐氏综合症儿童主要特征是智力低下,在语言发育、行为和运动发育方面存在障碍。其中,在自我控制能力方面有更突出的问题,已经引起社会各界的普遍关注。

2.唐氏综合症儿童的自我控制能力

自我控制能力是指个人对自身心理与行为的主动掌握,是个体自觉地选择目标,在没有外部限制的情况下,克服困难,排除干扰,采取某种方式控制自己的行为,从而保证目标实现的一种综合能力[②]。作为自我意识的重要组成部分,自我控制能力的发展标志着人类由幼稚走向成熟、由依赖走向独立,是实现自我发展、自我完善的前提和保证。作为唐氏综合症儿童,普遍缺乏自觉性,很难控制自我行为,根本谈不上有意识地进行自我控制,显著地反映出自我控制能力差的典型特征。

3.发展唐氏综合症儿童自我控制能力的重要性

唐氏综合症儿童自我控制能力的发展水平较低,自我控制动机较弱,调节控制情感的能力差,缺乏坚持性和自制力。有专家认为,唐氏综合症儿童最重要的问题就是不能进行自我控制,发展唐氏综合症儿童的自我控制能力是极其重要的。同时,唐氏综合症儿童给家庭和社会带来沉重的负担,如果能够通过训练,培养他们的生活自理能力,掌握简单的技能,可以减轻家庭与社会的

---

① 刘文,胡日勒.唐氏综合症儿童自我控制的发展和矫正研究综述[J].辽宁师范大学教育学院,2008(9).
② 董光恒,杨丽珠.3~5岁幼儿自我控制类型研究[J].学前教育研究,2007(11):11—13.

负担。培养唐氏综合症儿童的自我控制能力,有着十分重要的意义和价值。

二、影响唐氏综合症儿童自我控制能力的因素

唐氏综合症儿童自我控制能力的发展受多种因素的影响,包括主体因素和客体因素。主体因素包括儿童的生理因素、情感因素和认知因素;客体因素包括父母教养方式和师生同伴互动关系等。我们在广泛研究的基础上,又从K学校选取一名唐氏综合症儿童进行典型案例分析,通过对X同学的了解和观察,试图进一步揭示影响唐氏综合症儿童的最主要因素。

1. 生理因素

生理因素是影响自我控制能力发展的根源,自我控制能力的发展受大脑皮质发育的影响。"中国基础教育的播火者"林崇德教授认为,儿童约从 4 岁开始,逐步控制自己的活动和情绪,并随着皮质抑制机能的逐渐完善,能够在一定程度上控制自己的行为。也有专家认为,儿童刚出世时,大脑皮质的抑制机制还很不成熟,儿童表现出极大的冲动性。可见,大脑皮质的发展是自我控制能力发展的基本动力来源。正是由于大脑皮质的发展才使内部抑制得以发展起来,并且使自我控制能力得到发展。

2. 父母教养方式

父母教养方式是影响自我控制能力的重要因素,父母教养方式对儿童自我控制能力的发展有着重要的影响。如果父母采取不同的教养方式,将会促使儿童形成不同的自我控制特征。父母教养方式有很多种,目前普遍认为,有三种方式会对孩子的自我控制能力的发展产生重要影响。

(1)专制型教养方式不利于儿童自我控制能力的发展。专制型的父母对待孩子严厉、缺少关爱和表扬,孩子很难感受到父母的爱和关怀。他们对孩子的要求过高,"望子成龙,望女成凤",经常体罚、责备或嘲笑孩子。这样的教养方式使儿童易退缩、猜疑、对人不友善,在同伴交往和社交情境中会出现困难,不利于自我控制能力的发展。

(2)放任型教养方式使自我控制水平达到最低。采取放任型教养方式的父母,往往对孩子期望不高,制定的目标也很低。采用情感惩罚的方式来代替体罚或说理。这种做法使儿童没有自制力,不能坚持自己的信念。与专制型的儿童相似,这类儿童在社会交往中表现出退缩和不成熟,在三种方式中自我控制水平最低。

(3)权威型教养方式有利于发展自我控制能力。权威型的父母坚定、自信

并有判断力,教育儿童民主而严格,对孩子有比较高的要求,但应注意使期望切合儿童的需要和能力。信任、鼓励儿童,奖励儿童良好的行为方式。在这样的家庭里,孩子感受到爱和关怀,他们的情绪稳定而乐观。在这种环境中成长的儿童对自己充满信心,对自我的控制能力也更强。

综上所述,父母的教养方式对儿童自我控制能力的发展有着十分重要的影响。其中权威型是最有效的教养方式,权威型的父母可以给孩子提供一个健康积极、乐观向上的身心发展环境,促使儿童自我控制能力得以良好发展。而专制型、放任型的教养方式则不利于儿童形成良好的自我控制模式。父母的教养方式对儿童自我控制行为起着重要的作用,是影响自我控制能力的重要因素。

三、发展唐氏综合症儿童自我控制能力的对策

唐氏综合症儿童的自我控制能力的发展有多种方式,例如抓住自我控制发展的关键期,充分发挥家庭的作用等。在这里,我们尝试运用体育活动、游戏疗法来发展唐氏综合症儿童的自我控制能力。

1. 运用体育活动帮助儿童建立自我控制的内部标准

传统的观点认为自我控制源于外部力量,而考普等人则认为自我控制源自儿童自身,这肯定了儿童的主体作用①。基于此,K 学校借助体育活动来发展唐氏综合症儿童的自我控制能力,试图通过体育运动帮助儿童建立自我控制的内部标准。如以“跳绳”作为每天的基本体育活动,对唐氏综合症儿童的自我控制能力进行训练。因为跳绳有利于提高唐氏综合症儿童的协调性和控制力,能很好地发展自我控制能力。跳绳可分为站的训练、蹲的训练和甩绳三个步骤,并且每一部分都包括具体的操作步骤和过程中的激励。

(1)站的训练是对唐氏综合症儿童进行干预的第一步。

训练要从最简单的行为动作开始,这样比较容易成功,可为以后更为复杂的训练打好基础。站的训练的具体步骤:在跳绳之前,Y 老师会让 X 同学站好、站直。由于 X 同学之前已接受 Y 老师较长时间的训练,所以已经养成习惯,会很配合地站好。这时,Y 老师就会及时给予表扬,说:“站直了,真好!厉害!”没过多久,X 同学的手会随意摆动,身子也会扭动,完全忘了站立的姿势。这时,Y 老师会提醒鼓励 X 同学,并用手摁住 X 同学的手,帮助他站好。

在这里,情感激励——培养自觉性、体现激励的最美之处。自觉性是幼儿

---

① 赵丹妹.体育活动对儿童自我控制能力的影响因素初探[J].大家,2011(2).

自我控制结构中的重要因素,是指幼儿自觉服从并主动给自己提出一定的目的、任务的意志品质[①]。情感激励的方式能很好地培养自觉性,能让儿童很清楚地感受到关心、支持与理解,是实现自我控制的认知保证。首先,表扬是学生进步的动力。在站的过程中,当 X 同学站得好的时候,Y 老师会及时给予适当的表扬。例如:"站直了,真好! 厉害!"或者"棒棒棒,你真棒,继续努力会更棒!"。这时 X 同学非常开心,脸上洋溢着幸福的笑容。教师的表扬和肯定对于学生来说是至关重要的,特别是特殊儿童,老师的表扬就是对他们的肯定和认可。其次,鼓励在情感上给学生以支持和信任。当 X 同学站得不好、坚持不下去的时候,Y 老师及时给予他鼓励和支持。Y 老师在练习中鼓励孩子:"再站一下就完成今天的任务了! 加油!"在这样的鼓励下 X 同学坚持完成了较长时间的站的训练。Y 老师也常在结束后给孩子一个微笑,向他点点头,拍拍他的肩,摸摸他的头,在情感上对他的努力给予最大的支持和鼓励。第三,赏识、发掘学生的闪光点。在站的时候,X 同学很怕累,他的手会随意摆动,身子也会扭动。这时,Y 老师会耐心地等他安静下来,走过去摸摸他的头告诉他:"你唱歌都学得那么好,这点小事难不倒你的。"这时候,X 同学会很有信心,很好地继续下去。

(2)蹲的训练可以很好地培养唐氏综合症儿童的自我控制能力。

蹲的训练比站提出了更高的要求,它需要儿童蹲下、起立,这两个动作要连续,不能间断。而且蹲的过程中手不能随意晃动,跳起来的时候脚也要并拢。因此,蹲的训练可以很好地发展 X 同学对手脚的控制能力。蹲的训练的流程:一开始蹲的时候,X 同学蹲下去脚是并拢的,但是跳起来的时候脚又分开了,Y 老师会马上提出并纠正,让他重复练习。在蹲的过程中,X 同学连着蹲了好几个之后不愿意起身,Y 老师会说:"加油,做好了有你最喜欢吃的果冻哦。"到最后 X 同学不蹲下去,背弯着,但是膝盖却不弯。老师发出指令也不理睬。老师会提醒 X 同学"奖品大派送"的活动,以此来激励和强化他继续下去。

在这里,物质激励——培养延迟满足的能力、激发最原始的动力。延迟满足是自我控制能力的核心部分,它是一种为了更有价值的长远结果而主动放弃即时满足的抉择取向,在等待中形成自我控制的能力[②]。在蹲的训练的过程中,儿童为了获得物质奖励,会主动配合老师完成动作而放弃当时自己想要做的事情。所以物质激励是一项必不可少的措施。首先,用"最爱"来诱惑,极

① 杨丽珠,宋辉.幼儿自我控制能力发展的研究[J].心理与行为研究,2003(1).
② 杨丽珠,徐丽敏,王江洋.四种注意情境下幼儿自我延迟满足的实验研究[J].心理发展与教育,2003(4).

大激发学生的动力。每个人都有自己的爱好,只有找到了学生的爱好才能真正地运用好物质奖励的强化作用。在 X 同学蹲下去不愿意起身的时候,Y 老师尝试过很多种方式——奖励小红花、饼干等,试图让 X 同学提起兴趣。但是他对这些都无动于衷。后来 Y 老师在与家长交流中得知,X 同学特别喜欢吃果冻。于是 Y 老师就在训练的时候告诉他只要他能完成相应的训练,老师就会给他果冻作为奖励。于是只要 Y 老师一提果冻,X 同学会很有动力地继续完成任务。其次,奖品大派送,提高学生的积极性。K 学校每个星期都会举行一次“奖品大派送活动”来对表现好的同学进行奖励。而那些练习时偷懒,没有任何进步的同学将不能得到奖品。得不到奖品的同学很羡慕那些得到奖品的同学,这样能使他们认真地练习,激励他们在下一次拿到奖品。第三,巧妙运用代币制,让物质激励发挥最佳效果。斯金纳程序教学的基本思想是对学生的正确学习结果必须给予及时的强化,以鼓励学生继续学习。但是物质奖励太多会使儿童对强化物失去兴趣,就如 X 同学的果冻,吃多了会出现过饱太腻的情况,不利于训练的进行。运用代币制既能保持奖励物的吸引力,又使学生不出现厌倦情况。Y 老师采用小红花计数法,每次表现好的计数一朵小红花,累积到一定数目就可以换取相应的奖励物。并且根据学生的不同学习情况,制定不同等级的更换制度。代币制让很多持续性的训练得到强化,学生也会在付出了很多努力之后对得到的奖励特别珍惜。抓住时机利用好强化物和诱因,使它不仅仅是奖励物品,更能潜移默化地提高学生的自我控制能力。

（3）甩绳是提高唐氏综合症儿童自我控制能力的核心步骤。

甩绳的动作,需要儿童双手一起配合,并且头要放正,背要挺直,而且要边甩绳边蹲下。这需要儿童很好地控制自己的双手,并且在甩的过程中有意识地控制自己的头、背,而且使甩绳和蹲下这两个动作可以同时进行。甩绳这个动作,是唐氏综合症儿童自我控制能力发展的关键。甩绳的具体操作:刚开始甩绳的时候,X 同学两只手都拿着绳子一起甩。后来手会不自觉地乱甩,很没有节奏,而且一只手高、一只手低。这时,老师会数着节拍“1、2、3”来让 X 同学找到节奏,跟上拍子。并提醒他“手放好”。在甩绳的过程中,X 同学头会乱动、低下,背也会弯下,而且还故意拿绳子甩人。Y 老师会站在 X 同学身后,用手扶着他的手臂,控制并纠正他甩绳的动作,并鼓励他:“你看看边上的同学甩得多好,但是老师相信你肯定比他甩得更好!”当 X 同学甩绳甩得较好的时候,老师会让 X 同学边甩绳边蹲下。这个动作比较复杂,X 同学基本上不会蹲,老师会先将这个动作进行分解,分成“甩”“蹲”,先让 X 同学分先后进行,等熟练了之后让他尝试着同时进行这两个动作。在这一过程中，Y老师会激励他："真棒，你就是全校的训练小标兵！"

在这里，荣誉激励——培养自制力，让奖励上一个台阶。自制力是指人能够控制和支配自己行为的能力。一方面，表现为能够激励自己去做应该做的、正确的事情；另一方面，又表现为能够抑制那些不正确的愿望、动机、行为和消极情绪等。通过荣誉激励的方式，让儿童提高自制力，在遇到困难挫折的时候不放弃，能够积极努力地去完成。首先，营造良好竞争氛围，通过同伴之间的对比进行激励。在甩绳的过程中，Y老师引导X同学与周围的同学进行比较，并给予他鼓励和肯定，认为他比对方做得好，这样能使X同学对自己有更高的要求，提高了自我控制能力。除此之外，K学校根据学生的智力、身体情况的不同，设置了灵活多变的奖励机制。每个老师按照自己每周的目标、学生的训练态度及情况分出三个层次，在全校集中进行奖励表扬，表现好的学生成为榜样，努力的学生也同样得到肯定。全校都参与竞争，形成良好氛围。其次，花样繁多的奖项，让学生充满希望和憧憬。奖状，是对个人获得成绩的一种认可和表扬。在特殊儿童的心目中，那是至高无上的荣誉，足以改变一个学生的学习态度。领奖时，孩子眼神里流露出来的除了成功的喜悦之外，更多的还有对下次获奖的憧憬，以及为了获得奖状而专注地投入学习的热情。奖状可以让学生生活在希望之中，学习在激励之中。K学校为了满足每个学生的自尊需要，在训练当中给不同学生设立不同的目标进行激励。对不同程度的学生奖励头衔和名号，适当颁发奖状。每月设立"跳绳小能手""训练小标兵""进步奖""跳跃大王""花样大王"和"努力奖"，等等。

2.采取游戏形式使自我控制能力的发展生动而有趣

瑞士儿童心理学家皮亚杰曾说："任何形式的心理活动最初总是在游戏中进行的"。我国著名学前教育家陈鹤琴先生经过数年的研究与分析认为："各种道德几乎都可以从游戏中得来，什么自制、什么克己、什么诚实、什么理性的服从这种种美德之形成，没有再比游戏这个利器来得快、来得切实的了"。大量研究也表明，儿童在一定的趣味性活动中比在枯燥的活动中坚持时间长。因此，发展唐氏综合症儿童自我控制能力，应适当引进游戏，能激发他们的兴趣，逐步培养他们的自我控制能力。

（1）规则游戏和角色游戏——提高自我控制能力的有效手段。

游戏对儿童的诱惑，会使他们控制自己的行为而遵守规则。在教学中教师可根据唐氏综合症儿童自控能力的发展水平，选择适合他们身心发展特点的游戏，以此来培养他们的自我控制能力。

首先,规则游戏使行为规则内化为自我意识,从他控转变为自控。"猫捉老鼠"游戏的规则是,"唐氏儿童"充当"猫",其他特殊儿童当"老鼠"。老师一边念儿歌《老鼠》,其他特殊儿童一边一个一个地从"老鼠洞"下钻过。老师一直念到说:"一二三,开始"时,"猫"才可以捉"老鼠"。但是,"唐氏儿童"自制力较差,往往等不到念完就开始跑向四处捉"老鼠"。此时,教师要对其进行引导,可以提出要求——只有遵守游戏规则的孩子才可以游戏。为了能参加游戏,"唐氏儿童"就只好约束自己的行为,遵守游戏规则。"乌龟驮物"游戏要求儿童趴在地上,将枕头放在背上,然后开始向前爬,爬到终点用手触摸小凳子腿儿,再往回爬,爬到起点线,用手拍下一个小朋友的手。在这个游戏中,规则较多,要求儿童控制自己的行为,克服冲动性,明确个人行为与集体的关系,不能完全按自己的想法行事。这个游戏,不仅能够培养唐氏综合症儿童的自制力,而且还能够增强幼儿的集体观念。

其次,角色游戏是培养专注性和坚持性的重要形式。角色游戏可以很好地培养儿童的坚持性。在儿童进行角色游戏之前,他们自己选择游戏的主题、扮演的角色和内容情节,并选取游戏所用的材料。由于有了比较明确的活动目的,在游戏时儿童就会按计划开展活动,并能促使他们较长时间地坚持活动。例如,当儿童扮演"警察"角色时,他就要履行警察的岗位职责,不能凭想象随意游戏,要遵守相应的规则,并通过了解别人的想法来调整自己的行为,学着承担社会责任,初步体验各种社会规范和行为准则的约束。在角色游戏中,由于游戏的需要,幼儿要扮演一定的社会角色,并承担相应的社会职责,遵守社会规范和行为准则,要求幼儿去中心化,从别人的角度来看问题,理解别人、了解社会,学着把社会要求纳入自我概念。

(2)操作游戏——学会控制精细动作和肢体动作。

在一次操作游戏中,教师组织一组儿童进行拼图游戏,他们的积极性很高,因为对材料的操作和摆弄是激发他们兴趣的源泉。"唐氏儿童"也是这一组儿童之一,起初他拼得很专注,但是几次的失败加上其他儿童的干扰,渐渐让他失去了耐心,开始坐不住了,后来索性去玩别的。如果此时教师能及时注意并给予他暗示,再次引发他的兴趣,鼓励他继续拼图,直至完成,孩子的自控意识和能力会更上一个台阶。

(3)教师的暗示——建立自控能力的有效平台。

在《给教师的建议》一书中,苏霍姆林斯基写道:"任何一种教育现象,孩子在其中越少感受到教育者的意图,他的教育效果就越好。"教师丰富的面部表情,生动的语言,形象的动作都是有效的暗示。用暗示的方法,融合教育者和被教育者的亲密关系,避免受教育者产生逆反心理,使孩子积极主动地发现、接受,让他们感受到平等,感到受尊重。教师的暗示能使孩子在认知方面及意志行为方面都得到进步。

第四节　触觉防御儿童研究[①]

所谓触觉防御,指儿童对于无害的触觉刺激有嫌恶或避免的行为反应。有触觉防御的儿童,即使只是手臂上的轻轻触碰,如搭肩、握手或抚弄头发等,都会引发这类儿童的触觉系统产生不舒服感,因而试图摆脱或反击别人的抚摸,哪怕是礼节性的握手,从而导致亲友、长辈或他人的不悦。长大后,甚至会影响其在社会上建立起良好的人际关系。触觉防御儿童,通常反应快,智商也比较高,所以家长很容易忽视儿童在触觉方面所存在的问题。一般人也很难想象,触觉防御怎么会与儿童情绪、性格的发展有着密切联系。事实上,触觉的正常与否对儿童的心理发展产生重要影响,有触觉防御的儿童,由于情绪无法控制,情商、适应环境能力都显得比较差,非常需要通过有计划地训练,以有效解决触觉防御问题。

一、触觉防御儿童具体表现

1.逃避触摸

要么是不喜欢或避免特定质料、款式的衣服,要么是偏爱某种特定款式质料的衣服。喜欢排在最后面,以避免和其他小朋友的触碰。试图躲开预期中的触碰,包括避免被摸脸;不愿意参加与他人有碰触的活动,避免有身体接触的游戏,比较喜欢独自一个人玩。例如,永琪小朋友在上课的时候,即使已经玩得满头大汗,也不愿让老师帮她脱衣服。老师说:"永琪,你看身上都是汗,热不热啊,把衣服脱了吧?"可她摇摇头说:"不热。"如果老师强行帮她脱下衣服,她就会尽可能地逃避老师的触碰。在玩游戏的整个过程中,她一直表现出不太合群,一个人独自玩耍,也不与小朋友交流。上课结束排队时,总喜欢排在最后一个。

2.对无害的触碰有嫌恶反应

当被举高或搂抱时会挣扎与反抗,并表现出极其厌恶这种行为。讨厌某

---

① 陆婷婷,余小红.如何利用感统训练治疗儿童触觉防御[D].衢州:衢州学院,2011.

些日常活动,例如洗澡、剪指甲、剪头发、洗脸、刷牙。讨厌碰触绘画颜料,包括:指画、糨糊或沙。例如,当老师看见浩浩小朋友进教室时表现出很不开心的样子,就想过去抱他一下,问问到底发生了什么事情。而他却表现出明显地嫌恶反应,挣脱老师并赶紧跑开。从家长那里得知,平时在生活中,他既不爱剪指甲、理发,也不愿意洗脸,每次洗澡的时候,都会折腾得家长异常痛苦。因为他总是不喜欢肥皂抹在身上的感觉,更别提在他头上涂有泡泡的洗发液,家长经常是在他大哭大闹的情绪反应下,快速洗个"战斗澡"。

3. 触觉刺激时情绪反应异常

对旁人不小心或轻度的触碰会表现出攻击性反应,因此常常有防御性打人、推人的动作或现象。当身体较靠近他人时,会显得特别紧张。怕生、退缩,相对而言与亲人较亲近,且依赖性强,而到了陌生人多的地方就会很不适应。例如,杨杨每次来上课情绪都很差,奶奶要走的时候,就会大哭,不让奶奶走,好不容易不哭了,还要千叮咛万嘱咐地叫奶奶在门外等他。在课上,还要不断地和老师确认奶奶是不是就在门外等他,如果老师说:"你不好好做游戏,奶奶就不接你回家了。"他会立即大哭不止,说要马上回家。在玩游戏的过程中,他很容易与别的小朋友起冲突,每次他打了人就会说,是他先碰我的。事实上,别的小朋友只是在游戏中不小心碰到他而已。

所有这些问题,无疑会造成儿童学习与交往上的障碍,影响其运动技能的习得和社会适应能力的培养,在不同程度上削弱了认知能力,推迟个体的社会化进程。在幼年时,可能不会表现出来,等到了学龄期便会在学习能力和性格养成上表现出这样或是那样的问题,如厌学、逃学、撒谎等各种行为。

二、触觉防御儿童形成原因

比起视、听等其他感觉,触觉在全身分布最广,因此感觉的信息最多也最复杂。人类大脑特有的分辨、分析和组织能力,与触觉有着极其密切的关系,因为人的皮肤毛少皮薄,对于各种刺激的分辨能力最为细腻。但就目前而言,人类对触觉的研究远远少于视听等其他感知觉。儿童触觉防御的产生原因主要有以下两方面:

1. 胎儿生产环境

胎位不正产生固有平衡失常,出生前后曾经发生缺氧的现象,使得触觉神经核受到伤害。尤其是早产或剖宫产的儿童,由于出生时触觉未受到特殊刺激,形成自我保护膜,使触觉的学习缓慢迟钝。胎儿早在三个月时,就具备了触觉学习的能力,能对压觉、触摸刺激做出反应,四个月时有冷觉和味觉,五个月时有温热觉,七个月时有痛觉。但在子宫里,胎儿能接受到的主要是动觉(前庭觉和本体觉)和碰触觉的信息。显然,一位勤于活动和劳作的孕妇,其胎儿触觉—动作学习的机会,通常要比一位整日卧床、懒于活动的孕妇要多,未来婴儿的行为问题也会少一些。在分娩过程中,子宫肌、腹肌和肛提肌的收缩,最后经过狭窄而屈曲的产道挤压,胎儿的肌肤、关节、头部都受到节律性挤压的刺激,由此接受了强有力的触觉、本体觉、前庭觉的学习。快捷的剖宫产,使胎儿失去了产程和分娩过程中被挤压的经历,从而产生以触觉防御性反应过度为主的诸多的行为问题。

2. 儿童生长环境

(1)家庭因素。首先,家庭结构简单化。随着新一轮的人口流动,越来越多的年轻人离开父母,另起巢穴组成“核心家庭”,再加上独生子女政策的影响,家庭结构越来越简单化,家庭中参与儿童教育的人数越来越少,孩子缺少了与兄弟姐妹的交往,缺少充分的触觉学习,从而影响其社会性发展。其次,缺少母乳喂养。社会竞争越来越激烈,父母们都很忙碌,有些母亲没有时间进行母乳喂养;而有些母亲为了保持良好的身材主动选择人工喂养,这不仅使孩子得不到全面的营养,也使他失去许多接受触觉刺激的机会。例如,在母乳喂养的过程中,婴儿吮吸乳头带来的触觉刺激,以及母亲温柔的爱抚等。第三,过度保护。过度保护的孩子什么事情都由父母包办,造成“襁褓延长”,使孩子养成过分依赖父母,不敢独自探索新事物,缺少与周围环境的亲密接触,也就失去许多触觉刺激的机会。

(2)城镇化因素。现代生活是以城镇化为主要特征,城镇化步伐的加快在带给人类文明的同时,对孩子的成长也有着诸多不利的影响。城市多以单元式的楼房环境为主,它具有“封闭式”的特点:天地狭小,离群索居,老死不相往来,这就大大地限制了儿童与社会接触的时间与空间;容易使儿童孤陋寡闻,形成孤独、离群、依赖、忧郁、不善交际等性格弱点;住房拥挤,视野狭窄,会影响儿童心胸的开阔程度。

(3)爬行因素。爬行对儿童触觉发展至关重要。通过调查儿童的成长史发现,60%的儿童存在爬行不足的问题。很多有学习障碍与情绪困扰的孩子,都没有经历过正常的爬行阶段。例如,在满一周岁前,没有好好爬行或是爬行得很少,有些家长有洁癖、怕脏,而不让孩子在地上爬,有些父母由于忙或者是为了省事,大部分时间把孩子放在学步车上,无形中剥夺了孩子学爬的机会,或是祖父母长期抱着婴儿而减少了学习爬行的机会,从而限制了孩子触觉的发展。不少喜欢炫耀或拔苗助长的家长,在婴儿学习爬行不久,就让婴儿提早学走路,这些孩子上学后,很多都会显示出脾气暴躁、好动不安及眼球飘浮不定,进而出现过分敏感、学习不专心等问题。

三、触觉防御儿童治疗对策

就触觉防御儿童而言,需要进行感觉统合训练的触觉刺激疗法。感觉统合训练是解决各类儿童行为问题的一种切实有效的新方法,它使许多孩子的行为问题在快乐的游戏中不知不觉得到改善。触觉体系的感觉统合运动,重点是加强肌肤的各种接触刺激,以修正前庭核有关触觉的抑制和运动能力,使大脑的处理能力和身体的触觉神经,建立起良好的协调关系。

1. 大笼球训练

大笼球一般直径在 65～95cm,弹性较强,大笼球分为表面光滑和表面突起两种。相对来说,表面光滑的大笼球刺激较小,表面突起的大笼球刺激更强。对刚开始接触训练的孩子和触觉敏感的孩子,一般选用光滑表面的;而对于训练较长时间和已经不太敏感的孩子则适合选用表面带颗粒的大笼球。由于大笼球颜色鲜艳,孩子不会太抵触,较易接受,且大笼球滚动起来的接触面较大,可对孩子的全身进行挤压。

(1)滚动大笼球。训练目标:通过大笼球在孩子身体上滚动产生压力,挤压身体的各个部位,可以强化各部位触觉和大脑的协调能力,在大笼球的不断转动和挤压时,压力和身体的接触部位不断变化,能够强化大脑处理来自身体不同部位的刺激,激活大脑神经网状系统,促进感觉统合。

训练要点:①让孩子俯卧或者仰躺在地毯上,将大笼球放在孩子身上,由轻到重地做前后左右的滚动;②敏感性较强的孩子,压背部比压腹部更容易接受;③可以尝试压压孩子的足部,因为足部离大脑最远,有助于大脑与身体之间的协调;④上下、前后、左右滚压,能够帮助孩子脑干前庭网膜的觉醒;⑤不只是对敏感孩子有帮助,对触觉反应迟钝的孩子,也有刺激触觉复苏的功效。

(2)俯卧大笼球。训练目标:俯卧在大笼球上,能强化前庭体系机能及颈部张力,调适重力感的信息,对触觉敏感、多动症儿童帮助较大。

训练要点:①孩子俯卧在大笼球上,老师在后面抓住他的双脚,前后拉动;②注意前后拉动不要太快,尽量让孩子自己努力去保持平衡,以免从球上掉下来;③可做些前后、左右、快慢的变化,可以丰富孩子的前庭感觉,让他有更好的重力感;④孩子俯卧在大笼球上,让他练习如何用手、脚及头部的平衡来保护自己;⑤可以用较小的弹力球,放在孩子的腹部,让他自己操作前后、左右和快慢的滚动,可以强化孩子的身体各个部位对重力的协调感。

（3）仰躺大笼球。训练目标:背部有大脑与身体联系最重要的颈部和脊髓神经,所以采用这种姿势,对固有感觉和本体感的刺激作用是最大的。

训练要点:①让孩子仰躺在大笼球上,老师握住孩子的大腿或者是腰部,做前后、左右、快慢的滚动;②在做这个游戏前,要先做好前一项俯卧游戏,让孩子在熟悉大笼球的重力感后,再进行这个游戏,这样才不会引起孩子的排斥心理;③注意提醒孩子留心全身关节和肌肉的感觉,帮助孩子控制自己身体的平衡,对孩子控制运动能力的养成帮助很大。

2.袋鼠跳训练

游戏所用的跳袋,长短一般要根据孩子的身高来选择,最好是孩子身高的一半。袋鼠跳利用孩子喜欢动物的特点,将感觉统合训练与游戏相结合,增加趣味性,提高孩子的兴趣。

训练要点:孩子的双脚伸进跳袋里面,然后把跳袋拉至腰部。袋鼠跳的训练比较累,也比较枯燥,所以训练的量不要太大。要从旁观察孩子的不同反应,体力不太好又坚持不下时,可以让孩子中途休息一两次,稍微休息一会再继续,并且积极鼓励和表扬孩子的努力行为。相反,对于那些特别好动和体力过剩的孩子则可以适当增加训练量。袋鼠跳可以在孩子的跳跃过程中,使孩子与跳袋产生较多的摩擦与接触,这种触觉刺激对触觉防御儿童有较好的治疗作用。

3.海洋球池训练

海洋球池是由各种颜色、软硬适度、直径10cm左右的塑料小球放在一起形成的儿童游戏设备。当孩子在海洋球池中追逐嬉戏时,四周的小球就会在不知不觉中给孩子的身体带来良好的触觉刺激。这样的设备在大型的儿童游乐园或者是购物中心会看到。因为它色彩鲜艳,而且又可以结伴玩耍,深得孩子们的喜爱。

训练要点:海洋球池一般主要针对学龄前儿童,触觉敏感的孩子刚开始接触时,有的不能马上适应,他们也许会不愿意离开父母,对陌生的事物表现出退缩甚至是拒绝,这时最好不要强迫他们进入,可以在父母的陪同下,先在旁边看一下别的孩子玩游戏。慢慢熟悉环境以后,孩子会被快乐的游戏所吸引。家长不要操之过急,足够的耐心是帮助孩子的最好方法。

这个游戏没有固定的游戏规则,孩子们可以充分发挥他们好动的天性,创造出各种各样的玩法。只要能够在里面快乐地玩耍,最好是几个孩子一起游戏,就能够培养他们良好的环境适应力,锻炼身体的运动协调性,克服敏感胆小的情绪障碍等问题。

4.阳光隧道训练

阳光隧道是用塑料、金属或布料制成的。把有些滑梯设计成隧道的形式,可以让孩子在滑行的时候体会光、声的改变。主要适用于本体不佳、触觉敏感、迟钝的孩子,帮助孩子对自己身体的形象做出比较正确的判断。进入隧道时,手、脚、头的协调对孩子前庭感觉也很有帮助。从隧道出来时,光、声的改变可以增加对孩子视、听觉的刺激。

训练要点:①让孩子头在前、脚在后,正面爬进去,然后从另一面爬出来;②让孩子脚在前,头在后倒着爬进去,再从另一面爬出来;③在隧道里面放毛巾、积木、海绵等物品,让孩子正着或者倒着爬进去,然后从另一面爬出来。在里面体会不同触觉刺激下的身体活动;④让孩子学小蚂蚁爬进去,将隧道里的东西运出来;⑤在孩子爬行过程中,可以将隧道轻轻地转动,让孩子在滚动中,练习手、肘、肩、膝关节的固有感觉输入,加强前庭体系的刺激和调整,这时头部的转动对眼部肌肉的成熟也有帮助,在转动的过程中,要尽量多和孩子说话,当孩子有不舒服的感觉时,应该马上停止,帮助孩子从隧道里爬出来。

总之,利用感觉统合治疗儿童触觉防御,不仅仅是要靠治疗师或老师来进行,其实家长的配合也是非常重要的,因为孩子和家长在一起的时间相对比较多,而且感觉统合训练本身就可利用生活中的各种物品来进行。比如,通过"手的部位"触觉刺激游戏,像冷热水刺激、泥工与沙土游戏、盲人摸象活动等。家长平时也要多爱抚孩子,适当的爱抚是促进触觉系统正常发育的基础,形成孩子安定情绪的有效方法。父母在给孩子洗脸、洗澡或者睡觉前,用手或是柔软的毛巾,轻缓地触压或按摩孩子的手、脚或背部。还可以通过给孩子提供干净、自由的游戏空间,让孩子能在地上自由爬行,允许他接触周围一切安全的物品,尽量不使用学步车,以免其失去爬行和用手触摸环境的机会。孩子玩弄或者是咬自己的手、脚、摔东西、敲打玩具、搬弄桌椅或爬上爬下,都是在从事有益的活动。

第十章　特殊需要儿童社会、学校与家庭教育

第一节　农村留守儿童教育现状研究[①]

近期关于"新生代农民工"（80 后、90 后农民工）的讨论越来越受到社会的关注，而作为农民工子女的进城流动儿童和在乡留守儿童，正是新生代农民工的巨大后备军。这个庞大群体的生存和成长状况，对于今后几十年中国的社会、政治、经济状况，有着直接和深远的影响。从儿童权利角度看，则这个群体无论是进城的还是在乡的，都处于多种不利结构之中，面临着教育、心理、健康等诸多的问题。相比流动儿童而言，农村留守儿童出现得更早、人数更多，且由于父母不在身边，可能遇到的问题更复杂。[②]

一、问题的提出

自中国 1978 年实施改革开放政策以来，数目庞大的农村剩余劳动力背井离乡务工经商，此后也有大量城镇下岗失业工人为寻找就业机会便往经济活跃地区转移。其中多数是家有老幼、年富力强的青壮年，由于经济收入、政策限制等方面的原因，这些外流民工的未成年子女往往难以随父母外迁，无奈被交由祖辈、亲友、邻居照看或独自生活，从而形成规模庞大的"留守儿童"人群。"留守儿童"概念自 1994 年首次出现，[③]在字面表达上，曾先后出现过"留守子女""留守孩""留守孩子""留守幼儿""留守学生""留守少年""农村留守子女""空巢儿童""留守儿童"等称呼。"农村留守儿童"作为一个特指的概念，其指涉对象为父母因故离开家乡的未成年人，由于种种原因不能随父母外出共同生活，而留在农村由代理监护人教养或自我照顾。

农村留守儿童是在社会转型的大背景下，由于农民流动而引发的一个重要

---

① 笔者在 2013 年 4 月撰写的有关农村留守儿童文献综述。
② 谭深.中国农村留守儿童研究述评[J].中国社会科学,2011(1).
③ 一张.留守儿童[J].瞭望新闻周刊,1994(45).

社会现象。对"农村留守儿童"的了解与熟悉,从某种程度上说,主要借助于国家政策、大众传媒、学术文本、社会舆论等。当我们聚焦农民工及其子女的教育时,就开始关注到农村留守儿童这一群体。从 2002 年起,社会上已逐渐认识到,农村留守儿童是一个"新弱势群体"。自 2004 年开始,农村留守儿童得到媒体、政府、学术界乃至社会各界的广泛关注。在这一年春季新学期开学之际,《人民日报》《光明日报》《中国青年报》等多家全国性报刊大规模地报道了农村留守儿童在学业、生活及性格培养等方面面临的困难和问题。为此,教育部基础教育司在京召开"中国农村留守儿童问题研究"研讨会。次年,全国妇联和中国家庭文化研究会也召开"中国农村留守儿童社会支援行动研讨会"。2006 年 9 月,全国妇联还召开以"关爱农村留守儿童,促进未成年人全面健康成长"为主题的全国农村留守儿童工作电视电话会议。紧接着,国务院农村留守儿童专题工作组成立,由教育部、公安部、民政部、财政部等 13 个部门联合组成,其日常工作是通过深入开展调查研究,及时掌握农村留守儿童状况,逐步建立和完善保护留守儿童合法权益的法律法规体系和政策措施。① 近年来,农村留守儿童更是受到了社会各界的广泛重视。一些学者、教育工作者、教育管理部门纷纷开展不同形式的大讨论和社会调查,以具体了解农村留守儿童的发展与现状。农村留守儿童已然成为一个庞大的群体,非常需要我们予以高度的重视。

二、研究总体状况

本研究的中文文献主要依赖于电子检索方式,以"留守儿童"为关键词,检索了在 CNKI(中国知网)上的中国期刊全文数据库下设的 8 个目录,自 1994 年以来所收录的 4000 多篇文章。其中,最早的一篇是 1994 年一张发表在《瞭望新闻周刊》上的题为"留守儿童"的小短文。但自此之后,直到 1998 年才陆续有少量这方面的文章出现。而从 2005 年起文献数量有了一定幅度的增长,到 2007 年则上升幅度更大。总体来看,各类期刊发表与留守儿童相关的研究论文数量呈现逐年增长的趋势。尤其是近几年的文献资料,更是大大地超过以往(见表 10-1)。

表 10-1 以"留守儿童"为关键词的文章

发表时间(年)	1994—2004	2005	2006	2007	2008	2009	2010	2011	2012
数量(篇)	10	62	164	444	582	528	628	776	893

① 江立华.留守儿童问题的建构与反思[J].文杂志,2011(3):178—183.

　　通过分析 20 年来的文献资料,我们发现有关留守儿童的研究与发展,有几个重要的转折点。

　　1. 自 21 世纪以来,调查研究逐渐成为"留守儿童"研究的主要方法

　　自 2001 年开始有高校团队展开留守儿童专项研究,如北京师范大学史静寰教授等人受香港乐施会资助,进行了"农村外出劳动力在家子女受教育状况研究",分别对湖南、河南、江西三地进行了调查。① 可以说,这是开了"农村留守儿童"调查研究之先河。随后就不断地有研究者围绕这一主题在全国各地进行调查与研究:湖北大学教育学院的暑期社会实践同学以"关注留守孩"为研究课题,在湖北蕲春县刘河镇中学进行了调查;② 林宏在福建对泉州市、福清市和沙县三地抽样调查了"留守孩"的教育现状;③ 在 2004 年 6 月,中国人口学会和中国人民大学人口与发展研究中心联合组织召开了"现代化进程中的人口迁移流动与城市化研讨会",专门研讨了留守儿童问题;中央教科所受教育部委托对河北省丰宁县,甘肃省榆中县、秦安县,江苏省沭阳县、宿豫区农村留守儿童进行了调研;④ 华中师范大学中部地区农村基础教育研究中心组织专门的调研组,分别对湖北、安徽、河南、湖南等省的部分县市进行了实地调查。调查采用访谈、座谈、问卷、查阅档案、心理测量等方式进行。⑤ 至今为止,这种研究方法一直备受研究者们的青睐。从所搜索的文献来看,在调查研究对象的选取上,大到几个省、县或某个自治州,小到某个学校、村庄或某一年龄阶段的儿童。通过量表测量法、问卷调查法以获得一定的数据或资料,并对结果进行了定性或定量的分析。

　　2. 从 2004 年开始,媒体和政府的介入吸引了更多的研究者关注"留守儿童"

　　在 2004—2006 年期间,有越来越多的主流媒体锁定"留守儿童"这一特殊群体。紧随其后,全国妇联及各政府部门开始关注"留守儿童",并主动介入、积极采取各项措施来保护这一群体。与此同时,对留守儿童的研究取得了很大的进步,这不仅体现为研究成果的数量增加,而且成果质量有较大提高。吴霓在《教育研究》杂志上发表的《农村留守儿童问题调研报告》一文,备受研究

　　① 李庆丰.农村劳动力外出务工对"留守子女"发展的影响——来自湖南、河南、江西三地的调查报告[J].上海教育科研,2002(9).
　　② 王艳波,吴新林.农村"留守孩"现象个案调查报告[J].青年探索,2003(4).
　　③ 林宏.福建省"留守孩"教育现状的调查[J].福建师范大学学报(哲学社会科学版),2003(3).
　　④ 江立华.留守儿童问题的建构与反思[J].文杂志,2011(3):178—183.
　　⑤ 范先佐.农村"留守儿童"教育面临的问题及对策[J].国家教育行政学院学报,2005(7).

者们的关注,引用率达 354 次之多。① 而段成荣等则以 2005 年第五次全国人口普查抽样数据为依据,计算了农村留守儿童的数量和分布状况。② 周宗奎等认为,"作为低社会经济地位儿童的典型代表,父母外出打工的农村留守儿童在人身安全、学习、品行、心理发展等方面都存在不同程度的问题"③。这两篇文章在引用率或下载率上居相关文献前列。同年,叶敬忠等对留守儿童问题的研究现状做了文献综述,并指出"已有研究主要从社会学的视角出发,考察了父母外出务工给留守儿童的生活、学习、日常行为和交往、心理等方面带来的影响,并针对这些影响提出了相关建议。"④2006 年,周福林等以留守儿童和留守儿童问题为关键词做了研究综述。⑤

3. 自 2007 年起,有关"留守儿童"的研究进入高峰期

从表 10-1 的统计数据清晰可见,文献数量突飞猛进。而且研究的范围非常广泛、分析也更加深入。从学校教育发展到家庭教育和其他社会教育,从学习问题到心理、行为、安全、监护类型,以及留守儿童的群体特征和人口特征等等。有了对问题、对群体细分的研究,如有关心理学方面的,关于留守时间对儿童心理的影响。其中一项测试发现,父母一方外出打工半年是一个关键时期。⑥ 而另一项测试发现 5 年是一个拐点。⑦ 总之,研究领域涉及总括性的困境调查及其解决对策研究、心理研究、教育研究、权益保护及其法律研究、社会化及社会支持研究等各个方面,并且还有一些新的发现,值得我们做进一步的深入探讨。

三、主要研究成果

有关留守儿童的文献非常之多,我们很难对所有的文章都一一做出概括。因此,笔者结合两个重要指标:一是被人大复印资料全文转载的文献(以"留守儿童"为关键词,检索到中国人民大学书报资料中心的全文数据库中,从 2005—2013 年共收录了 25 篇文献);二是引用率或下载率比较高的文献(早

---

① 吴霓.农村留守儿童问题调研报告[J].教育研究,2004(10).

② 段成荣,周福林.我国留守儿童状况研究[J].人口研究,2005(1).

③ 周宗奎,孙晓军,刘亚.农村留守儿童心理发展与教育问题[J].北京师范大学学报(社会科学版),2005(1).

④ 叶敬忠,王伊欢,张克云,等.对留守儿童问题的研究综述[J].农业经济问题,2005(10).

⑤ 周福林,段成荣.留守儿童研究综述[J].人口学刊,2006(3).

⑥ 郝振,崔丽娟.留守儿童界定标准探讨[J].中国青年研究,2007(10).

⑦ 胡心怡等.生活压力事件、应对方式对留守儿童心理健康的影响[J].中国临床心理学杂志,2007(5).

期的文献主要依据引用率，而近期的文献主要根据下载率）。从中筛选出在期刊论文中影响较大或具有一定代表性的，且方法比较规范的文献作重点解读。通过对这些文献的梳理发现，有关"农村留守儿童"研究最为显著的特点是重心不断发生转向，从以"问题为中心"转向"比较研究""结构与资源研究""文献综述研究"。基于人口学、社会学、教育学、心理学、管理学等多个学科来审视农村留守儿童这一研究对象，围绕不同的学科领域所进行的研究既相互交叉又各有侧重。

1. 有关留守儿童的"问题"研究

"留守儿童"这一术语，从第一次出现就被研究者作为"一个潜在的'人之患'"问题而提出。① 这样的预设难免会把"留守儿童"与"问题儿童"画上等号，也就很容易把人们的目光吸引到寻找农村留守儿童可能存在或已经面临的问题上。但留守儿童问题真正之凸显，在很大程度上，还是有赖于国家政策、大众传媒、学术研究、社会舆论等活动而得以具体表现。最初对农村留守儿童群体知之甚少，研究主要集中在各种调查上。且因为"留守儿童问题"从一开始就被作为"社会问题"提出的，所以多数的调查倾向于了解农村留守儿童群体的负面问题。② 那么，有关留守儿童，到底存在一些怎样的问题？周宗奎，指出，"学校校长和教师一般认为留守儿童有比较多的心理问题，对他们的一般印象、学习、品行、情绪等方面的评价都较差；而从学生自我报告结果来看，留守儿童的心理问题主要是在人际关系和自信心方面不如父母都在家的儿童，而在孤独感、社交焦虑和学习适应方面与其他儿童没有显著的差异。③ 谭深指出，"已有的调查涉及了留守儿童在心理、行为、道德、学习等各方面的状况，提出安全、学校教育、家庭教育以及隔代抚养等诸种问题，应当说一定程度上提供了留守儿童的全景描述。"④ 江立华认为，留守儿童问题不仅仅是一个涉及儿童身心发展的现实问题，更是涉及儿童的平等受教育权、农民工的公民权和中国社会未来发展的问题。从这个意义上说，留守儿童问题是一个综合性的社会问题。⑤ 而从这些研究潜在的立场、研究思路及观点结论来看，我们不难发现，这方面林林总总的研究成果的主流取向可以称为"问题化取向"，

① 一张. 留守儿童[J]. 瞭望新闻周刊，1994(45).
② 叶敬忠等. 对留守儿童问题的研究综述[J]. 农业经济问题，2005(10).
③ 周宗奎，孙晓军，刘亚. 农村留守儿童心理发展与教育问题[J]. 北京师范大学学报(社会科学版)，2005(1).
④ 谭深. 中国农村留守儿童研究述评[J]. 中国社会科学，2011(1).
⑤ 江立华. 留守儿童问题的建构与反思[J]. 文杂志，2011(3)：178－183.

即认为亲子分离或留守经历给留守儿童造成了各式各样的负面影响,因此把留守儿童当作一个需要"解决"的社会问题来看待。[①]

基于自身的出发点,研究者从不同角度、不同方面挖掘出各种各样的问题,如道德品质问题、人身安全与监护问题、教育问题、心理问题、人际交往问题,等等。并循着这一研究思路分析了问题形成的单方面或多方面原因。但我们需要注意的是,农村留守儿童问题的出现是多种因素共同作用的结果。首先我们应该把握问题的实质,即农村留守儿童面临的问题是亲子分离;其次应当以农村留守儿童所处的整个成长环境为背景,分析哪些问题确实是父母外出打工造成的,哪些又是由于其他因素导致的。

2.有关留守儿童的"比较"研究

自从转向比较研究后,农村留守儿童所处的家庭、社会环境及群体内部的差异逐步凸现出来,如留守儿童与非留守儿童、留守儿童与流动儿童、男留守儿童与女留守儿童等。通过比较,有助于我们"拨开迷雾,见到阳光",进一步地把握哪些问题是农村留守儿童所特有的,使其显得更加清晰与明朗化。但有研究者却指出,农村留守儿童受教育上存在的问题,在非留守儿童中更为严重,这似乎说明了问题的根本不是"留守",更多地集中在现存的"农村教育"上。如,杨菊华等使用 2000 年人口普查 0.095% 数据,比较农村地区 11~14 岁的流动儿童、留守儿童和其他儿童的教育机会,研究结果显示,留守儿童的教育机会显著偏高;与母亲一起留守或流动的儿童教育机会得到改善;女童教育机会明显低于男孩。[②] 吴小叶通过对黔东南苗族侗族自治州 4 个乡镇的留守儿童学习状况进行微观社会学研究,从中发现,留守儿童学习的客观环境比不上非留守儿童,但学习的主观因素较好于非留守儿童,留守儿童和非留守儿童的成绩总体上无区别。[③] 许传新利用较大规模的问卷调查数据,比较了流动儿童与留守儿童的学校适应情况,统计分析结果表明,在学习方法、学习环境、行为习惯和人际交往方面,流动儿童的学校适应情况要好于留守儿童;在留守儿童中,男孩、非独生子女以及高年级儿童的学校适应情况要差一些。[④]

虽然研究者们已经做了大量的对比研究,但结果却并不像"问题"研究下

---

① 唐有财,符平.亲子分离对留守儿童的影响——基于亲子分离具体化的实证研究[J].人口学刊,2011(5):41—49.

② 杨菊华,段成荣.农村地区流动儿童、留守儿童和其他儿童教育机会比较研究[J].人口研究,2008(1):11—21.

③ 吴小叶.贵州省民族地区农村留守儿童学习状况调查分析——以黔东南苗族侗族自治州为例[J].黑龙江民族丛刊,2009(2):36—41.

④ 许传新.学校适应情况:流动儿童与留守儿童的比较分析[J].中国农村观察,2010(1):76—86.

所描述的那么悲观。为什么？原因之一是农村留守儿童内部的差异性特征较为明显，我们很难将其作为一个统一的整体加以看待。留守儿童的研究不应该仅仅局限于留守与非留守儿童的差异问题上，而应该进一步考察亲子分离的不同模式和时期与留守儿童的问题之间存在的具体关联机制。原因之二在于还有比父母的作用更重要的因素在影响着包括留守和非留守在内的所有农村儿童的教育。这些因素又是什么？首先是当下的农村教育问题，而农村教育问题绝不仅限于教育本身，而是与农村各方面的问题有着多种关联。其次，如果比较父母都在身边的儿童，留守儿童的亲情的确有所缺失。但是作为农村儿童的一部分，他们与非留守儿童、与流动儿童一样，缺乏公平的受教育机会，缺乏良好的社区环境，等等。

3. 有关留守儿童的"结构和资源"研究

部分研究者试图从"结构和资源"角度，进一步挖掘农村留守儿童问题的深层社会原因。首先是家庭结构。我国农村劳动力流动自 20 世纪 80 年代持续至今，已成为拉动城乡社会经济发展的中坚力量，上亿农村务工人员"城乡两栖"，从而产生了庞大的农村留守儿童群体。研究者们普遍认为，家庭结构的变迁与家庭教育缺失是造成农村留守儿童问题的主要原因。并重点研究了父母外出对留守儿童学习、生活环境、行为与交往、心理与情感、人身安全等造成的影响。[1] 其次是社会资源。相比城市，农村社会教育资源稀缺。城乡"二元结构"将城市儿童与农村儿童割裂开来，他们在不同的制度架构中获取不均等的教育资源。"逐步实现以户籍制度改革为中心，拆除就业、医疗、住房、教育等制度壁垒，彻底打破维系多年的城乡'二元经济体制'，引导农村富余劳动力在城乡间有序流动，这是解决农村留守儿童教育问题的根本所在。"[2]谭深在《中国农村留守儿童研究述评》一文中指出："致力于寻找、辨析留守儿童存在的真实问题，最终勾勒出农民工子女问题被认识、被问题化的背景和脉络，并从结构和资源的角度，提出留守儿童的边缘化，是由农民工'拆分式再生产'的模式，农村社会的解体，二元分割的教育体制等诸种不利的制度结构交织而成，家庭结构的不完整只是其中一个因素，它加剧了其他不利结构造成的问题。"[3]

从长远来看，农村留守儿童现象已经是一个难以逆转的事实，而且正呈扩展之势，这说明了中国农村的家庭结构、社会结构正在发生深远的变化。农村

---

① 王金云.我国特殊结构家庭子女问题研究综述[J].河南师范大学学报(哲学社会科学版),2009(1).
② 范先佐.农村"留守儿童"教育面临的问题及对策[J].国家教育行政学院学报,2005(7).
③ 谭深.中国农村留守儿童研究述评[J].中国社会科学,2011(1).

留守儿童确实处于不利的情势下,这种不利不仅是由于家庭结构不完整所带来的亲情缺失,从而导致一定的心理、教育、健康、安全的问题,更在于各种不利结构的交织和可利用资源的匮乏。如农民工被动的"拆分型再生产模式"所导致的"拆分型家庭模式",农村社会在结构层面的解体,二元分割下的农村教育等等,每一项制度结构都使留守儿童处于边缘的位置。① 但是,虽然当下有不少的研究已经对农村留守儿童的现实困境、形成原因、表现形式及对策举措进行了有益的探索,且从结构和资源角度作了归因。然而更重要的是,我们需要对这些因素通过何种机制得以运作的深层次根源进行理论挖掘,剖析政府行为和制度政策背后的逻辑与机制,以综合动态的、历史发展的眼光来积极应对,探索现有背景条件下的可行性对策。也就是说,我们要从更为广阔的历史视野、基于当前社会现实来定位与研究。

4. 有关留守儿童的"文献综述"研究

在文献检索的过程中,笔者又对已有文献中篇名含有"综述"或"述评"的文章进行检索,共有 42 篇文献。在这些文献综述中,主要围绕以下一些关键词,如"留守儿童"或"农村留守儿童""留守儿童问题""留守儿童教育""留守儿童社会支持系统"或"社会性发展""留守儿童多学科研究""有留守经历大学生"等进行综述研究。其中"留守儿童问题"又细分为七个方面,分别是"犯罪问题""学业不良""思想道德问题""教育问题""心理问题""心理健康""生存状况"等等,但围绕"留守儿童教育问题"展开的文献综述最多,共 12 篇。

总之,社会各界越来越关注留守儿童,不同的学者围绕留守儿童群体从不同学科领域进行了深入的研究与探讨,其研究成果层出不穷。从研究方法来看,文献研究和调查研究是目前留守儿童研究中主要应用的方法。但文献研究由于自身无法对研究对象做近距离的观察和了解,往往惯于包罗其他研究中的鲜明观点而缺乏对儿童真实生活的了解。另外,采用实证方法来研究留守儿童是必不可少的重要手段,但研究的结果不能仅仅停留在数据的分析与统计,更多地要基于对留守儿童日常生活的跟踪与回溯研究。从研究学科来看,多学科的研究视角使有关留守儿童的研究百花齐放。但存在的问题也逐渐地浮出水面,一些研究专注于本学科领域而忽视了与其他学科的联系,部分学科研究虽已初现规模,在力量上却比较分散,如研究内容的重叠交叉将造成资源浪费,因此需要对各学科的研究进行优化整合。通过对留守儿童生活和内心的真实了解,从多学科视角下开展联合研究。

---

① 谭深.中国农村留守儿童研究述评[J].中国社会科学,2011(1).

四、未来研究展望

农村留守儿童面临的关键问题首先是亲子分离与亲情缺失,由此带来亲子沟通不足或中断,亲子互动缺乏或消失;其次是农村学校教育力量不足,未能做些好的补救措施;第三是乡村社会的缺位,没有良好的社会文化来强有力地支持留守儿童的发展,从而导致了农村留守儿童出现一系列的身体、心理和行为以及学习方面的问题。同时,留守的经历或者短暂,或者长久,但由此形成的问题并不一定会随着留守的结束而消失,也许会一直陪伴着他们,最终引发各种社会问题。因此,基于社会文化的视角,从农村留守儿童的实际状况出发,探讨良性的互动模式就显得非常必要,如建立家庭、学校和社会三者及其之间的互动机制,以帮助留守儿童达到正常的"社会化"目的。这一研究取向可追溯到维果茨基的社会文化理论,将社会因素和文化因素看作是影响儿童获得良好发展的重要条件。有关"互动",按照莫兰的定义,就是在场的或在影响范围内的成分、物体、对象或现象相互改变对方行为和性质的作用。互动不仅发生于粒子层面上,更在组织系统如原子、恒星、分子尤其是生物、社会层面上发生,且越来越变得丰富多彩。① 其中相遇及相遇的环境是互动的必要前提,互动在一定条件下会转化成相互间的关系,如联系、交流。法国教育家卢梭也十分鲜明地指出:"人的个性总是在个体实践和互动之后呈现出来。如果之前做了不同的实践,那么就会呈现出另一种确定性。"②因此,我们需要综合作用于儿童发展的各种因素与力量,既考虑纵向也关注横向,对各类互动模式进行分析,以及深入挖掘在某一特定的环境中如何促进儿童的发展。

1. 以家庭为维度的互动模式

在中国现代化的历史进程中,"打工经济"将会存在一个比较长的时期,"农村留守儿童"作为伴生现象也将长期存在。因此,我们必须接受这样一个事实。对于农民工来说,在短期内很难将打工和照顾孩子这两个目标同时实现。为了避免亲子分离会给农村留守儿童造成负面影响,我们除了要研究什么时段、多长时间以及何种形式的亲子分离对儿童的成长更为有利,还试图发现父母们可以通过怎样的途径来加强与农村留守儿童之间的联系,使亲子分离所造成的不良影响最小化。最为关键的是,每个家庭如何找到一条适合自身且有效的沟通与交流途径。如果亲子分离不可避免,那么,亲子沟通则是弥

---

① 埃德加·莫兰.方法:天然之性[M].吴泓渺,冯学俊,译.北京:北京大学出版社,2002.
② 卢梭著.爱弥尔[M].李平沤,译.北京:商务印书馆,2006.

补亲子分离负面影响的重要手段。频繁的亲子互动,对农村留守儿童的成长具有极其重要的意义,可以使其深刻地体验到主观、心理上的快乐。

2. 以学校为维度的互动模式

正因为"农村留守儿童"的"初级社会化"难以通过其家庭教育的形式来正常完成。所以,学校作为一个微型小社会,既要帮助学生弥补家庭教育之不足,又要完成自身所要承担的责任,促使他们顺利达到"中级社会化"。学校互动的关键是,如何在互动的过程中促使学生的学习目标、生活方式、行为取向、道德观念等,由朦胧逐渐向初步成型转化。由于大多数农村留守儿童都生活在较贫困的地方,教育条件和生活条件都比较差。而已有关爱农村留守儿童的方式主要就是捐钱、捐物,企图通过这些来改善留守儿童的生活现状。这些想法无可厚非,然而,关于如何关爱农村留守儿童,仍然是一个值得深思的问题。比如说,关爱农村留守儿童的最好方式是给留守儿童以最好的教育环境;真心关怀农村留守儿童的身心发展就是要帮助其养成健康文明的行为习惯;用爱心点燃农村留守孩子的希望,等等。

3. 以社区为维度的互动模式

农村留守儿童的整体生活环境主要可以分解为两类:第一类是家庭生活、学校生活和同辈群体生活;第二类是社区及宏观的社会文化生活环境。尽管学校生活是留守儿童最主要的生活方式之一,但是整个社会生活中的任何一类因素都会或主或次、或隐或现、或直接或间接地影响留守儿童的成长与发展。从所调查的情况看,绝大多数农村留守儿童的心理障碍和失范行为,都可以从他们现实生活环境的差异、矛盾和冲突中找到原因。"当农村留守儿童面临家庭教育缺位、早期管教真空、亲子互动断裂时,由此产生的角色错位和冲突,势必会影响他们的健康成长和社会化进程。如果他们所生活的乡村社会或社区环境能够产生一些积极的作用,比如村庄秩序井然有条,村民安居乐业,村内守望相助,农民心情愉悦,生活充满预期,具有自己的生存价值与尊严。"①那么,将会有效地促成农村留守儿童的"高级社会化"。事实证明,在那些内部关系紧密,村民互助精神完好的村庄,即使父母不在身边,留守儿童也能生活得"健康快乐"。

总而言之,家庭、学校和社区互动机制的建立,最终目的是为农村留守儿童的发展形成相对完善的社会支持系统。在目前这个快速转型的社会,社会

---

① 胡艳辉.农村"留守儿童"之现状、走向与对策探讨——以湘北 H 村"留守儿童"群体为实证分析对象[J].青少年犯罪问题,2007(1).

环境比较复杂,各种环境对孩子发展都会产生影响。要使孩子健康成长,需要家庭、学校、社会全方位的关注与支持,健全社会支持体系。

4. 以文化为维度的互动模式

有研究者已经意识到:"农村留守儿童问题不仅是政策问题、制度问题,更是文化问题。我们需要重建乡村文化,通过加强农村乡镇文化建设,大力整治校园周边环境,打击违法经营的网吧,根治各种精神污染对孩子的毒化,让农村中小学生在良好的环境中接受教育和熏陶。"[①]文化与社会紧密相连。文化是社会的文化,没有社会便没有文化;社会又是文化的社会,没有文化的社会根本不存在,文化与社会的关系如"毛"之于"皮","皮之不存,毛将焉附"? 文化和社会为"双向建构",即每一方既结构化对方又为对方所结构化。[②] 乡村文化是人类文化的一种特殊形态,既有物质的组织形式,又有道德的组织形式,这两种形式以其特有的方式互相作用,互相影响,互相调节。当代美国著名人类学家莱斯利·怀特强调:人类文化是由技术的、社会学的和意识形态的亚系统组成的一个整体。乡村文化是一个包含多层次和具有丰富内容的复杂体系,有基础的物质文化、浅层的行为文化、中层的制度文化和核心的精神文化。[③] 在乡村文化建设中,关键的因素是媒介。乡村文化大部分是借助于电视、网络、报纸等大众媒介进行传播。现如今,乡村传统的社会空间在现代传媒影响下发生着改变,这种改变不仅仅是物理空间的变化,更是各种力量和新的社会关系的集中展现。媒介现实来源于社会现实,却不等同于社会现实。媒介建构的现实不是对客观现实"镜子式"的反映,而是产生了一定的偏移。因此,乡村文化急需主导价值观进行合理与正确的引领和指导。

5. 以国际合作为维度的互动模式

留守儿童问题并不是某个国家、某个地区在某个特定历史时期的独有问题,而是具有一定时空变迁的共性的问题。联合国儿童基金会和国务院妇儿工委 2005 年所进行的留守儿童课题研究中将农村外出务工人员子女所面临的问题细化为十个方面,其中与留守儿童有关的主要问题是:①留守儿童和外出务工父母之间存在着"心灵沟通陌生化"的倾向;②学校教育与家庭教育基本处于脱节状态,家访和家长会功能失效;③监护人、务工父母对于留守孩子

---

① 江立华.乡村文化的衰落与留守儿童的困境[J].江海学刊,2011(4).
② 戴安娜·克兰.文化社会学——浮现中的理论视野[M].王小章,郑震,译.南京:南京大学出版社,2006:68.
③ 孙信茹,苏和平.媒介与乡村社会空间的互动及意义生产[J].云南社会科学,2012(6).

的学习非常重视但缺乏具体的支持手段；④疾病的预防（接种防疫、体检）是留守儿童卫生健康最容易忽视的问题；⑤留守儿童的问题具有延续性和累积性，学前阶段形成的问题会严重影响到义务教育阶的成效；⑥留守儿童的物质幸福感并未因为父母外出务工而得到提升，与父母务工的目标形成巨大落差。由于不同历史阶段人口流动的不同特征，留守儿童这一群体所受到的影响和呈现的问题又有所差异。

第二节　培智学校发展之路研究[①]

作为国民教育必不可少的一个组成部分，全纳教育的发展水平往往也是衡量一个国家或地区社会文明程度和经济实力的重要标志。然而，全纳教育同时又是一项"高投入、低产出"的事业，无论是在财力、物力，还是人力方面的投入，全纳教育都要比普通教育高得多。为此，在经济相对落后的欠发达地区，全纳教育更是举步维艰，很难有好的发展。然而，Z省Q市培智学校近些年来的发展却打破了人们的这种一般认识。

一、酝酿阶段：全员参与

党的十七大报告指出全社会都要"关心特殊教育"，并明确提出"盲教育以省办为主，聋教育以市办为主，培智教育以县办为主"，"30万人口以上的县（市、区），应建有培智学校或培智班级"等特殊教育的办学原则。

欠发达地区在建设与发展培智教育方面，需要广泛动员全社会人民，共同关心与支持培智教育。首先由政府牵头、各界人士予以高度重视。从学习党的十七大会议精神，到中央有关文件的下达，以及省政府相关意见的传达。欠发达地区政府也相继出台本地区培智教育发展的"征求意见稿"，联合各有关部门共同关注培智教育，并根据当地的实际情况提出一些建设性的意见。在"集思广益、广泛征求各界人士"意见的过程中，参与者们通过认真研读相关文件与材料，深入了解培智教育，以及在当地发展培智教育的现实意义和作用。无论从思想与观念层面，还是对实践的具体操作上，都有了新的认识。这为培智教育的建设与发展营造了良好的舆论氛围。

---

① 余小红.欠发达地区特殊教育的发展之路——以浙江省衢州市培智学校的发展经验为例[J].教育研究与实验,2010(2).

其次,由各部门联合开展实地调研。欠发达地区培智教育的发展,需要各级领导与部门的关注,并群策群力。如通过召开培智教育工作会议,具体落实与部署相关工作;借助于现场办公的形式,有力地督促具体工作的进一步开展。在这一过程中,最重要的是对本地区培智教育的基本情况了如指掌。通过调查摸底,全面掌握本地区智障儿童的就学情况。调查从两方面入手:一是由普通中小学报送有关智障儿童的信息材料。然后,教育部门根据具体情况,组织相关人员深入每所学校,与智障儿童面对面接触与交流,了解他们的学习与生活情况。二是由社区管委会、各乡镇及村委会报送所管辖区范围内,因各种原因流失校外的智障儿童信息。教育部门与残联、民政等部门共同出面,与智障儿童及其监护人进行沟通与交流,全面了解他们的基本情况。根据以上调查结果,可以考虑下一步工作的进展。

二、筹备阶段:分区规划与分头部署

欠发达地区在培智教育的准备工作中,应当遵循分区规划与分头部署的原则,将具体工作层层落实到各相关部门。这样,既可以减轻上一级部门的压力与负担,又可以充分挖掘资源、因地制宜地开展工作。自地区培智教育工作会议召开之后,各县(市、区)积极投入一级准备状态,立即成立培智教育工作领导小组,以加强领导,统一部署。领导成员涉及政府、教育、残联等各相关部门,最主要是商讨培智教育在选校、生源与师资等三个方面的工作如何开展,并分头进行准备、三管齐下。

1.选择培智学校校址

根据本县(市、区)的实际情况,以及培智学校的特殊要求,确定学校所在地。其中,可供选择的方案有很多。首先,可以重新选定一个合适的地点,重建一所培智学校。但考虑到欠发达地区受经济方面的制约,在培智教育发展的起步阶段,可以选择闲置、废弃校址进行改建。由于义务教育阶段儿童入学高峰期的回落,以及各地(片)区对管辖范围内若干个小学进行了资源优化与整合,一些小学拆并后,旧校址就被闲置下来。如果能够按照培智学校的基本要求,重新进行改建,既可以节省财政开支,又避免资源浪费。

2.选调培智学校教师

相比普通学校而言,培智学校的学生不仅智力有问题,而且,许多孩子还带有身体及心理方面的残疾。面对这样的学生,即使以往在普通学校里非常优秀的老师,也会变得无所适从。所以,配备培智学校教师,首先需要考虑的是教师的"师德高尚、业务精湛",选调"四心"教师,即具有高度的责任心;慈母般的爱心;纺织工的耐心;雕刻家的细心。其中,最关键的就是"爱心",如果没有一种特殊的爱心,就没有资格选择当特教! 同时,考虑到培智教育的特殊性,培智学校(班级)必须积极引进培智教育专业毕业的教师。当然,在急需情况下,也可以通过从普通中小学选调有经验的教师实施转岗以缓解师资紧缺问题。

3. 选定培智学校就读学生

若要筹建培智学校,势必得考虑生源问题。各县(市、区)级单位需要根据本地智障儿童的数量,以及智障程度(轻、中、重度)等情况做出全面而合理的安排。一般而言,轻度智障儿童以随班就读为主,中、重度的安排在培智学校。由于重度的智障儿童具体情况不一,考虑到在培智学校创办初期,尚处于经验积累阶段,各方面条件都有待于进一步改善,可以有目的、有计划、有组织地将本地区的智障儿童分批入学。首先,各县(市、区)对所管辖范围内的智障儿童进行排查摸底并造册。其次,根据智障儿童的数量和当地社会经济发展的实际情况,把不同程度的智障儿童分批纳入教育规划。在此基础上,汇总本县(市、区)首批就读培智学校的人数,这也为相应设备的配套提供了依据。

三、实施阶段:分步进行与合理布局

欠发达地区对培智教育的具体落实要分步进行,如从政府到基层、从上级到下级、从外部到内部、从硬件到软件等,并予以统筹安排、合理布局。在整个实施与不断完善的过程中,主要是把握好以下几方面工作:

1. 统一认识、科学规划

发展培智教育、建设培智学校,是政府义不容辞的职责。欠发达地区的各县(市、区)要高度重视培智教育的发展,将培智教育纳入义务教育的范畴,在制订基础教育发展规划时,将培智学校建设纳入布局调整规划中,并明确培智学校的建设要设施齐全、师资合格、特色突出。如 Q 地区在 2008 年全面实施新一轮的教育布局调整工作,创办三所培智学校、一个培智班级,以及改建原有的一所培智学校和一个培智班级。培智学校数量的不断增加,办学规模的扩大,办学条件的改善,为智障儿童能够接受更好的教育提供有力的保障。

2. 理顺体制,加大投入

欠发达地区为进一步推进培智教育的发展,应根据培智教育的实际情况,将培智学校(班级)定为各县(市、区)直属单位,由教育局直接管理,这将为培

智学校今后的发展奠定良好基础,促使其步入良性发展轨道。如 J 市下属培智学校的前身是一所中心小学的特殊教育辅读班,创办之初属于镇中心小学内设机构,长期隶属于该镇,而今已升格为 J 市培智学校。同时,还要进一步加大对培智学校的投入力度,凡培智学校所需经费都一一纳入义务教育经费保障体系,并设立专项补助经费,重点用于培智学校基本建设和教师培训,实施培智学校标准化建设和名师培养工程;明确培智学校生均公用经费标准;继续推行智障儿童免费教育制度。

3.强化师资,提升质量

师资队伍建设是培智教育工作的重点,也是提高培智教育专业化水平的关键。其中,最便捷的做法是,直接招聘培智教育专业毕业的大学生。但由于目前全国范围内设置培智教育专业的高校并不多,毕业生的数量极其有限,再加上欠发达地区无论在经济待遇还是地理位置方面都处于劣势,所以新毕业的培智教育专业大学生,很少能够进入欠发达地区工作。基于欠发达地区只能招收到极少数的培智教育专业教师的现状,因此,我们需要广泛吸纳社会各界有志于从事培智教育的优秀人士,通过实施专业培训的方式,使之尽快地成长起来。同时,在教师编制、职称评定、评优评先等工作中,给予适当倾斜。

4.广泛宣传,营造氛围

欠发达地区为了能够更好地落实培智教育,可以借助于各种宣传途径,广泛动员全社会共同关心支持培智教育事业。首先,政府与各领导部门组织开展相关会议,大力宣传培智教育的意义和作用,具体落实培智教育发展的方针政策,以引起社会各界的关注。其次,充分利用各种媒体,如通过广播、电视、报纸等媒介,跟踪报道培智教育的实施与发展情况。类似于培智学校开学典礼暨授牌仪式等重大事件,更应进行全程报道、大肆渲染,这将为培智教育的发展营造良好的舆论氛围。第三,积极把握助残日、教师节等有利时机,借助于一些特殊的关怀举动,如"送温暖""手拉手""结对子"等,开展以捐赠钱物为主要形式的扶残助学活动,努力在全社会形成保障残疾儿童教育权益,关心、帮助残疾儿童的良好氛围,以确保本地区的智障儿童能够逐步获得受教育的权益。最后,鼓励企事业单位和个人捐助培智教育,支持培智学校办学,并出台相关的保护政策,从而让广大的智障儿童感受到来自社会各界的关心和温暖,提高他们自强、自力的信心和勇气。

四、完善阶段:因地制宜与协同发展

欠发达地区基本落实培智教育之后,紧接着就要面临"如何进一步发展"

的问题。培智学校（班级）若想生存下来，并获得持续的发展，就必须不断地加以完善。这其中的途径有很多，我们主要考虑从以下几方面加以展开。

1. 培智学校主动变革，以寻求进一步发展

"让每一个孩子有书读，让每一个孩子读好书。"这是我们始终不渝的理想。但若要真正落实到智障儿童身上，却并非易事。在培智学校建校初期，由于受各方面的限制，只能招收部分儿童入学。假如要全面吸纳所有儿童，就要不断扩大培智学校的"内部容量"。如，有的培智学校场地受限制；大部分培智学校师资配备严重不足；还有更头疼的事，教师在教育经验与能力方面的储备都还很不够。因此，培智学校需要进行内部改革，以主动寻求发展。关于学校内部的改革是多方面、多头绪的，我们既可以根据轻重缓急、分步进行，也可以主动争取外援、齐头并进。

如，K县培智学校为了吸引那些长期留滞在家的智障儿童，能够主动入学就读，特意将整个操场的内围墙，绘上色彩鲜艳、生动形象、内容丰富、简洁易懂的大幅生活画。画面从爸爸、妈妈牵着背书包的孩子走出家门；背书包的孩子高高兴兴地走进培智学校；孩子们在一起学习、生活、游戏；孩子们学会很多本领，还会照顾老人；长大的孩子回到家乡，能够自食其力；最后是满山遍野的丰硕果子，以及忙得热火朝天的农民，这预示着来年的丰收景象。教师通过引导初入校的智障孩子感知绘画的丰富内涵，以帮助其尽快适应培智学校这个全新的环境，使他们能够"进得来、留得住、学得好"。在校园环境的创设方面，这是多么新颖而独特啊！

2. 地方高校积极投入，产、学、研相结合

欠发达地区培智教育的发展是一个从无到有、从少到多、从弱到强的过程，这期间离不开广大教师与科研工作者的积极参与，尤其是地方高校的主动投入将有力地推动本地区培智教育地持续、稳步发展。如自2008年初Q市召开首届培智教育工作会议之后，笔者所在单位主动开展一系列工作：首先认真听取会议精神，并进一步研读会议工作报告，分析由各县（市、区）人民政府和培智学校提供的交流材料；紧接着深入Q市各县（市、区）教育局，以及省内外培养培智教育专业师资的主要高校，进行广泛地实地调研。由此形成分析报告，经校有关领导讨论通过后，就着手准备"培智教育师资培养（训）"计划。其中在培训计划方面，主要包括对被选调的普通中小学教师进行转岗培训，以及对本地区所有培智学校的在岗教师进行定期或不定期的继续教育。

而培养计划，主要是在普通教师教育中，增设培智教育必（选）修课程，使

学生掌握必要的、有关培智教育的基本知识与技能,以适应本地区培智教育事业的发展。其中关键的问题是:确立"复合性＋应用型"的目标与规格、设置"教育专业＋学科专业＋培智教育专业"的课程、具体实施"理论＋实训"的教学。除此之外,还鼓励大学生利用业余时间,从事"帮助智障儿童更好地生活与学习"的志愿者活动。为保证计划的高质量进行,还派出骨干教师前往设有培智教育专业的高校进行培训,通过进一步深造,全面掌握培智教育专业知识与技能。同时,又下派教师到各培智学校进行"蹲点",以具体了解培智学校需要怎样的教师,智障儿童教育有什么样的特殊性。

3.政府严格把关,制定并完善各项制度

发展培智教育事业,保障每一个儿童平等接受教育的权利,是法律赋予各级政府的责任。欠发达地区政府通过组织学习我国有关智障儿童教育的法律、法规,制定并完善本地区有关培智教育的各项规章制度,以全面落实国家的法律法规,有力地督促有关职能部门认真履行国家规定的职责。在严格把关的基础上,做到立足实际、强化措施、齐抓共管。

首先,制定智障儿童入学保障制度。教育、残联、民政、卫生、财政等部门努力加强对本地区智障儿童入学保障工作的领导,每年召开协调会,研究部署智障儿童入学工作。其中,教育行政部门主要负责实施智障儿童的九年义务教育,并适当向两头延伸;残疾人联合会负责收集、汇总每年0～6周岁智障儿童数据,并配合教育部门开展智障儿童早期干预工作;财政部门负责对培智学校的专项拨款,将有关费用列入当地财政预算,确保特教津贴与智障儿童免费教育款项的足额配置,设立省、市特教专项补助费配套使用。

其次,制定培智学校教师准入与培训制度。为了保证培智教育师资质量,欠发达地区通过对培智教师进行培智教育基本理论与技能的培训及考核,经考核合格者授予由本地区印制的"岗位证书"。关于《培智教师岗位培训及考核实施细则》是经过专家认定的,就实施对象、考核标准与方式等做具体说明和规定,其指导思想体现了以教师从事培智教育工作的实践能力为本位,注重培智教育师资培训的专业机构与培智学校的密切合作。

再次,制定就业指导制度。各培智学校主动将生活与就业纳入教育教学工作之中,以帮助智障儿童提前适应走出校门之后,在社会中如何生存与立足。劳动和社会保障部门要辅助教育部门,积极做好智障学生毕业后的就业安置工作。有关机关、团体、企事业单位和私人企业应严格执行一定比例安排智障人士就业,并保证他们平等参与工作的权利,同时建立和健全相应的监督与激励机制。

4.特教学会出面,联合各单位协同发展

欠发达地区借助于特殊教育学会,将有力地推动培智教育的进一步发展,如定期组织召开培智教育联席会议、专门成立培智教育督导室、建立与健全智障儿童诊断与评估体系等,促使整个地区的培智教育获得横句上的协同发展。同时,还能带动本地区培智教育向外拓展,取得纵向上的进一步发展。例如,从国家、省特殊教育学会,到各地区特殊教育学会分会,这是一个强有力的组织网络。如果我们能够借助于外力,大量引进先进的教育教学经验,就可以避免走弯路,使培智教育获得飞速的发展。在这些方面,我们已经做过一些尝试,如 C 县培智学校是一所新办的培智学校,通过向本地区的"大姐大"取经,使各项工作逐步进入正常化;而同样是新创办的 H 区培智学校,通过直接前往发达地区各培智学校学习,使自身有了跨越式的发展。此外,特殊教育学会通过组织参加省内外各大型会议,进一步获得大量地新信息,更新观念、发展本地区的培智教育。

第三节　智力落后儿童家庭康复训练研究[①]

由于智力落后儿童具有特殊的生理和心理特点,仅仅依赖于学校或康复机构的专业训练是远远不够的,还必须鼓励家长积极参与进来。家庭是儿童最初的生活环境,家长是儿童生活中最早接触到的人,家长作为儿童的启蒙老师,理应承担起促进儿童健康成长的责任。家长参与儿童的康复训练不但可以促进儿童的身心发展,还可减轻家庭负担,甚至于降低社会成本。总之,家庭康复训练是智力落后儿童康复过程中非常重要的一环。就目前而言,很多家长已经认识到智力落后儿童接受家庭康复训练的重要性。但也有不少家长,由于家庭经济条件差,又缺少有效的家庭康复训练指导,往往错过了智力落后儿童进行康复训练的最佳时期。

一、智力落后儿童家庭康复训练及其意义

对于智力落后儿童家庭康复训练,或许很多家长都显得比较陌生,当然我们可以通过书本或网路,了解什么是智力落后儿童家庭康复训练,学习康复训练的相关知识,掌握智力落后儿童康复训练的方法,懂得智力落后儿童家庭康

---

① 金小燕,余小红.智障儿童家庭康复训练的缺失及其对策研究[D].衢州:衢州学院,2011.

复训练的重要性。所有这些,不仅有利于智力落后儿童的健康发展,也能够使亲情关系得到升华。

1.智力落后儿童家庭康复训练

智力落后儿童指的是生长发育时期(18岁以前),智力发育低于同龄儿童的平均水平,同时伴有明显的社会生活适应能力困难的儿童。判断一个儿童是不是智力落后,必须从三方面予以考虑:智力、社会适应能力、年龄,以上三者缺一不可。家庭康复训练就是在家里,由家长通过生活照料(包括对孩子的吃喝拉撒、睡眠玩耍、防病治病等)给予孩子后天的康复训练。智力落后儿童家庭康复训练,指在康复机构和专业训练人员的指导帮助下,家长在家庭中对智力落后儿童进行康复训练。智力落后儿童的家庭康复训练主要有两个特点:一是家长成为直接的训练者;二是家庭成为天然的训练场所。智力落后儿童的家庭康复训练,从"计划—实施—评估"的整个过程,要求家长都要规范到位,只有这样才能有效地提高家庭康复训练的质量。

2.智力落后儿童家庭康复训练的意义

首先,有助于智力落后儿童的早期干预。智力落后儿童在早期往往就会显示出一些异常行为,家长尤其是母亲一旦发现儿童有任何的异常表情或动作,就要引起高度重视。并通过有效途径向有关机构或专家进行咨询,及早地开展家庭康复训练,将问题控制在萌芽阶段。其次,有助于亲情关系的升华。孩子与父母之间的骨肉之情,是一个儿童健康成长的必要条件。尽管每个家长的文化程度、生活方式和思想观念等可能很不相同,但只要他们爱自己的孩子,就都会期望自己的孩子能够获得最大限度地发展。在家庭中实施康复训练,让家长学会做自己孩子的老师,这样做有助于家长与孩子之间亲情关系的升华。第三,有助于提升康复的效果。家庭康复训练的场所是家庭,而不是学校。在家庭这个自然环境中进行训练,家长最能体会到应该教给孩子什么,该如何教。由父母在家庭环境中所实施的指导与训练,教会孩子的行为,能够使孩子牢牢记住并慢慢养成良好的习惯。而对一些只可能发生在家里的不良行为,比如,孩子在家中乱发脾气,每天晚上不肯睡觉等坏习惯也能得到有效地矫正。结合家庭康复训练,智力落后儿童的康复效果会更加巩固。

因此,智力落后儿童的家长若想孩子的康复训练有明显成效,就必须了解在家庭中如何进行智力落后儿童的康复训练,掌握智力落后儿童家庭康复训练的具体操作与方法。由于受经济、观念等因素的制约,目前我国智力落后儿童的家庭康复训练,总体上是比较落后的,有待于进一步地发展。

二、智力落后儿童家庭康复训练存在问题

在我国800多万有残疾的特殊需要儿童中,智力落后儿童占500多万,为其总数的66%。通过与智力落后儿童家长的接触与交流,从中不难发现,许多家长对智力落后儿童的认识存在很大的误区,一些家长甚至于不知道何谓智力落后;部分家长存在许多错误观念,不愿接受自己孩子智力落后的现实;还有少数家庭由于经济条件较差、缺少专业的康复训练指导等诸种原因,造成家庭康复训练严重缺失。

1.绝大多数家庭经济条件极差,家庭康复训练处于空白

据了解,有80%的智力落后儿童生活在经济、文化都不怎么发达的农村地区。且大多数家庭经济条件极差。譬如父母双方都是打工的,工资很低,有的家庭只靠父亲一人的单薄工资养活一家人,甚至于更贫困的家庭几乎没有任何经济来源,仅靠政府的一点补助金、养老金维持一家人的生计。再加上好多家庭父母文化程度都不高,大学以及大学以上学历的极少,高中及中专学历的也不是很多,所以只有少数智力落后儿童能够在社区和家庭中被看护,家庭康复训练一直处于空白状态。这不但给社会和家庭造成了沉重的负担,更让这些孩子失去了必要、及时的康复训练机会。

2.部分家长思想观念落后,家庭康复训练随机性大

有些家长在对待自己子女的智力落后问题上,往往存在着许多错误的观念和看法。一些家长明明知道自己的孩子患有智力残疾,但却不愿意接受现实。他们有的极力掩饰孩子的缺陷,寻找很多借口来解释孩子的智能不足;有的则想尽各种办法,试图使孩子的智力能够恢复正常;甚至于少数父母觉得孩子的智能不足是一种耻辱、一种罪恶,因而羞于见人。有数据显示,85%的家长认为,"孩子没什么希望,是家庭的负担",对孩子的期望(措施)的态度是,"只养不教或教会其生活自理"。家长们这种家丑不可外扬的落后思想观念,严重影响其对待孩子的态度,因此,智力落后儿童的家庭康复训练,也就处于随机性的状态。

3.一些家长缺少家教指导,错失康复训练的良好时机

有不少家长把智力落后看作和伤风感冒、结石症、脑炎等一样的疾病,寄希望于通过药物的治疗,使自己的孩子得到根本性的改善。很多家长在得知自己的子女智力低下后,到处求医问药,花费了很多的心血,有的家长生怕自己的孩子错失吃药恢复的机会,拼命地让孩子服用各种药物,但结果却是徒劳

无功。要知道智力落后并不是一种单一的疾病,而是由发生在个体不同发展时期的不同性质的大脑疾患造成的一种后遗状态或后遗症。正是由于家长缺少家教指导,缺少对这方面的认识,错失了对智力落后儿童实施早期教育、康复训练的良好时机。

总之,由于家长对家庭康复训练知识的缺乏以及思想观念落后等原因,家庭康复受到很大的限制,给智力落后儿童的身心发展带来严重阻碍。家庭是儿童最初的生活环境,是儿童健康成长的摇篮。儿童的社交活动,从与家长的交往开始,而且与家长交往的次数最多,时间也最长。家长是智力落后儿童教育和康复的第一任教师,绝不可小觑家长在智力落后儿童康复训练中所起的重要作用。

三、智力落后儿童家庭康复训练对策

在智力落后儿童的家庭康复训练中,家长应该承担康复训练的主要任务,康复训练的效果如何,关键在于家长。除了要确定一位家长(最好是母亲)长期稳定地参与智力落后儿童的康复训练外,还要尽最大可能地得到其他家庭成员的全力支持与配合。

1.建立良好的家庭康复训练环境

建立良好的家庭康复训练环境是实施智力落后儿童家庭康复训练的必要条件。良好的家庭康复训练环境,既包括家庭设施设备环境的建设,也包括由家长文化、素质和生活方式构成的身心环境的创建。

(1)设施设备环境的建设。首先,设施设备环境要安全。家里的阳台、窗等不能让孩子随便攀爬;也要注意家中的电器、药品等存放位置,不能放在孩子伸手就能够到的地方;剪刀、刀子等锐器的使用与放置应该妥当;遇到儿童突然发病或是在游戏中跌倒等危险情况时,家长应该有相应的对策;不能让智力落后儿童独自一个人留在家里。其次,设施设备环境要整洁、干净。家庭应该尽量减少污染,大人少抽烟最好不抽;每天要开窗通风,注意空气流通及阳光照射;家中应该天天打扫,孩子用的碗筷、牙刷、毛巾等最好与大人分开,并且要常常消毒;要勤洗澡,勤换衣服,勤剪指甲。最后,房间应该要整洁明亮。有条件的家庭,智力落后儿童应该有自己的床或是自己的房间;衣服或是生活用品尽量让孩子自己选择喜爱的颜色或花样。

(2)身心和谐发展环境的创建。首先,家庭环境和睦。在家庭康复训练中,家庭各个成员都应该关心和爱护孩子,让孩子能够感受到亲人的爱,各成员也要相亲相爱,创造一个和睦的家庭环境。相反,家人之间互相争吵、打架,

相互埋怨或互不理睬,处在这种家庭环境中的孩子容易造成心灵的创伤,容易变得多疑、冲动、易怒或者变得沉默,拒绝与别人交往。家长应该多和孩子交流、沟通,不能因为工作繁忙而不管孩子。在康复过程中,遇到挫折不能气馁,更不能大声斥骂儿童,不然会使他们产生畏惧、怕学习的不良心理,最后也会影响到训练的效果。当然,过度溺爱放纵也不是真爱,不能算是和谐的身心环境。其次,家庭各成员的态度应当一致。长辈(父母、外婆、外公、爷爷、奶奶等)对儿童训练的态度要一致。智力落后儿童因为具有特殊的身心特点,所以他们的接受能力比较迟钝,如果家庭各成员之间对儿童的态度不一致,就会使他们无所适从。长期下去就会使智力落后儿童在不同的家长面前表现出不同的行为,这种不良的习惯一旦养成,就会大大降低康复效果。因此,家长的态度和要求尽量要保持一致,即使有分歧也不应该当着孩子的面暴露矛盾,而是私下找合适的时间进行沟通磨合。

2. 掌握家庭康复训练的策略和方法

(1)制订家庭康复训练计划。首先学会制订家庭康复训练计划。家长和专业人员一起拟订康复训练计划,然后按照计划进行训练。家庭的康复训练活动主要包括个别训练活动和情景训练活动这两项内容,可以将一些与日常生活息息相关的目标放到情景活动之中,也可以将部分比较重要但在日常生活中不常见却又需要专门训练的康复目标放到个别训练中,两者相辅相成。其次,家庭个别训练的安排。家庭个别训练最好在每天的固定时间中进行。譬如,每天训练时间:上午9:00—9:30,下午2:00—2:30。每次半小时对于智力落后儿童来说是可以接受的时间范围,时间太长恐怕他们难以接受,会坐不住。家庭个别训练也会用到一些教具,如卡片,有些教具需要家长自己动手制作,教具应该事先提前准备好。最后,情景训练的设计。情景训练也是家庭康复训练的主要方式之一,如起床、如厕、吃饭、洗澡等生活场景,都是设计情景训练的良好机会。什么时候起床、吃饭、睡觉,如何做这些事情等。情景训练也要严格遵照康复计划,不能随意安排与调整。在情景训练中,也可以适当安排休闲娱乐活动或户外活动。

(2)掌握家庭康复训练方法。首先,按计划进行训练。家长对智力落后儿童的康复训练要按照所制订的计划来加以实施,不能一天一个样,今天说了,明天不算或是今天推明天,明天推后天,导致训练效果下降。其次,要持之以恒地训练。智力落后儿童的家庭康复训练是一个长期艰苦的过程,不是一两天就能解决。家长要有耐心,把智力落后儿童的康复训练当作每天必须完成的常规工作,天天去做,不能掉以轻心。只有长期坚持,才会有显著成效。持之以恒地训练是家庭康复成功的重要保证。第三,不断地重复训练。对智力落后儿童的训练需要不断重复,家长要不怕重复,要耐心和细心,更要有爱心。有的训练可能要持续好几天,需要成百次地重复,直到有成效为止。对于同一个动作或是行为,若是觉得枯燥,也可以通过变化活动或方法来反复训练。第四,小步子训练。在康复训练中,家长要学会把某一个训练内容分解成几个步骤,而且一定要详细清楚,因为智力落后儿童记忆力都比较差,这样可以降低智力落后儿童所学内容的难度。譬如教智力落后儿童学会怎样自己穿衣服,大致可以分为以下几个步骤:一是认清衣服的正反面;二是将头先伸进衣领;三是两只手伸进衣袖;四是把衣服肩膀和下摆拉平整。分成这样几个步骤,每一步都教会后,再串起来,最后完整地让孩子自己做这一系列动作,就会觉得其实一点都不难。

3.做好家庭康复训练测评

(1)训练中的测评。训练过程中要经常做一些测评,每次训练完成后都应该对这次训练的过程、方法以及成效或是不足的地方进行评估,还应该做好测评记录。家长可以根据每次测评的结果分析训练的情况,适时调整训练的重点,以便得到更好的康复效果。

(2)阶段测评。从智力落后儿童康复训练的初期测评开始,实施渐进性的多次评估。一个阶段训练完成后,家长应该对智力落后儿童的训练效果进行测评。按照康复目标一项一项地分析,哪些目标已经达成,哪些目标还不够,需要进一步训练,哪些目标目前没有多大成效,经过一阶段的康复训练,可以看出儿童有了哪些进步,效果又是如何,是否适应这些康复训练?家长要在测评分析的基础上,进一步完善康复目标,制订出适合儿童情况的新的阶段计划。如果智力落后儿童家庭康复训练,能够做到计划、实施、评估整个过程都规范到位的话,那么,成效就会非常显著,对于智力落后儿童的康复也会起到很大的帮助。

总之,智力落后并不是孩子本身或家长所愿意看到的结果,但既然已成事实,我们就应该坦然面对。虽然我们无法改变事实,但如果能够把握好时机,恰当地做一些康复训练,相信通过家长与孩子的共同努力,智力落后儿童康复提升的空间还是非常大的。

附录一　绘人智能测验表

一、基本情况

姓名：_____ 性别：_____　　　　测查日期：___年___月___日

出生史：第___胎　独生　非独生　　　出生日期：___年___月___日

父亲：姓名_____职业_____文化程度___　年　龄：___岁___月___日

母亲：姓名_____职业_____文化程度_____

家庭地址：_____

联系方式：_____

二、儿童绘人及评分

	1	2	3	4	5	6	7	8	9	10	11	12	13	14	15	16	17	总计	智商
项目	头	眼	躯干	下肢	口	上肢	头发	鼻	连结	衣着	颈	手	耳	足	脸	画线	侧位		
满分	3	5	4	3	1	3	2	2	3	5	2	5	2	2	4	2	2	50	
得分																			

附录二　绘人智能测验的评分标准

1	头	轮廓清楚,什么形状都可得分,无轮廓者不给分。
2	眼	有眼即可。点、圈、线均可得分。只画一个眼的给半分。
3	下肢	能画出下肢,形状不论。线状也行。一定要有两条腿。如果并拢在一起,也必须能看出是两条腿。若穿长裙的女孩,只要腰与足之间有相当距离能代表下肢部位,也可记1分。
4	口	能画出口来,形状无关。部位不正无关,但必须在脸的下半部。
5	躯干	有躯干即可,形状不论,卧位也可。
6	上肢	形状不限,只要能表达是胳膊,没有手指也可。
7	头发(A)	不限发丝形状,只要有就行,一根也可。
8	鼻	有鼻,形状不限,只画鼻孔的算第37项得分,本项无分。
9	眉毛或睫毛	眉毛或睫毛有一种即可。
10	上下肢的连接(A)	上下肢的连接大致正确。从躯干出来。
11	耳	必须有双耳,形状不论,但不能与上肢混同。侧面者画一只即可,正位只画一只的算半分。
12	衣着一件	有衣、裤、帽子之一即可。仅画纽扣、衣兜、皮带等也可以。
13	躯干长度	躯干要有轮廓。长度要大于宽度。在纵、横的最长部位比较,长宽相等者不给分。
14	颈	有颈部,形状不限,能将头与躯干分开即可。
15	手	有手,能与臂区别。手指数目及形状无关。
16	上下肢的连接(B)	双上肢都从肩处或在相当于肩处连接,下肢由躯干下部伸出来。
17	头发(B)	有头的轮廓之上画有头发,比第7项好些。完全涂抹也可。
18	颈的轮廓	清楚地画出头与躯干连接的颈的轮廓。只画一根线的不给分。
19	眼的比例	眼的长度大于眼裂之开阔度,双眼一致。
20	下肢比例	下肢的长度要大于宽度,下肢长于躯干,但不到躯干的2倍,下肢左右长度不同时,以长的一侧计分。

21	衣着,2件	衣着2件以上。例如有帽子及皮带,或上衣和鞋等,是不透明的。能将身体遮盖起来,分不清是身体还是衣服的不能给分。裤、裙、衬衫、腰带、发辫束带、项链、表、指环、镯子、烟斗、香烟、伞、手杖、鞋、袜、手套、笔记本、手提箱、书包等都可以算。
22	全部衣服不透明	齐全地画出衣裤或裙子,不透明。(第12和第21项必须都得分)。
23	双瞳孔	双眼均画有瞳孔(黑眼珠),眼轮廓内有明显的点或小圆圈。
24	耳的位置和比例	耳的长大于宽,侧位时有耳孔。耳的大小适当,要小于头横径的1/2。双耳要一致。
25	肩	画出肩的轮廓,角形或弧形均可。上肢必须有轮廓,与肩部连接正确。
26	眼的方向	瞳孔的位置两眼应一致,视线正确。
27	上肢比例	上肢长大于宽。上肢要长于躯干,手向下垂时不能超过膝部。如膝盖位置不清楚时,以腿的中点算。上肢左右长度不同时,以长的一侧评分。
28	手掌	画有手掌,能将手指与胳膊区别开。
29	手指数	两手必须各有5指,形状无关。
30	头的形状	头形正确,不能是简单的圆形或椭圆形。
31	躯干的形状	正确地画出躯干的形状,而不是简单的椭圆形或方形或三角形,躯干长度大于宽度,要有双肩比例基本正确。
32	上下肢轮廓	上下肢有轮廓,与躯干连接处不应变细。
33	足跟	有明显的足跟轮廓。画出鞋的后跟也可。正位时鞋画得正确就可给分。
34	衣着,4件以上	如帽子、鞋、上衣、裤、领带、皮带、袜及各种装饰品等,画有4件或4件以上。
35	足的比例	下肢和足都有轮廓,足的长度比厚度大,足的形状不论。足长应是下肢的1/3以下至1/10以上。
36	指的比例	全部手指有轮廓,长大于宽,形状正确,其中如有一个手指头不画清楚轮廓也不给分。
37	鼻孔	鼻有鼻孔,如只画鼻孔也可以,侧位有个凹窝即可。
38	拇指	拇指与其他指分开,短于其他指,位置正确。
39	肘关节	必须以某种形式表示出有肘关节,角形或弧形均可。画单侧也行。
40	下颌及前额	眉毛以上及鼻以下部位,要接近面部的1/3,侧位有轮廓也可。
41	下颌	清楚地表示出下颌,侧位时也要明确。正位时在口以下有明显的下颌部位。
42	画线(A)	线条要清楚、干净。应该连接的地方都连接。不画无用的交叉、重复线条或留有空隙。

续表

43	鼻和口的轮廓	鼻和口皆有轮廓,口有上唇及下唇,鼻不能画成直线、圆或方形。
44	脸	脸部左右对称,眼、耳、口、鼻等均有轮廓,比较协调。若为侧位,头、眼比例要正确。
45	头的比例	头长是躯干的 1/2 以下,身长的 1/10 以上。
46	服装齐全	服装齐全,穿着合理,符合身份。
47	下肢关节	显示膝关节,如跑步的姿势等,正位时须表示出膝盖。画单侧亦计分。
48	画线(B)	虽然第 42 项已给分,如果线条清晰、美观,有素描风格,画面整洁的可再给 1 分。
49	侧位(A)	侧位时,头、躯干以及下肢都应是正确侧位。
50	侧位(B)	比第 49 项更进一步。

附录三 儿童心理发展的 36 个关键期[①]

1.4～6 个月是吞咽咀嚼关键期；

2.8～9 个月是分辨大小、多少的关键期；

3.7～10 个月是爬的关键期；

4.10～12 个月是站走的关键期；

5.出生到 3 岁是视觉发展的关键期；

6.1 岁半左右是有意识注意发展的关键期；

7.2 岁左右是分解性观察能力发展的关键期；

8.2 岁半左右是计数能力开始萌芽的关键期；

9.3～3 岁半是永久记忆能力发展的关键期；

10.3 岁左右是开始学习自我约束、建立规则意识的关键期；

11.3 岁半左右是动手能力开始发展成熟的关键期；

12.3 岁半左右是独立性开始建立的关键期；

13.3 岁半左右是注意力发展的关键期；

14.3～4 岁是初级观察能力开始形成的关键期；

15.3～5 岁是音乐能力开始萌芽的关键期；

16.4 岁左右是开始学习识字、外语口语的关键期；

17.4 岁半左右是开始对知识学习产生直接兴趣的关键期；

18.5 岁左右是学习与生活观念开始掌握的关键期；

19.5 岁左右是掌握数概念、进行抽象运算以及综合数学能力开始形成的关键期；

20.5 岁半左右是抽象逻辑思维开始萌芽的关键期；

21.5 岁半左右是掌握语法、理解抽象词汇以及综合语言能力开始形成的关键期，是悟性开始萌芽的关键期；

[①] 儿童心理发展的 34 个关键期［EB/OL］．［2011-08-19］．http://www.360doc.com/content/11/0819/22/5944703_141805805.shtml.

22.5 岁半左右是学习心态、学习习惯以及学习成功感开始产生的关键期；

23.6 岁是掌握词汇最快、知觉（形状、大小、方位、浓度）发展的关键期；

24.6 岁左右是社会组织能力开始形成的关键期；

25.6 岁左右是创造性开始成熟的关键期；

26.6 岁左右是超常能力结构开始建构的关键期；

27.6～7 岁是速度、灵敏度发展的关键期；

28.6～8 岁左右是开始学习外语书面语言的关键期；

29.6～16 岁是身体锻炼最有效的关键期；

30.7 岁左右是多路思维开始形成的关键期；

31.7 岁左右是操作能力开始形成的关键期；

32.8 岁是自学、阅读和综合知识学习能力开始形成的关键期；

33.8 岁是儿童自我控制与坚持性开始成熟的关键期；

34.8 岁左右是儿童欣赏艺术和美感心态开始萌芽的关键期；

35.9 岁左右是儿童初级哲学思维产生的关键期；

36.8～16 岁是力量和耐力增长的关键期。

主要参考文献

一、中文文献

(一)期刊类

1. 曹大辉. 英国教育改革新动向：学校和家长将享有更多的权力[J]. 世界教育信息，2006(3).

2. 崔效辉，晏凤鸣. 论农村留守儿童成长中的社工介入——以南京市六合区的XQ小学为例[J]. 社会工作，2009(12).

3. 陈旭红. 感觉统合训练治疗自闭症的疗效分析[J]. 中国康复医学，2004(10).

4. 陈丹，俞可. 儿童发展呼唤公共政策——《改变儿童的机遇》报告解读[J]. 上海教育，2013(14).

5. 陈时见，施海毅，杜琳. 英国特殊教育服务体系改革及其主要经验[J]. 外国教育研究，2014(4).

6. 陈向明，王志明. 我国义务教育阶段教师培训财政保障机制探究[J]. 全球教育展望，2014(7).

7. 翟海珍. 特殊教育需要儿童随班就读质量影响因素和对策[J]. 山西煤炭管理干部学院学报，2010(4).

8. 但瑰丽. 对幼儿园中自闭症幼儿的感觉统合训练[J]. 南京特教学院学报，2007(6).

9. 邓猛. 关于全纳学校课程调整的思考[J]. 中国特殊教育，2004(3).

10. 董光恒，杨丽珠. 3～5岁幼儿自我控制类型研究[J]. 学前教育研究，2007(11).

11. 杜晓萍. 全纳学校特征探析[J]. 外国教育研究，2008(10).

12. 段成荣，周福林. 我国留守儿童状况研究[J]. 人口研究，2005(1).

13. 范先佐. 农村"留守儿童"教育面临的问题及对策[J]. 国家教育行政学院学报，2005(7).

14. 郝振君,兰继军.论全纳教育与教师素质[J].中国特殊教育,2004(7).

15. 郝振,崔丽娟.留守儿童界定标准探讨[J].中国青年研究,2007(10).

16. 何茜,商秀梅.英国全纳学校的发展特点及变革走向[J].外国中小学教育,2008(6).

17. 胡晓毅.论特殊需要儿童家庭与专业人员合作的几个核心问题[J].中国特殊教育,2005(12).

18. 胡艳辉.农村"留守儿童"之现状、走向与对策探讨——以湘北 H 村"留守儿童"群体为实证分析对象[J].青少年犯罪问题,2007(1).

19. 胡心怡,刘震,申继亮,等.生活压力事件、应对方式对留守儿童心理健康的影响[J].中国临床心理学杂志,2007(5).

20. 黄志成.全纳教育之研究——访英国全纳教育专家托尼·布思教授[J].全球教育展望,2001(2).

21. 黄志成.全纳教育理念下的教学观[J].现代教学,2006(10).

22. 黄志成.全纳教师教育:国外教师教育的新趋势[J].教师教育学报,2014(2).

23. 黄伟合.关于儿童自闭症行为矫治法的几个理论问题[J].心理科学,2003(3).

24. 江立华.留守儿童问题的建构与反思[J].人文杂志,2011(3).

25. 江立华.乡村文化的衰落与留守儿童的困境[J].江海学刊,2011(4).

26. 蒋平.农村留守儿童家庭教育基本缺失的问题及对策[J].理论观察,2005(4).

27. 简·威廉,吕丽.共同推动美国和中国残疾儿童的学业成就:适应和顺应的方法[J].中国特殊教育,2004(10).

28. 兰继军.从国外特教对象的演变看我国特殊教育的改革[J].中国特殊教育,2001(4).

29. 兰继军.论全纳教育的教育原则[J].中国特殊教育,2003(6).

30. 李庆丰.农村劳动力外出务工对"留守子女"发展的影响——来自湖南、河南、江西三地的调查报告[J].上海教育科研,2002(9).

31. 李振堂.农村社区建设要重视留守儿童教育问题[J].天中学刊,2011(1).

32. 李宜江,朱家存.均衡发展义务教育的理论内涵及实践意蕴[J].教育研究,2013(6).

33. 李玉莲.幼儿园实施全纳教育的必要性与可能性及其开展途径[J].学前教育研究,2014(6).

34. 林宏.福建省"留守孩"教育现状的调查[J].福建师范大学学报(哲学社会科学版),2003(3).

35. 罗国芬.从 1000 万到 1.3 亿:农村留守儿童到底有多少[J].青年探索,2005(2).

36. 罗国芬,佘凌.留守儿童调查有关问题的反思[J].青年探索,2006(5).

37. 刘祖强,谭淼.农村留守儿童问题研究:现状与前瞻[J].教育导刊,2006(6).

38. 刘小红.论教学"软环境"在教学中的作用[J].当代教育论坛,2006(12).

39. 刘志军.留守儿童的定义检讨和规模估算[J].广西民族大学学报(哲社版),2008(3).

40. 刘文,胡日勒.唐氏综合症儿童自我控制的发展和矫正研究综述[J].辽宁师范大学教育学院,2008(9).

41. 马宇.英国 2020 基础教育发展目标与政策实施[J].教学与管理,2013(1).

42. 潘发勤.21 世纪英国教育政策及其进展[J].世界教育信息,2004(9).

43. 潘璐,叶敬忠.农村留守儿童研究综述[J].中国农业大学学报(社会科学版),2009(2).

44. 彭霞光.全纳教育:未来之路[J].中国特殊教育,2008(12).

45. 彭霞光.中国特殊教育发展面临的六大转变[J].中国特殊教育,2010(9).

46. 彭正梅.理解与放飞:聚焦首届中国全纳教育大会[J].世界教育信息,2009(6).

47. 乔鹤,沈蕾娜.国际教育发展最新趋势研究地——2012~2014 年度国际组织教育政策文本解读[J].比较教育研究,2015(1).

48. 楚琳,王栩.美国联邦政府促进特殊需要儿童社会适应行为发展的教育对策研究[J].内蒙古师范大学学报(教育科学版),2014(6).

49. 孙信茹,苏和平.媒介与乡村社会空间的互动及意义生产[J].云南社会科学,2012(6).

50. 石中英.教育中的民主概念:一种批判性考察[J].北京大学教育评论,2009(4).

51. 谭深.中国农村留守儿童研究述评[J].中国社会科学,2011(1).

52. 唐有财,符平.亲子分离对留守儿童的影响——基于亲子分离具体化的实证研究[J].人口学刊,2011(5).

53. 陶然,周敏慧.父母外出务工与农村留守儿童学习成绩——基于安徽、江西两省调查实证分析的新发现与政策含义[J].管理世界,2012(2).

54. 佟月华. 当代美国特殊教育的新发展[J]. 中国特殊教育,2000(4).

55. 王雁. 早期干预的理论依据探析[J]. 中国特殊教育,2000(4).

56. 王辉. 我国特殊需要儿童教育诊断评估的研究现状与发展趋势[J]. 中国特殊教育,2001(10).

57. 王艳波,吴新林. 农村"留守孩"现象个案调查报告[J]. 青年探索,2003(4).

58. 王晓,刘红梅. 全纳教育视角下的课堂教学原则探析[J]. 教育科学论坛,2007(8).

59. 王金云. 我国特殊结构家庭子女问题研究综述[J]. 河南师范大学学报(哲学社会科学版),2009(1).

60. 韦小满,袁文得,刘全礼. 北京、香港两地普小教师对有特殊教育需要学生随班就读态度的比较研究[J]. 北京师范大学学报(人文社会科学版),2001(1).

61. 韦小满. 当前我国特殊需要儿童心理评估存在的问题与对策[J]. 北京师范大学学报(社会科学版),2006(1).

62. 魏轶兵. 特殊教育院校孤独症教育专业培养目标与课程体系的探析[J]. 中国特殊教育,2007(4).

63. 吴霓. 农村留守儿童问题调研报告[J]. 教育研究,2004(10).

64. 吴小叶. 贵州省民族地区农村留守儿童学习状况调查分析——以黔东南苗族侗族自治州为例[J]. 黑龙江民族丛刊,2009(2).

65. 谢延秀,兰继军. 狄德罗对于盲人感觉能力的认识及其启示[J]. 特殊教育研究,1999(1).

66. 谢新华,张虹. 对有"留守经历"大学生研究的述评[J]. 山东省团校学报,2011(2).

67. 许传新. 学校适应情况:流动儿童与留守儿童的比较分析[J]. 中国农村观察,2010(1).

68. 袁东. 胡适的特殊教育思想[J]. 现代特殊教育,2000(5).

69. 杨丽珠,宋辉. 幼儿自我控制能力发展的研究[J]. 心理与行为研究,2003(1).

70. 杨丽珠,徐丽敏,王江洋. 四种注意情境下幼儿自我延迟满足的实验研究[J]. 心理发展与教育,2003(4).

71. 杨菊华,段成荣. 农村地区、流动儿童、留守儿童和其他儿童教育机会比较研究[J]. 人口研究,2008(1).

72. 杨兰,张业强. "后撤点并校"时代小规模学校的复兴[J]. 教育发展研究,

2014(6).

73. 叶澜.在学校改革实践中造就新型教师——"面向 21 世纪新基础教育探索性研究"提供的启示与经验[J].中国教育学刊,2000(4).

74. 叶澜.思维在断裂处穿行——教育理论与教育实践关系的再寻找[J].中国教育学刊,2001(4).

75. 一张.留守儿童[J].瞭望新闻周刊,1994(45).

76. 叶敬忠,王伊欢,张志云,等.对留守儿童问题的研究综述[J].农业经济问题,2005(10).

77. 余小红.论教师教育的时代转向[J].宁波大学学报(教育科学版),2009(1).

78. 余小红.特殊教育师资培养的理性思考[J].长春大学学报,2009(10).

79. 余小红.转变角色:教师教育实践发展路径探析[J].贵州师范大学学报(社会科学版),2009(3):125－129.

80. 余小红.欠发达地区特殊教育的发展之路——以浙江省衢州市培智学校的发展经验为例.教育研究与实验,2010(2).

81. 余小红,陈诗昆.关于自闭症儿童典型案例研究——以 K 学校 Y 同学为例[J].贵州师范大学学报(社会科学版),2011(2).

82. 余小红.关注特殊儿童:受教育个体均衡发展实证研究[J].东北师大学报(哲学社会科学版),2013(3).

83. 于志涛.英国特殊教育需求支持服务体系改革与启示[J].外国教育研究,2011(7).

84. 张朝,于宗富,方俊明.中美特殊儿童融合教育实施状况的比较研究[J].比较教育研究,2013(11).

85. 张剑鹰.中美特殊教育安置——实施之比较[J].时代教育,2014(7).

86. 张天雪,黄丹.农村教育"内卷化"的两种形态及破解路径[J].教育发展研究,2014(11).

87. 赵中建.《萨拉曼卡宣言》摘录[J].全球教育展望,2005(2).

88. 赵丹妹.体育活动对儿童自我控制能力的影响因素初探[J].大家,2011(2).

89. 郑溪璐.青少年社会适应行为及其培养[J].基础教育研究,2009(4).

90. 周宗奎,孙晓军,刘亚.农村留守儿童心理发展与教育问题[J].北京师范大学学报(社会科学版),2005(1).

91. 周福林,段成荣.留守儿童研究综述[J].人口学刊,2006(3).

92.周琴,谭丹.《全纳教师概述》:欧洲全纳教师教育改革新进展[J].外国教育研究,2014(7).

93.周琴,谭丹.欧盟全纳教师教育改革与发展趋势[J].比较教育研究,2014(11).

94.左瑞勇,汪春梅.关注"窗边的小豆豆"——对幼儿园中的"特殊需要儿童"及其教育现状的思考[J].教育导刊,2012(10).

95.卓大宏.从国际范围看残疾人康复工作八大趋势[J].中国康复,1997(3).

(二)著作类

1.埃德加·莫兰.方法:天然之性[M].吴泓渺,等译.北京:北京大学出版社,2002.

2.陈云英.特殊儿童父母综合指导手册[M].北京:中国国际广播出版社,1996.

3.陈云英.中国特殊教育学基础[M].北京:教育科学出版社,2004.

4.陈云英.全纳教育共享手册[M].北京:华夏出版社,2004.

5.陈云英.智力落后心理、教育、康复[M].上海:高等教育出版社,2007.

6.戴安娜·克兰编.文化社会学——浮现中的理论视野[M].王小章,郑震,译.南京:南京大学出版社,2006.

7.荷克丝.差异教学——帮助每个学生获得成功[M].杨希洁,译.北京:中国轻工业出版社 2004.

8.华国栋.差异教学论[M].北京:教育科学出版社,2001.

9.黄志成,等.全纳教育——关注所有学生的学习和参与[M].上海:上海教育出版社,2004.

10.黄秀兰.维果茨基心理学思想精要[M].广东:广东教育出版社,2014.

11.加斯东·米亚拉雷,让·维亚尔.世界教育史(1945年至今)[M].张人杰,等译.上海:上海译文出版社,1991.

12.夸美纽斯.大教学论[M].傅任敢,译.北京:人民教育出版社,1984.

13.李镇西.民主与教育——一个中学教师对民主教育的思考[M].四川:四川少年儿童出版社,2004.

14.列宁全集:第55卷[M].北京:人民出版社,1990.

15.刘泽先.早期教育——使每个孩子成才[M].北京:知识出版社,1989.

16.刘全礼.随班就读教育学——资源教师的理念与实践[M].天津:天津教育出版社,2007.

17.刘春玲,江琴娣.特殊教育概论[M].上海:华东师范大学出版社,2008.

18. 卢梭.爱弥尔[M].李平沤,译.北京:商务印书馆,2006.

19. 路得·特恩布尔,等.今日学校中的特殊教育[M].方俊明,等译.上海:华东师范大学出版社,2004.

20. 吕绍清.留守还是流动?——民工潮中的儿童研究[M].北京:中国农业出版社,2007.

21. 毛泽东选集:第一卷[M].北京:人民出版社,1991.

22. 蒙台梭利.童年的秘密[M].马荣根,译.北京:人民教育出版社,2005.

23. 裴娣娜.教育研究方法导论[M].安徽:安徽教育出版社,2004.

24. 皮连生.学与教的心理学[M].上海:华东师范大学出版社,2006.

25. 朴永馨.特殊教育辞典[M].北京:华夏出版社,1996.

26. 苏霍姆林斯基.给教师的建议[M].杜殿坤,译.北京:教育科学出版社,2005.

27. 盛克猷.教育实习[M].山东:山东教育出版社,1986.

28. 汤盛钦.特殊教育概论[M].上海:上海教育出版社,1998.

29. 韦小满.特殊儿童心理评估[M].北京:华夏出版社,2006.

30. William L. Heward.特殊需要儿童教育导论[M].8版.肖非,等译.北京:中国轻工业出版社,2007.

31. 吴亚萍,王芳.备课的变革[M].北京:教育科学出版社,2007.

32. 叶澜.教育研究方法论初探[M].上海:上海教育出版社,1999.

33. 叶澜.学区系统终态变化的整体反思[C].叶澜自选文集,2001.

34. 叶澜."新基础教育"发展性研究报告集[M].北京:中国轻工业出版社,2004.

35. 叶澜."新基础教育"论——关于当代中国学校变革的探究与认识[M].北京:教育科学出版社,2006.

36. 叶敬忠,莫瑞.关注留守儿童:中国中西部农村地区劳动力外出务工对留守儿童的影响[M].北京:社会科学文献出版社,2005.

37. 伊丽莎白·劳伦斯.现代教育的起源和发展[M].纪晓琳,译.北京:北京语言学院出版社,1992.

38. 袁桂林,许丽英.现代教育思想专题[M].东北:东北师范大学出版社,1999.

39. 约翰·杜威.杜威五大讲演[M].胡适,译.安徽:安徽教育出版社,1999.

40. 约翰·杜威.民主主义与教育[M].王承绪,译.北京:人民教育出版社,2001.

41. 约翰・W. 桑特洛克. 儿童发展[M]. 桑标,等译. 上海:上海人民出版社,2009.

42. 约翰・杜威. 民主伦理学[M]. 张国清,等译. 上海:华东师范大学出版社,2010.

43. 约翰・杜威. 我的教育信条——杜威论教育[M]. 彭正梅,译. 上海:上海人民教育出版社,2013.

44. 约翰・罗尔斯. 正义论[M]. 何怀宏,等译. 中国社会科学出版社,2014.

45. 约翰・W. 克雷斯威尔. 研究设计与写作指导:定性、定量与混合研究的路径[M]. 崔延强,译. 重庆:重庆大学出版社,2007.

46. 张华. 经验课程论[M]. 上海:上海教育出版社,2000.

47. 张福娟,江琴娣. 特殊儿童个案研究[M]. 上海:上海教育出版社,2005.

48. 赵中建. 教育的使命——面向二十一世纪的教育宣言和行动纲领[M]. 北京:教育科学出版社,1996.

49. 钟启泉. 现代课程论[M]. 上海:上海教育出版社,1989.

（三）硕、博论文类

1. 艾丽. 英国全纳学校研究[D]. 上海:华东师范大学,2006.

2. 陈淑娟. 美国全纳教育研究[D]. 上海:华东师范大学,2006.

3. 杜晓萍. 全纳学校比较研究[D]. 上海:华东师范大学,2006.

4. 黄少飞. 论课堂教学公平[D]. 福州:福建师范大学,2012.

5. 贾珊珊. 基于特殊儿童需要的特殊学校教师专业发展研究[D]. 兰州:西北师范大学,2013.

6. 李春霞. 英国"城市教育优异计划"（EIC）研究[D]. 重庆:西南大学,2011.

7. 舒国宋. 全纳课堂教学研究[D]. 上海:华东师范大学,2007.

8. 王伟. 全纳教育实践研究:英、美两国的经验分析[D]. 上海:华东师范大学,2007.

9. 王媛媛. 美国教师的全纳教育素养研究[D]. 上海:上海师范大学,2010.

10. 杨森. 美国全纳教育研究[D]. 保定:河北大学,2007.

11. 杨柳. 从隔离到全纳——美国残疾人教育研究[D]. 重庆:西南大学,2009.

12. 叶慧. 20世纪历史进程中"儿童权利"的演进——从《日内瓦儿童权利宣言》到《儿童权利公约》[D]. 上海:上海师范大学,2012.

二、外文文献

1. Alan Dyson, Frances Gallannaugh. Disprotionality in special needs education in England[J]. The Journal of Special Education, 2008.

2. Diane Ravitch. The death and life of the great american school system: How testing and choice are undermining education[J]. Basic Books a Member of the Perseus Books Group New York, 2010.

3. Harry Daniels and Philip Garner. World yearbook of education: Inclusive education[J]. Kogan Page, London, 1999.

4. Harry Danniels. Special Education Reformed: Beyond Rhetoric? [M]. London: Farlmer Press, 2000.

5. Reston. Creating schools for our students: What twelve schools have to say? [J]. VA: Council for Exceptional Children, 1995.

6. Emily Dmitracopoulos, Victoria. Including Girls: An Overview of Gender Inclusive Curriculum[M]. Curriculum Branch: Ministry of Education at Channel 7, 1986.

7. John Salvia, James Ysseldyke. Assessment in Special and Inclusive Education[M]. Boston: Houghton Mifflin, 2004.

8. Michelle LaRocque. Blended Curriculum in the Inclusive K-3 Classroom: Teaching all young Children[M]. Boston: Pearson/Allyn and Bacon, 2008.

9. Peter Clough, Jenny Corbett. Theories of Inclusive Education: A Students' Guide[M]. London: Paul Chapman Publishing Ltd. , 2000.

10. Sally Beveridge. Special Educational Needs in Schools[M]. London: Routledge, 1999.

11. T. L. Eyer. Greater expectations: How the 1997 IDEA amendments raise the basic floor of opportunity for children with disabilities[J]. Education Law Report, 1998.

12. Tom E. C. Smith. Teaching Students with Special Needs in Inclusive Settings[M]. Boston: Allyn and Bacon, 1998.

13. Wayne Sailor. Whole-School Success and Inclusive Education: Building Partnerships for Learning, Achievement, and Accountability[M]. New York: Teachers College Press, 2002.

索　引

后 记

　　当敲下书稿的最后一个字，一切都已尘埃落定。我的思绪却无法回到现实，从 2008 年至 2015 年，前后八年的时间一晃而过。期间经历多少人和事，是他、她或他们共同促成我的成长，成就现在的我。纵有千言万语也无法表达我的感激之情，内心的萌动促使我重拾过去的点点滴滴……

　　回想 2008 年，非常偶然的一句话——"特殊教育是一种人文关怀"，使自己获得领导的认可，就此踏上特殊教育的研究之路。我怀揣着单位领导的嘱托，不远千里来到南京特殊教育职业技术学院"取经"。由于各种原因，半年的培训课程被浓缩为半个月，为我量身定做的培训课程从早上到夜里排得满满当当，培训老师们还把珍藏的所有课程资料拷贝给了我，叮咛回去后仔细消化。满载而归后，单位又派我去江山市长台培智学校蹲点考察。该校创始人毛校长亲自陪伴多日。他还领我加入特殊教育这个大家庭，前后多次带着参加省内外的特殊教育会议，由此结识了更多的新朋友。在这片特殊而又温情的天空下，我的激情被点燃，不由自主地全身心投入进去。很快地，我就成为衢州地区的 5 所培智学校和 1 所聋哑学校的常客，频繁地接触并参与特殊学校的活动，亲历特殊需要儿童的生活与学习。从怜悯、同情到接纳并思考着他们的教育与未来，我的视野变得更加开阔，研究的重心从师资培养转向学生发展。

　　2010 年是我研究的转折与突破点，开化培智学校的余校长以她的热情与能力，帮助开启了一片研究的新天地。在开化县教育局基教科的协同下，我展开了其下属 50 多所小学的特殊需要儿童调查研究。不记得有过多少个日夜，我亲自开车从衢州前往开化，再去下面的各个小学做问卷调查与访谈。每天的车程基本都不少于 500 千米，有时候在回家的路上累得眼睛都快睁不开了，还碰到下雨和下雪的天气也依旧如故。素未谋面、有过几封书信来往的陈云英老师知道我的故事后为之感动，利用回国的间隙专程约我去北京见面，并给予深入而具体的研究指导。伴随着研究的进展，手头上收集的资料越来越多，面临的实际问题与困惑也在不断加剧。考虑到自己的理论与实践水平都有待于进一步提高,2013年我考入华东师范大学教育学系,攻读教育学原理专业博士。再次来到华师,不仅亲睹了博导杨小微教授严谨的治学风范,还跟随他亲临广西、安徽、江苏、上海等地多次参与学术研讨和开展中小学实践活动。

在八年的时间里,有过许许多多的人给予我支持与帮助:益友兼良师小芳的鼎力相助,为我出谋划策的同事吴锡标教授,充满智慧的中小学校长们,有着灵动与鲜活经验的一线教师,还有当过我很长时间助手的爱徒佩聪及参与本研究的所有学生,在此一并予以感谢!

余小红
2015 年 12 月 15 日